Eduard Bernstein

Der Sozialismus einst und jetzt

Streitfragen des Sozialismus in Vergangenheit und Gegenwart

Verlag
der
Wissenschaften

Eduard Bernstein

Der Sozialismus einst und jetzt

Streitfragen des Sozialismus in Vergangenheit und Gegenwart

ISBN/EAN: 9783957002280

Auflage: 1

Erscheinungsjahr: 2014

Erscheinungsort: Norderstedt, Deutschland

Hergestellt in Europa, USA, Kanada, Australien, Japan
Verlag der Wissenschaften in Hansebooks GmbH, Norderstedt

Verlag
der
Wissenschaften

Inhaltsverzeichnis

Vorwort.   1

**Erstes Kapitel: Der Sozialismus als sozialwissenschaftliche
Entwicklungslehre.**   3

Begriffsbestimmung. – Das Alter des spekulativen Sozialismus. – Der Widerstreit zwischen Radikalismus und
Rationalismus in der Spekulation. – Der theoretisierende
Utopismus. – Vom Utopismus des Ziels zum Utopismus
der Mittel. – Die Grundgedanken des marxistischen wissenschaftlichen Sozialismus. – Sozialismus und Klassenkampf.

**Zweites Kapitel: Die naturrechtliche Begründung des
Sozialismus.**   11

Naiver Begriff und wissenschaftliche Theorie des Naturrechts. – Naturrecht. – Vernunftrecht. – Rechtsphilosophie.
– Naturrechtsspekulation in der Geschichte. – Das Naturrecht in den großen Revolutionen des 17. und 18. Jahrhunderts. – Das Naturrecht und die kommunistische Lehre
Babeufs. – Das Naturrecht am Grunde aller Utopien. – Die
Unzulänglichkeiten und das Recht des Naturrechts.

**Drittes Kapitel: Die Bedeutung der Werttheorien für den
wissenschaftlichen Sozialismus.**   28

Die Werttheorie Ricardos. – Die Marxsche Werttheorie und
ihre Rolle in der Marxschen Gesellschaftslehre. – Marx
über die utopistische Auslegung von Ricardos Formel. –
Die utopistische Auslegung und das Naturrecht. – Das sogenannte Recht auf den vollen Arbeitsertrag. – Marx und
das Recht des Mehrwerts. – Mehrwert und Ausbeutung. –
Der Mehrwert und der Klassenkampf.

**Viertes Kapitel: Das Wesen der Gesellschaft des
vorgeschrittenen Kapitalismus.**   47

Der Sinn des Begriffs Kapitalismus. – Sein vielfältiger Inhalt und seine einfältige Ausdeutung. – Der Kapitalismus
als Träger des Fortschritts in der Produktion. – Die Konzentration der Unternehmungen und der Betriebe. – Die

Raumverteilung der Betriebsklassen. – Die Konzentration verhindert nicht die Vielheit der Unternehmungen. – Die Zähigkeit der bäuerlichen Unternehmung. – Die Klassenbildung und Klassengliederung. – Die rasche Zunahme der Abhängigen und die langsame Verminderung der Selbständigen. – Die Verstadtlichung des sozialen Lebens. – Die gelernten und die ungelernten Arbeiter. – Die Einkommens- und Vermögensklassen. – Der nichtverengerte Flaschenhals. – Die Beweglichkeit des Kapitals als Konservierer der Mittelklassen. – Die Theorie der Wirtschaftskrisen und die Umkehr der Spirale. – Die Rückwirkungen des Krieges auf die Wirtschaftsentwicklung und ihre Probleme.

Fünftes Kapitel: Der Sozialismus und die Lehre vom Klassenkampf. 75

Das Kommunistische Manifest als Kundgebung des Klassenkampfes. – Adolphe Blanqui und Karl Marx. – Der Begriff der Klasse: Stand und Klasse. – Marx über die Zersplitterung der Klassen. – Der Klassenkampf der Nichtproletarier. – Der Klassenkampf der Arbeiter und seine Formen. – Der Klassenkampf und die materielle und geistige Hebung der Arbeiterklasse. – Die Entwicklung der Gewerkschaften und die Ausbildung der Tarifverträge. – Der Klassenkampf und die rechtliche Hebung der Arbeiter.

Sechstes Kapitel: Die Staatstheorie und der Sozialismus. 97

Der Einfluß der Theorie auf die Praxis. – Der Streit um den Begriff des Staates. – Staatsfeindschaft und Staatskultus in der Geschichte. – Der romantisch-reaktionäre und der demokratische Staatskultus. – "Das Vestafeuer aller Zivilisation." – Die kritische Staatsidee bei Marx und Engels. – Die Lehre vom Absterben des Staates. – Der Staat als Auswuchs oder Schmarotzer am Gesellschaftskörper. – Marx und Proudhon über die staatsfreie Gesellschaft. – James Ramsay Macdonald und die Erhaltung des Staates.

Siebentes Kapitel: Der Sozialismus als Demokratie und der Parlamentarismus. 119

Die sozialistische Bewegung mit Notwendigkeit demokratische Bewegung. – Begriff des Parlamentarismus. – Der Parlamentarismus in der Geschichte. – Das Budgetrecht, das Fundamentalrecht der Parlamente. – Die Krone und das Parlament. – Die Auswüchse des Parlamentarismus. – Wilhelm Liebknechts Gegnerschaft gegen die Teilnahme am Parlament. – Friedrich Engels' Würdigung der parlamentarischen Aktion. – Die qualitative Steigerung der parlamentarischen Arbeit. – Der Streit um die Budgetbewilligungen. – Der Streit um die Teilnahme an der Regierung: Jean Jaurès und August Bebel. – Der Beschluß von Amsterdam. – Der Streit um die Bewilligung der Kriegskredite. – Die Selbstverwaltung als Korrektiv des Parlamentarismus.

Achtes Kapitel: Die bolschewistische Abart des Sozialismus. 149

Das Kommunistische Manifest und die Formel von der Diktatur des Proletariats. – Das Aufkommen des Bolschewismus. – Seine Vorgänger, die Utopisten der sozialistischen Revolution. – Das reformistische Element im Marxismus. – Marx bindet den Sieg des Sozialismus an eine ökonomische Reife. – Der Bolschewismus will die Reife mit der Gewalt erzwingen. – Sein Aberglauben an die Schöpferkraft der Gewalt. – Trotzkis Reitenlernen auf dem Rücken der Nation. – Der Marxismus zeigt die Grenzen des Willens auf, der Bolschewismus ignoriert sie. – Stümpernde Experimentiererei. – Die Nachahmung des zarischen Despotismus. – Die Blutschuld des Bolschewismus.

Neuntes Kapitel: Die nächsten möglichen Verwirklichungen des Sozialismus. 168

Die Welt, die Marx kannte, und die heutige Welt. – Das Proletariat zur Zeit von Marx und die Arbeiterklasse am Vorabend des Weltkriegs. – Durch Gesetz und Organisation erlangte Verbesserungen. – Die Organisationen der Unternehmer. – Die Volkswirtschaft im Kriege. – Der sogenannte Kriegssozialismus. – Die deutsche Revolution

und die Zwangslage der deutschen Volkswirtschaft. – Die
neue Republik im Daseinskampf. – Die Anstürme der
Verführten des Bolschewismus lähmen die Schöpferkraft
der Republik. – Die Wahlergebnisse nötigen die Sozialisten
zur Koalition mit bürgerlichen Parteien. – Trotzdem sind
sozialistische Verwirklichungen möglich. – Die verschiedenen Wege der Sozialisierung durch die Finanznot erzwungen. – Die Sozialisierung durch die Sozialpolitik. –
Kein großer Sprung, aber viele bedeutsame Übergänge. –
Ökonomie des Wollens verbürgt Erreichung des Gewollten.

Anmerkungen   **192**

Vorwort.

Die vorliegende Schrift gibt, von ihrem Schlusskapitel abgesehen, den Inhalt von Vorlesungen wieder, die ich im Sommerhalbjahr 1921 in der Universität Berlin gehalten habe. In Antwort auf ein ohne mein Wissen aus akademischen Kreisen ergangenes Gesuch, mir das Vorlesen in der Universität zu ermöglichen, hatte das Ministerium mir das Halten von Gastvorlesungen freigestellt, und die Erlaubnis hieß für mich unter den gegebenen Verhältnissen das Pflichtgebot, von der Möglichkeit, zu Studierenden in den Räumen der alma mater zu sprechen, nun auch Gebrauch zu machen. Und zwar erschien es mir angezeigt, in einem Zeitpunkt, wo die große Partei des Sozialismus, der ich seit nun bald fünfzig Jahren angehöre, zu maßgebendem Einfluss im Republik gewordenen Reich gelangt ist, über die Streitfragen des Sozialismus in Vergangenheit und Gegenwart zu reden, das heißt die Meinungsverschiedenheiten zu kennzeichnen, die unter den Vertretern des Sozialismus über dessen Grundideen und deren Anwendung obwaltet haben und in einigen Fällen obwalten.

Leider ist es mir jedoch nicht möglich gewesen, mehr als einen Teil der einschlägigen Fragen abzuhandeln. Meine außerordentlich knapp bemessene Zeit erlaubte mir nur eine Stunde in der Woche für diese Vorlesungen, und noch weniger als die akademische Stunde sich mit der astronomischen Stunde deckt, deckt sich das akademische Halbjahr mit dem Kalenderhalbjahr. So war ich genötigt, eine Auswahl zu treffen und manche Frage von Bedeutung, die mir am Herzen liegt, beiseitezulassen. Indes glaube ich trotzdem in den Vorträgen genug des Wissenswerten über die Grundfragen des Sozialismus gesagt zu haben, um ihre Herausgabe als Schrift zu rechtfertigen.

In Bezug auf die Form der Vorlesungen ist zu bemerken, dass ich meine Aufgabe nicht dahin aufgefasst habe, Lehrvorträge im schulmäßigen Begriff des Wortes zu halten, sondern je nach der Natur des Gegenstandes die Behandlungsart gewechselt, den einen mehr deduktiv, andere mehr induktiv-genetisch zur Anschauung zu bringen gesucht habe. Daher auch die Ungleichheiten im Umfang der hier der Anredeform entkleideten und als

1

Kapitel vorgeführten Vorträge. Der Umstand, dass diese zum Teil Fragen behandeln, mit denen ich mich in früher von mir veröffentlichten Arbeiten schon beschäftigt habe, machte es ferner unvermeidlich, dass hier und dort Einzelnes von dem dort Gesagten nun wiederholt wird. Es wegzulassen hätte mir unnötige, wenn nicht unzulässige Pedanterie geschienen.

Das Schlusskapitel, das die nächsten möglichen Anwendungen des Sozialismus behandelt, ist, wie oben angedeutet, in den Vorlesungen nicht mehr zur Behandlung gekommen. Wenn ich es hier angefügt habe, so geschah dies nicht nur in dem Wunsche, einer Schrift, die zu einem großen Teil kritisch gehalten ist, einen möglichst positiven Abschluss zu geben. Es lag und liegt mir auch daran, zu zeigen, dass die Anschauungsweise, die ihr zugrunde liegt und die ich nun seit ziemlich einem Vierteljahrhundert verfechte, durchaus nicht, wie manche befürchtet haben, zu pessimistischer Betrachtung der Dinge und aus ihr erwachsendem indifferenten Verhalten führt. Dem Pessimismus fällt nur der anheim, der von den Menschen mehr erwartet, als sie leisten können, und an die Dinge den Maßstab seiner Wünsche legt. Mit dieser Bemerkung ist jedoch durchaus nicht gesagt, dass man sich nicht große Ziele setzen soll – was wäre die Sozialdemokratie ohne solche? – Man wird aber nichts Großes erreichen, wenn man die Dinge nicht so betrachtet, wie sie sind, und, wo Millionen von Menschen in Betracht kommen, ihnen zumutet, wozu außergewöhnliche Charaktere gehören.

Ende November 1921.

Ed. Bernstein.

Erstes Kapitel.

Der Sozialismus als sozialwissenschaftliche Entwicklungslehre.

Bevor man an die Aufgabe herangeht, Streitfragen des Sozialismus zu erörtern, wird man sich darüber zu äußern haben, was man überhaupt unter Sozialismus versteht, wie weit man den Rahmen des Begriffs gezogen wissen will. Das Wort Sozialismus ist sehr verschiedentlich gedeutet worden. Vielfach wird es als der Ausdruck für einen vorgestellten Zustand gebraucht, dem eine bestimmte Eigentums- und Wirtschaftsordnung zugrunde liegt, und der sich in einem ganzen Idealstaat verkörpern soll. Andere setzen es als gleichbedeutend mit einer Bewegung oder einem Kampf von Gesellschaftsklassen zur Verwirklichung solcher Wirtschaftsordnung, und wieder anderen ist es der Sammelbegriff für eine Summe von Forderungen oder Einrichtungen, denen bestimmte Rechtsgedanken und ethische Begriffe zugrunde liegen. Alle diese Deutungen haben insofern ihre Berechtigung, als sie auf bestimmte Formen des Sozialismus sich beziehen oder bestimmte Seiten der sozialistischen Bewegung kennzeichnen. Aber keine davon erschöpft den Gegenstand.

Auch in den Lehrbüchern oder Kompendien der Sozialwissenschaftler stoßen wir auf sehr unterschiedliche Definitionen des Begriffs. Um nicht weiter in der Geschichte zurückzugehen und uns auf Deutsche zu beschränken, so finden wir bei Schmoller eine andere Deutung als bei Roscher, bei Sombart eine andere als bei Schmoller, bei Oppenheimer eine andere als bei Sombart, und so noch weiter. Es wäre nicht uninteressant, sie vergleichend gegeneinander zu halten und festzustellen, was ihnen gemeinsam ist und zu sehen, ob sie sich nicht sozusagen auf einen Generalnenner bringen lassen. Mir scheint jedoch ein anderer Weg ratsamer, nämlich der Weg der Betrachtung der geschichtlichen Erscheinungsformen. Vermöge ihrer werden wir uns, glaube ich, am besten darüber unterrichten können, was wir heute unter Sozialismus zu verstehen haben.

Der allgemeinste und darum allerdings auch der oberflächlichste Begriff von Sozialismus ist die Vorstellung von einem Gesellschaftszustand, wo es weder Reiche noch Arme gibt, wo vieles allen gemeinsam ist und eine starke Brüderlichkeit herrscht. Wo diese Merkmale fehlen, wo weitgehende sachliche Gemeinschaft, weitgehende ethische Gemeinschaftlichkeit und Abwesenheit großer Vermögensunterschiede fehlen, fehlen die wesentlichen Attribute des Sozialismus. So begriffen nun ist er sehr viel älter als sein Name. Während dieser erst im 19. Jahrhundert aufkommt, findet man die Sache als Idee oder Bewegung schon in dem Zeitalter, das wir Altertum nennen. Überall dort, wo die Menschen nicht mehr in einfachen, ihren Wohnsitz wechselnden Stammesverbänden leben, sondern sich sesshaft gemacht haben und staatliche, beziehungsweise territorial gegliederte Gemeinwesen geschaffen haben, die der Bildung großer Vermögensunterschiede und Rechtsungleichheiten Vorschub leisten, stellt sich früher oder später bei Individuen oder Schichten der Wunsch nach Beseitigung dieser Ungleichheiten ein und findet in der Ausmalung von besseren Gesellschaftszuständen seinen ideologischen, in Kämpfen für solche seinen politischen Niederschlag. Die Geschichte der asiatischen und vorderasiatischen Kulturvölker, die Geschichte der Griechen und Römer gibt uns zwar nur lückenhaft, aber doch unmissverständlich Kunde von solchen Bewegungen. Als Quelle dafür sei auf Robert Pöhlmanns Geschichte des antiken Kommunismus und Sozialismus verwiesen, ein Werk, gegen dessen kritische Aufstellungen ich mancherlei starke Einwände zu erheben habe, aus dem man aber ersehen kann, wie sehr nicht nur die sozialen Kämpfe, von denen uns die Geschichte der Alten erzählt, sondern auch die mehr oder weniger phantastischen Konstruktionen oder Ausmalungen von Idealstaaten, die uns – leider oft nur sehr skizzenhaft – überliefert sind, einer geschichtswissenschaftlichen Würdigung fähig sind und einer solchen daher auch bedürfen. Ob man das Urchristentum, das in Rom seine eigentliche Ausbildung erfahren hat, als eine sozialistische Bewegung auffassen darf, mag dahingestellt bleiben. Bekannt ist, dass ihm diese Eigenschaft vielfach bestritten wird und man es lediglich, als eine ethische Bewegung aufgefasst wissen will. Aber wenn es als Gesamterscheinung nicht auf die Bezeichnung sozialistisch Anspruch haben soll, so ist es doch unbestreitbar die Nährquelle vieler sozialistischer Theorien und Bewegungen gewesen. Zeugnis legen ab allerhand Kapitel aus der großen Literatur der Kirchenväter und der Scholastik, und Beispiele sind eine Reihe noch dem Altertum angehöriger kommunistischer und halbkommunistischer christlicher Sekten, denen solche des Zeitalters der Renaissance und der Reformation gefolgt sind.

Dem letzteren Zeitalter gehört auch die Entstehung des Buches an, dessen Titel zum Sammelbegriff für die ganze Gruppe der Beschreibungen spekulativ konstruierter Gemeinwesen oder Idealstaaten wird, nämlich die Abhandlung U t o p i a des Thomas More. Man kann von dieser Schrift des charaktervollen Staatskanzlers Heinrichs VIII. von England sagen, dass sie einer ganzen Literatur Leben gegeben hat. Denn sie machte für ihre Zeit Sensation und wurde in die verschiedensten Sprachen übersetzt. Das 16., 17. und 18. Jahrhundert sind voll von Beschreibungen vorgestellter Idealgemeinwesen, von Staatsromanen, wie man sie auch im Hinblick auf die Form der Beschreibung nennt. Nicht alle davon haben auf die Bezeichnung als sozialistisch Anspruch, es fehlt durchaus nicht an Utopien, die nach unseren heutigen Begriffen bürgerlicher Natur sind. Das gilt z. B. von der unvollendeten Utopie „Die neue Atlantis", die einen der Amtsnachfolger des Thomas More, den berühmten Philosophen der empirischen Methode, Francis Bacon, zum Verfasser hat.

Nach zwei Seiten hin lässt sich in den sozialistischen Utopien des mit der Reformation einsetzenden Zeitalters eine abgestufte Entwicklung feststellen: erstens eine Tendenz der Überbietung in phantastischen Ausmalereien und zweitens eine Tendenz zum größtmöglichen Rationalismus in der Spekulation. Diese letzte Tendenz ist für unsere Betrachtung, die wichtigere, denn sie war, ein Hebel zur Förderung der sozialen Erkenntnis und führte schrittweise zur wissenschaftlichen Behandlung der sozialistischen Bestrebungen. Die Verfasser rationalistischer Utopien des Sozialismus suchen ihre Vorgänger zu korrigieren, und wenn das lange Zeit ohne die Form der Polemik vor sich geht, so lässt sich doch bei verschiedenen Autoren eine unausgesprochene Bekämpfung von Ideen des oder der Vorgänger feststellen.

Es handelt sich schon um ernst aufgefasste Streitfragen, der Nachfolger widerlegt den Vorgänger, ohne ihn zu nennen.

Was aber den Utopien gemeinsam war, was das eigentliche Merkmal der Utopie ist, ist die entscheidende Rolle, die bei ihnen der Zufall und der noch vom Zufall abhängige Wille spielen. Lange Zeit ist in diesen Beschreibungen der geschilderte Idealzustand hergestellt worden durch das Eingreifen einer ungewöhnlich weisen Persönlichkeit, eines Gesetzgebers oder anordnenden Fürsten, sodass, wenn dieser Fürst oder Gesetzgeber zufällig nicht geboren oder vor der Zeit gestorben wären, das betreffende Volk oder Land den Idealzustand nicht zu kosten bekommen hätten. Später, im Zeitalter der Französischen Revolution, tritt an die Stelle des individuellen Willens oder Schaffensdranges von Wohltätern in der Konstruktion der Utopie als schöpferische Kraft der Kollektivwille von Anhängern einer bestimmten Idee. Dieser Kollektivwille ist aber, selbst wo er als der Wille eines ganzen Volkes gedacht wird, immer noch Zufallssache. Ob die Gruppe oder die Volksmasse für die Idee kämpfen, hängt lediglich davon ab, wie weit und wie stark sie von der Propagierung dieser Idee erfasst sind, das Aufkommen der Idee aber selbst ist noch wesentlich vom Zufall abhängig.

An der Wende zum 19. Jahrhundert und in dessen erstem Drittel tritt hier ein wesentlicher Fortschritt ein. Es ist in der Geschichte des Sozialismus die Epoche der großen, kritisch gerichteten Utopisten, der Robert Owen, Charles Fourier und Henri Saint-Simon und ihrer Schulen. Das Merkmal dieser Sozialisten, das sie von den Utopisten des 18. Jahrhunderts unterscheidet, ist die Rolle, die bei ihnen der Entwicklungsgedanke spielt, und das Bestreben, an das Gegebene anzuknüpfen, die Welt, die sie vor sich haben, weiterzubilden. Robert Owen verweist in seinen sozialistischen Abhandlungen auf die in England aufgekommene kapitalistische Fabrik und die Zustände, die sie geschaffen hat, und nimmt sie zum Ausgangspunkt sozialistischer Reformpolitik. Charles Fourier im noch stark kleinbürgerlichen Frankreich sucht den Sozialismus als Ideal psychologisch zu fundieren, in der Praxis auf dem Wege der Genossenschaften zu verwirklichen, wobei sein Plan kommunaler Genossenschaftspolitik auf besonderes

Interesse Anspruch hat. Saint-Simon ist so sehr Entwicklungstheoretiker, dass es fraglich wird, ob man ihn überhaupt noch einen Utopisten nennen kann, wie er zugleich so sehr Wirklichkeitsmensch ist, dass man befugt ist, seinen Anspruch auf Einreihung in die Geschichte des Sozialismus zu bestreiten. Wenn Fourier stark von Morelly, dem geistreichen Verfasser der Utopie „Die Basiliade", beeinflusst ist, so Saint-Simon von Condorcet, dem Enzyklopädisten und Verfasser der wissenschaftlichen Abhandlung über den Fortschritt des menschlichen Geistes und die Vervollkommnungsfähigkeit der Menschheit. Bei den Saint-Simonisten finden wir unter anderem schon die Einteilung der Geschichte der sich fortschrittlich entwickelnden Nationen in organische und kritische Perioden, d. h. Perioden relativ ruhiger Entwicklung und Perioden revolutionärer Umwälzungen.

Aber bei allen Dreien, bei Owen, bei Fourier und bei Saint-Simon und ihren Schülern spielt trotz ihres Strebens nach Wissenschaftlichkeit und Anknüpfung an das Gegebene die Erfindung der Mittel zur Verwirklichung des Sozialismus die entscheidende Rolle; wo sie praktisch sein wollen, arbeiten sie Rezepte aus, und immer wieder sind sie in Gefahr, auf die Utopie zurückzugreifen. An die Stelle des Utopismus des Ziels tritt ein Utopismus des Mittels. Die Literatur des Sozialismus im zweiten Drittel des 19. Jahrhunderts ist voller Schriften, die utopistisch im Mittel sind, wobei man wieder einen utopistischen Reformismus und einen utopistischen Revolutionarismus unterscheiden kann. Der eine versteift sich auf ökonomische Experimente, die wegen ihrer unzulänglichen Voraussetzungen notwendig fehlschlagen müssen, der andere huldigt einem Wunderglauben an die schöpferische Allmacht der Revolutionsgewalt.

Hier nun bewirken einen grundlegenden Wandel in den Anschauungen die beiden großen Männer, die heute als Begründer des wissenschaftlichen Sozialismus weithin anerkannt sind: Karl Marx und Friedrich Engels.

Warum trägt ihre Lehre diesen Namen, hat sie den besonderen Anspruch auf Wissenschaftlichkeit? Weil sie tiefer und systematischer als alle vor ihr aufgestellten sozialistischen Theorien eindringt in das Wesen der Kräfte und Entwicklungsgesetze des gesellschaftlichen Fortschritts, den Kampf für den Sozialismus auf eine durchgearbeitete Entwicklungstheorie stützt, in der der Gedanke von der organischen Natur der sozialen Entwicklung zum Unterschied von der Auffassung dieser Entwicklung als eines mehr mechanischen oder chemisch bestimmten Vorgangs zu seinem Rechte kommt.

Wille und Idee, die von den Utopisten in der einen oder anderen Weise überschätzt werden, werden in der Marx-Engelsschen Lehre zwar nicht, wie vielfach angenommen worden ist, als Triebkräfte der sozialen Entwicklung gering eingeschätzt oder gar ignoriert – ohne Idee kein Wille und ohne Wille keine Aktion –, aber sie werden in ihrer sozialen Bedingtheit gekennzeichnet. Es wird gezeigt, wie sie abhängig sind von den materiellen Bedingungen und Formen des gesellschaftlichen Daseins der Menschen, für die der maßgebende Faktor ist, die Art und Weise der Produktion der Lebensgüter der Menschen.

Denn diese Produktion wird entscheidend bestimmt vom Werkzeug, über das der Mensch verfügt; vom Werkzeug aber, das die Arbeitsweise vorschreibt, hängt zugleich ab das Eindringen des Menschen in die Gesetze der Natur und damit zuletzt auch der Höhegrad seiner Welterkenntnis.

Sozial betrachtet ist es das Werkzeug, das bestimmt, ob individualistisch oder kollektivistisch produziert wird.

Im Altertum und auch noch bis zum Ausgang des Mittelalters ist die Produktion überwiegend individualistisch; erst die Steigerung des Weltverkehrs und Welthandels in der Periode der großen Entdeckungen führt zu kollektivistischer Arbeit in der Produktion. Es breitet sich die Wirtschaftsform aus, die den Namen Manufaktur erhält, Produktion unter Leitung von Großkaufleuten, welche Arbeit an Handwerker ausgeben, dann aber Arbeiter in großen Werkstätten, Fabriken genannt, beschäftigen. Aus dem Kaufmann wird so ein Fabrikant, und in der Fabrik werden vervollkommnete Werkzeuge verwendet, für die als technischer Antrieb die Naturkraft verwendet wird. Das Werkzeug wird zur Maschine und aus dem Handwerker ein Fabrikarbeiter. Die Produktion in der Fabrik wird in steigendem Grad Kollektivarbeit, und da zur Einrichtung und zum Unterhalt der Fabrik Kapital gehört, beherrscht zunehmend das Kapital die Produktion.

Beim Aufkommen der kapitalistischen Produktion und im Wettbewerb der Kapitalisten untereinander wirkt als o b j e k t i v e Triebkraft der K a m p f u m d i e M e h r a r b e i t, das heißt um den Teil des Bruttowerts der Produktion über die Kosten von Anlage, Rohstoff, Hilfsstoffe und Werkzeuge, bzw. Maschinen hinaus, der nicht den Arbeitern als Lohn gezahlt werden muss. Dieser Kampf um den Mehrwert, wie Marx ihn nennt, hat im weiteren Verlauf zur Folge eine steigende Vergrößerung der Fabriken, weil diese eine größere Ökonomie der Kräfte erlaubt, damit die Unterbietung der Konkurrenz ermöglicht und zur Steigerung des Absatzes führt. Die weitere soziale Folge der Vergrößerung bzw. Konzentration der Unternehmungen ist die Verdichtung der Bevölkerung in Städten und Ländern. Die Industriezentren, die Städte wachsen; es tritt allmählich das ein, was man die V e r - s t a d t l i c h u n g des Landes nennen kann; mehr als in irgendeinem früheren Zeitalter ergreift die städtische Kultur auch die Bevölkerung des platten Landes und drückt der ganzen Gesellschaft ihren Stempel auf.

Alles das schafft die materiellen Vorbedingungen für eine neue Gesellschaftsordnung; denn es ist verbunden mit einer neuen Gliederung der Gesellschaftsklassen, als deren wichtigstes Moment zu nennen ist das Aufkommen und Wachstum der Klasse ständiger Lohnarbeiter, des industriellen Proletariats. Die ökonomische Umwälzung macht eine neue R e c h t s o r d n u n g , neue s o z i a l e E i n r i c h t u n g e n und Gesetze notwendig. Es handelt sich nun für den sozialen Reformer nicht mehr um die Erfindung von Idealgesellschaften und die Ausklügelung von Rezepten, sondern um die E n t d e c k u n g von sozialen N o t - w e n d i g k e i t e n. Die stärkste subjektive Triebkraft bei der Verwirklichung dieser aber ist die Arbeiterklasse, das Proletariat. Seine materiellen und geistigen Bedürfnisse treten immer mehr in den Vordergrund, seine Rechtsauffassungen erobern die öffentliche Meinung. U n d d i e S u m m e d e r F o r d e r u n g e n d e r A r b e i t e r k l a s s e u n s e r e s Z e i t a l t e r s stellt sich der genaueren soziologischen Betrachtung dar als die Z u s a m m e n f a s -

sung des rationellen Inhalts der sozialistischen
Ideologie früherer Epochen.

Und so gelangen wir an der Hand der Marx-Engelsschen
Theorie zu einer neuen Definition des Sozialismus, die etwa so
formuliert werden kann:

Der moderne Sozialismus ist

„Die Zusammenfassung des geistigen Inhalts der politischen, wirtschaftlichen und allgemein kulturellen Bestrebungen
der zur Erkenntnis ihrer Klassenlage gelangten Arbeiter sowie
der ihnen gleichgestellten Gesellschaftsschichten in den Ländern
kapitalistischer Entwicklung und der Kampf zur Verwirklichung
dieser Bestrebungen."

An die Herausarbeitung dieser Theorie in der sozialistischen
Welt und an ihre Ausdeutung und praktische Anwendung im
Einzelnen knüpfen sich an die bemerkenswertesten Streitfragen
des Sozialismus in Vergangenheit und Gegenwart.

Zweites Kapitel.

Die naturrechtliche Begründung des Sozialismus.

Es lag in der Natur der Dinge, dass der Sozialismus in den vergangenen Jahrhunderten bis weit in das neunzehnte Jahrhundert hinein fast ausschließlich naturrechtlich begründet wurde. Die Tatsache des Zusammenhanges der sozialistischen Theorien mit dem Naturrecht ist außerordentlich interessant. Sie ist auch verschiedentlich von Gelehrten oder Schriftstellern, die sich mit der Theorie des Sozialismus befasst haben, hervorgehoben worden; aber es fehlt meines Wissens doch noch an einer systematischen, ihn geschichtlich wie begrifflich behandelnden Darstellung dieses Zusammenhanges. Es würde das eine außerordentlich fruchtbare Untersuchung sein, durchaus der Vornahme wert, und ich glaube sogar auch ein gutes Thema etwa für eine Dissertation. Dieser Zusammenhang nämlich zieht sich durch die ganze Geschichte des Sozialismus, von den Zeiten an, wo es überhaupt etwas gab, was auf diesen Namen Anspruch hat, bis in die neueste Zeit hinein. Noch im Jahre 1875 hat eine Kommission der damals sich vereinigenden sozialistischen Parteien Deutschlands bei Ausarbeitung eines Entwurfs zum Parteiprogramm dem Sozialismus eine vollkommen naturrechtliche Begründung gegeben und sich dadurch eine außerordentlich scharfe Kritik von Karl Marx zugezogen. Die Begründung lautete nämlich:

„Die Arbeit ist die Quelle alles Reichtums und aller Kultur, und da nutzbringende Arbeit nur in der Gesellschaft und durch die Gesellschaft möglich ist, gehört der Ertrag der Arbeit unverkürzt und nach gleichem Recht allen Gesellschaftsgliedern."

Das ist, wie jeder leicht sehen kann, naturrechtlich und nicht wissenschaftlich gesprochen.

Was versteht man unter Naturrecht? Nach meiner Ansicht werden da bei den meisten Definitionen zwei ganz verschiedene Dinge durcheinandergeworfen. Zwei Auffassungen streiten darüber in der Geschichte des Gedankens: eine naive, urwüchsige Auffassung, die statt mit dem Wort „Naturrecht" besser ausgedrückt würde mit „natürliches Recht". Die Franzosen sagen auch

„droit naturel" und die Engländer „natural law", also immer natürliches Recht. Der Begriff ist da abgeleitet von einem vermeintlichen Naturzustand oder wird auf die Natur des Menschen bezogen und ist nur in diesem Sinne naturphilosophisch. Dann gibt es aber eine wissenschaftlich rechtstheoretische Auffassung des Begriffs Naturrecht, nach der es verstanden wird als die Zusammenfassung von allgemeinen Rechtsgrundsätzen, die unabhängig von den Grundsätzen und Bestimmungen der örtlich und zeitlich wechselnden positiven Gesetzgebung gewonnen werden mittels der von äußeren Einwirkungen, von Machtverhältnissen und Interessen unbeeinflussten Erforschung der Natur und Zwecke der Gesetzgebung überhaupt sowie der Grundbedingungen der Entwicklung der menschlichen Persönlichkeit und des möglichst harmonischen Zusammenlebens der Menschen, – Erkenntnisse, die Anspruch darauf erheben, der positiven Gesetzgebung die Wege zu weisen, und die man wissenschaftlich begründen kann. Das Naturrecht in diesem Sinne will also über dem positiven Recht stehen. Die Forschung kann selbstverständlich die Aufgabe nur lösen mittels der prüfenden Vernunft, und zwar wenn sie ausschließlich und vorbehaltlos den Gesetzen der Vernunft folgt. Daher hat man für das so wissenschaftlich aufgefasste Naturrecht in neuerer Zeit den Namen „Vernunftrecht" gewählt. Er zeigt an, was aus den ursprünglichen Naturrechtsideen im Laufe der Entwicklung geworden ist. Er lässt aber die Rolle nicht erkennen, die der Begriff des Naturrechts in der Geschichte gespielt hat. Vernunftrecht kann etwas ganz anderes sein als das, was die Menschen jahrhundertelang unter Naturrecht verstanden haben. Einwandfrei ist dagegen der andere umfassende Begriff „Rechtsphilosophie", denn das Vernunftrecht will eben das höchste Recht, das Wesen dessen feststellen, was Recht sein soll, das Recht, das aus dem Begriff der Gerechtigkeit sich ergibt.

Die Frage nach einem solchen Recht taucht auf, wo das positive Recht als ungerecht erkannt oder empfunden wird. Dort greifen alsdann die Menschen naturgemäß auf andere Wegweiser zurück für das Recht, das sie haben wollen. Es sind die verschiedensten Faktoren, auf die sie sich dabei berufen, meist zunächst metaphysische, übersinnliche Mächte, die auch in Naturbegriffen aufgefasst werden; immer aber greifen sie zurück auf eine jenseits der positiven Gesetzgebung stehende höhere Macht, sei es die Vernunft überhaupt, die Gerechtigkeit, die Gottheit oder die Natur. Infolgedessen hat das Naturrecht von jeher eine humanitäre Tendenz, ist es recht für die Sache der Unterdrückten oder jeweilig Enterbten. Im weiteren Sinne ist es damit zugleich revolutionär und ist demgemäß gewöhnlich offiziell verpönt worden. In der Geschichte ist es häufig von Religionsstiftern verkündet worden.

Wenn wir die orientalischen Völker übergehen und nach dem Volke fragen, das wohl in der alten Welt am meisten geleistet hat in Feststellung natur- oder vernunftrechtlicher Grundsätze, so sind das unzweifelhaft die Griechen gewesen. In der Philosophie der Griechen spielen naturrechtliche Spekulationen eine sehr bedeutende Rolle. Sie sind die Begleiterscheinung der politischen Kämpfe, die sich in den vorgeschritteneren Stadtstaaten Griechenlands abspielen, vor allem in Athen. Auch das ist bemerkenswert, dass, wenn eine bisher anerkannte Philosophie erschüttert, übersehen oder vernachlässigt wird – ein Vorgang, der uns meist nur in lückenhaften Berichten überliefert wird und daher abstrakt erscheint –, dies oft tatsächlich einen ganz realen Hintergrund hat in politischen Kämpfen, die sich etwa gleichzeitig oder kurz vorher abgespielt haben. Wie die religiösen Überlieferungen werden die Staatseinrichtungen schon in der alten Welt vor den Richterstuhl der Vernunft gezogen und darauf geprüft, wie sie den natürlichen Bedürfnissen der Bürger eines vollkommenen Gemeinwesens entsprechen. Wir finden das bei Plato und seinen Vorgängern, bei Aristoteles, vor allem aber in der Geschichte der Stoa, bei Zeno und seinen Schülern. Die Stoa hat darin am meisten geleistet, die naturrechtliche Seite der Gesetzgebung zu betonen und das Ansehen des positiven Rechts zu erschüttern. Das ist auch geschehen seitens der Schüler der Stoa im späteren Rom. Hier brauche ich nur an Seneka zu erinnern. Bei den christlichen Sekten ist es der Begriff der Gotteskindschaft beziehungsweise der Gleichheit vor Gott, der zu naturrechtlichen Folgerungen Anlass gibt oder für sie ausgedeutet wird. Augustinus, wohl der bedeutendste der Kirchenväter, ergeht sich in naturrechtlichen Betrachtungen, und der große Scholastiker Thomas von Aquino hat ein ganzes System eines Naturrechtes entworfen, das er in Einklang zu bringen sucht mit den Grundsätzen des kanonischen Rechtes. Aber die zur Zeit des Thomas auf der Höhe ihrer weltlichen Macht angelangte römische Kirche witterte in diesen naturrechtlichen Theorien und Ausführungen die umstürzlerische Tendenz und hat sie demgemäß verworfen. Um so stärkere Pflege finden sie aber in der Geschichte bei den ketzerischen Sektierern des Vorreformations- und Reformationszeitalters. Im Begriff des Wortes „Ketzer", das abgeleitet ist von Katharer, Reiniger, liegt schon die naturrechtliche Tendenz angedeutet, das Zurückgreifen auf die kritisierende Vernunft, allerdings beschränkt auf die Auslegung der Bibel. Diese wichtige Epoche im Einzelnen zu beleuchten, muss ich mir versagen, so interessant es wäre, die ganze Entwicklung der christlichen Sekten unter unserem Gesichtspunkt bis zur Reformation zu verfolgen.

Nachdem der Protestantismus in einer Reihe von Staaten gesiegt hatte, ist es in Holland der berühmte Rechtslehrer und Staatsmann Hugo de Groot, nach damaliger Sitte latinisiert in Grotius, der in seinem Werk „De jure belli ac pacis" die erste erschöpfende systematische Darstellung des Völkerrechts gibt und sie in der Einleitung stützt auf eine naturrechtliche Begründung, die für die Wissenschaft des Naturrechts grundlegende Bedeutung erhalten hat. Heute schätzt man Grotius als den eigentlichen wissenschaftlichen Begründer des Naturrechts. Noch eindringlicher aber berufen sich auf das Naturrecht – und dieses eben als natürliches Recht aufgefasst – die kommunistischen und halbkommunistischen Sektierer der späteren Reformationszeit und der folgenden Jahrhunderte. Ich brauche nur allgemein auf diese großen Kampfperioden zu verweisen, auf die Bauernkriege, die Kämpfe der Wiedertäufer usw. Da findet man immer wieder die Berufung auf das Naturrechtliche als Begründung von Forderungen.

Hier ist es am Ort, eine Bemerkung einzuflechten. Man kann die ganze Bewegung des Sozialismus zurückführen auf zwei große Stämme oder Wurzeln, aus denen sie ihre Kraft zieht. Die eine Wurzel und der sich daraus entwickelnde Stamm sind die realen Kämpfe jeweilig unterdrückter, zurückgesetzter Klassen oder Schichten der Gesellschaft. Der andere Stamm aber ist die

Ideologie, die vorwiegend von Gelehrten, Denkern, Priestern usw. vertreten ist und anscheinend keinen direkten Zusammenhang mit den Kämpfen hat. Es ist sogar Tatsache, dass vielfach solche Ideologen, die weit umfassende kommunistische Theorien ausgearbeitet haben, den praktischen Kämpfen kühl, gleichgültig, beinahe ablehnend gegenüberstanden. Denn die Kämpfe werden meist nicht um große weitumfassende Ziele, sondern um bestimmte begrenzte Forderungen geführt, die nicht immer gut formuliert sind und einer größeren Sache schädlich zu sein scheinen. So kommt es, dass, wenn auch die Ideologen gar manchesmal beeinflusst sind von den Kämpfen, ohne es zu wissen, und wenn umgekehrt die Kämpfer, ohne es zu wissen, von ihnen manches empfangen haben, wenn also auch die Fäden hinüber und herüberlaufen, doch die beiden Stämme lange Zeit getrennt ihren Weg gehen. Erst in neueren Jahrhunderten finden sie sich zusammen oder wachsen sie zusammen. Karl Kautsky und meine Wenigkeit haben einmal einen solchen Stammbaum des Sozialismus entworfen – er ist auch reproduziert worden –, wo wir zeigten, wie die beiden Stämme sich verzweigten und schließlich im 19. Jahrhundert zusammenwuchsen und dass, wie wir glauben, das Zusammenwachsen auf seine Höhe gebracht worden ist durch die marxistische Begründung des Sozialismus.

Die Berufung auf das Naturrecht findet auf die verschiedenste Weise statt. Kennzeichnend ist der Spruch, der, wenn nicht schon in den deutschen Bauernkriegen, so jedenfalls in der englischen Revolution ausgespielt worden ist:

Als Adam grub und Eva spann,
wer war denn da der Edelmann?

Das Volk suchte sein Naturrecht aus der Bibel zu beweisen, die ja zuerst keine Klassenunterschiede kennt. Sie spielt eine große Rolle in der Englischen Revolution des 17. Jahrhunderts. England war, nachdem es die „Rosenkriege" überwunden hatte, als Inselland von den Kriegen verschont, die den Kontinent verheerten. Die politische Entwicklung konnte sich hier ungestörter vollziehen, und so hatte es schon Mitte des 17. Jahrhunderts seine große politische Revolution. Früher nannten die Engländer diese große Revolution die „Rebellion", und erst die Erhebung, die ein

Menschenalter später, 1688, stattfand und den Sturz der Stuart-Dynastie besiegelte, die glorreiche „Revolution". Heute ist allgemein anerkannt, dass die erste Bewegung den Namen „Revolution" verdient. Schon die großen Führer der bürgerlich-adligen Klasse nun, die gegen die absolute Monarchie Karls I. kämpften, stützten sich in ihrer Argumentation unter anderem auch auf das Naturrecht. Noch mehr aber nahmen die hinter ihnen stehenden Klassen, die Independenten, es für sich in Anspruch, und am stärksten kommt es zum Ausdruck in der Lehre derjenigen Sekte, die sich die „wahren Leveller" nannte. Eine Sekte der Independenten wurde von den Gegnern „die Gleichmacher" – Leveller – genannt und nahm alsdann diesen Namen an. Es waren im Wesentlichen politische Radikale. Dann aber kam eine Gruppe, die noch weiter ging, kommunistische Ideen aufstellte und sich „die wahren Leveller" nannte. Bei ihr findet man die naturrechtlichen Gedanken am klarsten ausgedrückt. Ihr bedeutendster Verfechter war Gerard Winstanley, von dem wir auch eine interessante Utopie, das Idealbild eines kommunistischen Staates, haben, die lange unbeachtet geblieben war, bis sie mir bei meinen Arbeiten in der Bibliothek des Britischen Museums auffiel. Von diesem Winstanley existiert eine Schrift, die den Titel trägt: „Die Erhebung der Fahne der wahren Leveller". Sie erschien 1649 und beginnt mit folgendem Satz, der sehr charakteristisch ist:

„Im Anfang der Zeit erschuf der große Schöpfer Vernunft die Erde als Gemeingut aller."

Man beachte, wie rationalistisch hier nicht „die Gottheit", sondern „die Vernunft" als Schöpfer hingestellt wird. Winstanley führt dann weiter aus, erst durch die Gewalt sei die Knechtschaft in die Welt gelangt, und d a s sei der Adam, der Vater der Erbsünde. Er treibt politische Etymologie und erklärt: „Adam, das ist also ein Damm – a dam – gegen die Freiheit." Die Vernunft aber rechtfertige die Forderungen der wahren Leveller.

Überhaupt ist die Englische Revolution außerordentlich reich an politischer Literatur. Man wird eigentümlich berührt durch eine darauf bezügliche Bemerkung der berühmtesten der Flugschriften, die zur Ermordung Cromwells aufforderten. Das fast ergreifend geschriebene Pamphlet stammt von einem früheren Anhänger Cromwells und hat den Titel: „Töten heißt nicht morden!" Es kam heraus im Jahre 1856, wo man nur erst die kleinen Handpressen hatte, und beginnt mit den Worten:

„Es ist nicht der Wunsch, mich gedruckt zu sehen in einer Zeit, wo so wenige die Presse verschonen."

Unter den Broschüren der wahren Leveller, deren Kommunismus wesentlich ein Bodenkommunismus war, findet sich auch eine Broschüre mit dem Titel: „Das Licht, das in Buckinghamshire scheint", in der sehr energisch jede übersinnliche Religion verworfen wird. Das Gleiche geschieht in der Schrift Winstanleys, in der er seine Utopie entwickelt: „Die Freiheit als ein Programm dargelegt". Auch dort bekämpft er auf das Entschiedenste die übersinnliche Religion. Wie der größte Teil der damaligen radikalen Literatur ist die ganze Schrift rationalistisch gehalten, und der kommunistische Gedanke wird auf das Naturrecht als Vernunftrecht begründet. Diese Bewegung der wahren Leveller ist der Vorläufer der großen Bewegung der Quäker, die 1653 von George Fox eingeleitet wird. Die Quäker sind Rationalisten, wenn auch mit einem Stück Mystik. Das innere Licht, das die Vernunft ist, die aus dem Menschen spricht, soll alles entscheiden.

Bürgerliche Schriftsteller von Bedeutung der damaligen Zeit, die gleichfalls naturrechtlich argumentiert haben, sind vor allem der Dichter Milton und der sehr interessante Staatsmann James Harrington, der Verfasser der „Oceana", und ebenso der Theoretiker des Obrigkeitsstaates, Thomas Hobbes. Von England aus, das nun der Vorläufer war für die Revolution auf dem Kontinent, geht diese Auffassung und Denkweise nach Frankreich über. Frankreich hat schon im Anfang des 18. Jahrhunderts seinen radikalen Kommunisten in dem bekannten atheistischen Pfarrer Jean Meslier, der zwar nicht als Pfarrer seine Lehre verkündete, aber sie sehr scharf in der Schrift niederlegte, die nach seinem Tode als sein Testament zuerst auszugsweise von Voltaire veröffentlicht wurde. Die Schrift ist ganz und gar atheistisch und begründet absolut naturrechtlich einen radikalen Kommunismus, das „gleiche Recht aller auf die Benutzung der Erde".

Als Gesellschaftslehre ist Mesliers Kommunismus noch

ziemlich roh. Sehr viel bedeutender ist als Kommunist der Abbé Nicola Morelly, von dem man persönlich wenig weiß. Er hatte um die Mitte des 18. Jahrhunderts ein Heldengedicht, die Basiliade, veröffentlicht und schrieb dann zur Verteidigung der darin ausgesprochenen Gedanken die Schrift mit dem bezeichnenden Titel „Code de la nature" – Gesetzbuch der Natur. Sie erschien 1750 und wurde lange Zeit dem großen Enzyklopädisten Diderot zugeschrieben. Morelly entwickelt darin eine vollkommene Naturphilosophie: Die Natur hat die Bedürfnisse des Menschen so eingerichtet, dass sie die Grenzen seiner Kräfte immer um ein Geringes übersteigen. Andernfalls würde der Mensch nicht geselliger sein als das Tier. Bei den Menschen sollen, so will es die Natur, Wünsche und Besorgnisse die moralische Anziehung zueinander steigern, und aus der Spannung dieser Triebfedern soll eine wohlwollende Gesinnung für alle hervorgehen. Es ist außerordentlich charakteristisch, wie da der Natur Absichten, Zwecke und Ziele unterstellt werden. Dabei spielt die Naturphilosophie allerdings in die spekulative Phantasie über. Aber diese Art zu argumentieren beherrscht lange die allgemeine Sprach- und Denkweise. Auf die Natur bezieht sich nun alles, alle möglichen Zwecke werden der Natur als gewollt unterstellt. Die Natur hat dies und das so eingerichtet, damit die Menschen jenes machen. Sie hat absichtlich Bedürfnisse und Kräfte der Menschen in ein solches Verhältnis gesetzt, dass der einzelne Mensch seine Bedürfnisse gar nicht erfüllen kann und gezwungen ist, gesellig zu leben. Alles wird, wie bei Winstanley, auf die Natur zurückgeführt. Morelly sagt weiter: „Deshalb hat die Natur unter den Menschen die Kräfte so verteilt. Allen aber hat sie das fruchtbringende Feld, den Boden also, in gleicher Weise als unbestrittenes Eigentum zugeteilt. Die Welt ist ein Tisch für alle, der für alle gedeckt ist", und Morelly stellt das Problem, eine solche Lage, eine solche Verfassung zu finden, in der der Mensch so glücklich und wohltätig sein wird, wie es überhaupt nur möglich sei. Das ist der leitende Gedanke für die Utopie, die er entwickelt. Nicht etwa nur, dass für ihn das Maßgebende ist, den möglichst vollkommenen Staat zu bilden, sondern vollkommen sei nur ein solcher Staat, wo die Menschen naturgemäß, d. h. durch die Natur der Dinge so glücklich und wohlwollend oder, wie man später sagte, brüderlich seien, wie überhaupt nur möglich. Das ist die Grundlage seines Kommunismus, der lange Zeit einen großen Eindruck machte und, wie gesagt, Diderot zugeschrieben wurde. Von Morelly ist sicher der berühmte Abbé Gabriel de Mably beeinflusst worden, dessen Schriften zum Teil gleichfalls kommunistisch sind, z. B. die Schrift von den Rechten und Pflichten des Bürgers, und die Schrift: Zweifel der Ökonomie gegenüber. In Bezug auf die Kritik der Wirtschaft ist Mably sogar viel radikaler noch als Morelly.

Aber auch die rein bürgerliche Schule der Physiokraten weist, wie schon der Name anzeigt, auf die Natur als den berufenen Regulator der menschlichen Gesellschaft hin. Es ist die Zeit, wo die Idee des wirtschaftlichen Liberalismus aufkommt, die in England vertreten wird durch Adam Smith und dessen Anhänger. Es galt der Grundsatz: Laisser faire, laisser passer! Lasset gehen, lasset geschehen, die Welt regelt sich von selber! Macht so wenig wie möglich Vorschriften! Das war die Doktrin der physiokratischen Schule, und eine Mittelstellung zwischen ihr und den Kommunisten nimmt Jean Jacques Rousseau ein, der Verfasser des „Contrat social", den als Volksvertrag, d. h. demokratisch aufgefassten Gesellschaftsvertrag, auch er naturrechtlich begründet.

Man weiß, welche ungeheure radikale Literatur in Frankreich der Revolution vorausging, wie viele Schriftsteller vor ihr an allen Überlieferungen rüttelten, die es gab, nicht nur Kommunisten und Sozialisten, sondern auch Liberale wie Voltaire und die ganze Schule der Enzyklopädisten usw. Dann tritt die Revolution ein, und eine ihrer ersten gesetzgeberischen Handlungen ist die Verkündung der Menschenrechte, eine durchaus naturrechtliche Aufstellung, die Geltung haben soll über alle Gesetzgebung hinaus, das heißt, die der Gesetzgebung, welche die Französische Revolution nun schaffen soll, die Wege weist. Sie hatte ihre Vorgängerin 1774 in Amerika bei der Gründung der Vereinigten Staaten von Amerika. Die Kolonien, die damals sich gegen die englische Herrschaft auflehnten, stellten eine Formulierung ihrer Rechte auf, die als allgemeine Rechte des Menschen und Bürgers beansprucht wurden. Auch als die Holländer sich von Spanien befreiten, sprachen sie so. Und selbst die „Bill of rights", die das englische Parlament 1688 aufstellte, enthielt Elemente allgemeiner Rechtsgedanken. Menschenrechte als Naturrechte finden aber den schärfsten Ausdruck in der Verfassung von 1793, die der radikale französische Konvent nach dem Sturz der Girondisten schuf, und der er die Erklärung der Menschenrechte voranstellte. In der Einleitung dieser Erklärung liest man:

„Das französische Volk, in der Überzeugung, dass das Unglück der Welt nur durch das Vergessen und Missachten d e r natürlichen Menschenrechte verursacht wird, hat beschlossen, in einer feierlichen Erklärung seine heiligen und unveräußerlichen Rechte zu erläutern."

Im dritten Artikel heißt es:

„Alle Menschen sind g l e i c h d u r c h d i e N a t u r und vor dem Gesetz",

und im sechsten Artikel:

„Das Recht hat als Grundsatz die N a t u r und als Regel das Gesetz."

Dies die beiden wichtigsten Artikel, die die naturrechtliche Auffassung betonen. Dass sie als theoretische Begründung vor der Kritik nicht standhält, braucht nicht mehr nachgewiesen zu werden. Aber von dieser Auffassung werden die demokratischen Rechte abgeleitet und empfängt drei Jahre später, nachdem die Verfassung beschworen, die Verschwörung Babeufs ihre geistige Anregung. Die Verschwörung Babeufs und der Gleichen ist das klassische Beispiel der Ableitung des Sozialismus aus dem Naturrecht.

François Noël Babeuf, der sich nach der damaligen Sitte den Vornamen Gracchus beilegte und auch dem von ihm geschaffenen Organ den Namen „Der Volkstribun" gab, kann als der konsequenteste Vertreter der Ableitung des Kommunismus aus der Idee eines von der Natur bestimmten Rechts betrachtet werden. Die Verschwörung der Gleichen genauer zu schildern, gehört in eine Abhandlung, die sich mit der Geschichte des Sozialismus im Einzelnen befasst, ist daher hier nicht am Platze. Die Gleichen waren die äußersten Ausläufer der Revolution, und es ist bezeichnend, dass ihre führenden Mitglieder sämtlich der Schicht der Intellektuellen angehörten. Es ist vollkommen irrig, ihre Bewegung als eine Klassenbewegung des Proletariats aufzufassen. Die Gleichen agitierten zwar im Volke, sie schickten ihre Sendboten in die damals existierenden Fabriken, die größeren Werkplätze und Werkstätten von Paris, suchten dadurch auf die Arbeiter Einfluss zu gewinnen und fanden ihn auch anscheinend. Es ward sogar erzählt, dass die Verschwörung der Gleichen, die schließlich einige Tausend Mitglieder angeworben hatte, alle Aussichten des Erfolges für sich hatte. So hat sich der französische radikale Schriftsteller Georges Avenel im Pariser „Siècle" ausgedrückt, und von da ist dieser Satz durch eine ganze Reihe sozialistischer Abhandlungen über sie übergegangen. Auch findet man eine solche Äußerung schon bei Philipp Buonarotti, dem Mitglied und klassischen Geschichtschreiber der Verschwörung. Es ist das aber der Ausfluss einer ganz naiven Auffassung. Sie hatte gar keine Aussichten des Erfolges für sich. Die Form der Organisation war eine solche, dass sie über die Möglichkeiten täuschen konnte; aber beim ersten Versuch, den ausgeklügelten Plan in die Praxis umzusetzen, schlug er ganz jämmerlich fehl. Das hat indes natürlich noch nichts zu tun mit der Würdigung der dem Kommunismus Babeufs zugrunde liegenden Idee. Babeuf hat sie in verschiedenen Artikeln seiner Zeitschrift entwickelt, und in einem seiner berühmten Artikel, der im „Volkstribun" vom 30. November 1795 erschien, wird die absolute Gleichheit kategorisch als Naturrecht aufgestellt. Es heißt da:

„Wir haben den Satz aufgestellt, dass d i e v o l l e G l e i c h -
h e i t ein n a t ü r l i c h e s Recht ist, und dass der gesellschaftliche Vertrag (die Idee des „Contrat social", die von Rousseau aufgestellt war und eine so große Rolle in der Französischen Revolution gespielt hat), weit entfernt, d i e s e s N a t u r r e c h t zu beeinträchtigen, lediglich jedem Einzelnen die Garantie gewähren wird," usw. usw.

Später finden wir im April 1796 im Manifest der Gleichen, das von Sylvain Maréchal verfasst war und den wunderlichen Satz enthält: „Möge alle Kultur zugrunde gehen, wenn nur die

Gleichheit hergestellt ist", als Einleitung den Satz:

„Die Gleichheit, der erste Wunsch der Natur ..."

Die Natur hat also nicht nur einen Willen, sondern auch Wünsche. In einem andern Manifest, das die Erklärung der Lehren Gracchus Babeufs gibt, lautet der erste Satz:

„Die Natur hat allen Menschen ein gleiches Recht auf den Genuss aller Güter gegeben."

Aber die Natur ist nicht imstande, dieses Recht selbst zu verwirklichen. Daher lautet der zweite Satz:

„Der Zweck der Gesellschaft ist es, diese Gleichheit, die im rohen Naturzustande oft durch die Starken und Schwachen gefährdet wird, zu verteidigen und durch tätige Mitwirkung aller die gemeinsamen Lebensgenüsse zu vermehren."

Und der dritte Satz sagt:

„Die Natur hat jedem die Pflicht zur Arbeit auferlegt. Keiner hat sich ohne Verbrechen je dieser Pflicht entziehen können."

Von Neuem wird die Natur angerufen, die Natur mit ihrem Willen. Zu erwähnen ist noch der Satz Nr. 10:

„Zweck der Revolution ist die Beseitigung der Ungleichheit und die Wiederherstellung des allgemeinen Wohlstandes."

Alles wird zurückgeführt auf den Willen und die Absichten der Natur und einen vorgestellten Naturzustand, auf dem allgemeiner Wohlstand geherrscht habe. In Bezug auf Letzteren verrät aber Babeuf doch schon Zweifel, wenn er sagt, im rohen Naturzustande haben Schwache und Starke die natürliche Gleichheit gefährdet.

Die Verschwörung der Gleichen war die letzte große Regung in der Französischen Revolution, die ausging vom Naturrecht. Es finden nach ihr noch kleinere Aufstände und Attentate demokratisch gesinnter Elemente statt, aber die Bewegung selbst geht rückläufig. Auf die Epoche des Direktoriums folgt die des Konsulats, und dann führen die imperialistischen Kriege Bonapartes –

die ersten Jakobinerkriege waren ja Verteidigungskriege – dazu, dass Verteidigungskrieg und Eroberungskrieg sich vermischten, dass Kriege, die in der Vorstellung der Nation der Befreiung galten, zu neuer Beherrschung führten. Erst gegen Ende der Restauration, zwei Jahre bevor im Juli 1830 auch die Legitimisten gestürzt waren, veröffentlichte Buonarotti in Brüssel die Geschichte der Verschwörung der Gleichen, die einen sehr tiefen Eindruck machte und bald neue Verschwörungen von Sozialisten zur Folge hatte. Buonarotti war ohnehin Carbonari, und unter seinem Einfluss entstand eine Verschwörersekte, die den Namen „die Babouvisten" bekam und deren Anhänger sich später „Partei der Blanquisten" nannten, nach ihrem hervorragenden Führer Auguste Blanqui. Neben dieser Bewegung zeitigte der sozialistische Gedanke eine Reihe Abarten in Frankreich, und man kann sagen, dass der ganze französische Sozialismus in der Mitte des 19. Jahrhunderts, wenn man ihn schärfer untersucht, zuletzt naturrechtlich begründet ist. Das ist z. B. auch der Fall bei Charles Fourier, dessen Lehre im Grundgedanken zurückgeht auf Morelly, der, wie wir gesehen haben, Naturanlagen maßgebend sein lässt für die Struktur des sozialistischen Systems. Bei Morelly schon findet man den Gedanken, dass die natürlichen Anlagen und Neigungen die Möglichkeit geben, einen Gesellschaftszustand zu errichten, der auf voller Freiheit und Gleichheit beruht. Alle natürlichen Neigungen und Leidenschaften seien von Haus aus berechtigt und keine Laster, sofern man ihnen nur die Möglichkeit gebe, sich richtig zu betätigen. Fourier lässt auch Neigungen als gleichberechtigt gelten, die gemeinhin für unschön erachtet werden, so die Abwechslungssucht, den Ehrgeiz, die Streitsucht usw., und hat ein ganzes System aufgestellt, wie diese Neigungen zum Besten der Gesellschaft geleitet werden können. Er hat nach Newton ein zweites Gesetz der Attraktion zu formulieren geglaubt.

Auch in anderen Ländern, auch in Deutschland, finden wir die Gleichheitsidee in den verschiedensten Formen von Sozialisten verfochten und naturrechtlich begründet, in England bei Robert Owen und seiner Schule, in Deutschland beim „Bund der Gerechten" und dessen zeitweise hauptsächlichsten Vertreter Wilhelm Weitling, dessen Buch „Garantien der Harmonie und

Freiheit" in hohem Grade beruht auf babouvistischen Ideen, die er in Paris kennengelernt hatte. Dadurch aber, dass diese Systeme, soviel richtige Gedanken sie sonst enthalten, sich bewusst oder unbewusst auf die naturrechtliche Betrachtungsweise stützen, sind sie doch ihrem Wesen nach utopistisch. Denn es wird bei ihnen vergessen, dass der Mensch nicht nur ein Produkt der Natur, sondern im Laufe der Zeit auch ein Produkt der Geschichte und der gesellschaftlichen Zustände geworden ist, die in ihm vielfach erst Neigungen und Bedürfnisse entwickelt haben, die er von Natur aus nicht hat. Als Produkte der Natur haben alle Menschen allerdings gewisse gleiche Bedürfnisse mit auf den Weg bekommen. Alle Menschen haben von Natur aus gleichermaßen, wenn auch nicht in gleicher Beschaffenheit Nahrungsbedürfnisse, das Bedürfnis nach Obdach usw.; eine Reihe grober Bedürfnisse sind allen gemeinsam. Aber wenn man eine Gesellschaft konstruieren will von Menschen, die man vorfindet, dann muss man auch prüfen: Was sind ihre sozialen, ihre geschichtlich gewordenen Bedürfnisse, welche Zustände hat die geschichtliche Entwicklung geschaffen, und was ist unter diesen Verhältnissen zu ändern notwendig und möglich?

Mit diesem Einwand soll nun durchaus nicht etwa die Bedeutung naturrechtlicher oder vernunftrechtlicher Erwägungen irgendwie unterschätzt und herabgesetzt werden. Wollte man das tun, so liefe es darauf hinaus, das sogenannte positive Recht, die geschichtlichen Zustände, die in einer Epoche eingetreten sind und sich fortgepflanzt haben, schon bloß, weil sie geschichtlich sind, für gut erklären und ihnen eine Ewigkeitsdauer, eine Art Heiligkeit zusprechen. Das würde natürlich vollständig falsch sein. Die Idee eines Naturrechts hat in der Geschichte und Wissenschaft zu den verschiedenen Zeiten eine ungeheuer große Bedeutung gehabt.

Die Idee eines Rechtes, das über dem geschriebenen Recht steht, das unabhängig ist von gegebener geschichtlicher Entwicklung und positiven Machtverhältnissen war unter Umständen der Protest des vorwärtsstrebenden Geistes gegen die Fortdauer überlebter, Unrecht gewordener Einrichtungen, Zustände und Anschauungen, sie war die Auflehnung sozusagen des jeweiligen

Zeitgeistes gegen die Herrschaft der Tradition, gegen die Herrschaft des Unrecht gewordenen Rechtes, der Gedanke an sie die Zuflucht der jeweilig Unterdrückten und in der Gesellschaft Zurückgesetzten. Es fällt mir also gar nicht ein, etwa zu bestreiten, dass das Nachdenken über eine Rechtstheorie, die höher steht als das geschichtlich gewordene positive Recht, seine Berechtigung habe. Die rechtstheoretische Betrachtung, die Forschung nach einem richtigen Recht, wie man es nun nennt, ist ein sehr bedeutsames Streben, das durch die ganze Geschichte namentlich der liberalen Rechtsschule geht, wobei ich das Wort „liberal" hier nicht im Parteisinne, sondern im weiten geschichtlichen Sinne anwende, als den großen Freiheitsgedanken, der in der Französischen Revolution seine rechtliche Formulierung gefunden hat und in sich die Grundidee aller Fortschrittsbewegungen einschließt, die sich weiterhin im Laufe der Geschichte vollziehen, nämlich das Recht des werdenden Neuen gegen das überlebte Alte. Der Gedanke dieses Rechts ist der liberale Rechtsgedanke – nicht im Parteisinne, sondern im großen geschichtlichen Sinne. Man kann ihn auch den revolutionären Rechtsgedanken nennen.

Es gibt eine ganze Literatur des Vernunftrechts. Fast alle Rechtstheoretiker haben sich mit ihm auseinanderzusetzen versucht, fast alle Dichter und Denker sich mit ihm beschäftigt. Die Worte, die Goethe im „Faust" in der Schülerszene dem Mephisto in den Mund legt, diese oft zitierten Verse:

„Es erben sich Gesetz und Rechte
Wie eine ew'ge Krankheit fort;
Sie schleppen von Geschlecht sich zum Geschlechte
Und rücken sacht von Ort zu Ort.
Vernunft wird Unsinn, Wohltat Plage;
Weh' dir, dass du ein Enkel bist!
Vom Rechte, das mit uns geboren ist,
Von dem ist – leider! – nie die Frage."

Sie sind der Aufschrei der naturrechtlichen Betrachtung, der Protest des unter der Überlieferung Leidenden gegenüber dem positiven Recht, das Zurückgreifen auf ein Recht, das höher steht als das jeweilig anerkannte. Das hat ja auch Schiller im „Tell" in der berühmten, nach meiner Ansicht schönsten Szene dieser

Dichtung, der Verschwörungsszene auf dem Rütli, dem Stauffacher in den Mund gelegt. Nachdem er alle die Unbill aufgezählt hat, die die Schweizer erlitten haben, ruft Stauffacher aus:

„Ist keine Hilfe gegen solchen Drang?
Nein, eine Grenze hat Tyrannenmacht.
Wenn der Gedrückte nirgends Recht kann finden,
Wenn unerträglich wird die Last, – greift er
Hinauf getrosten Mutes in den Himmel
Und holt herunter seine ew'gen Rechte,
Die droben hangen unveräußerlich
Und unzerbrechlich, wie die Sterne selbst."

Die unveräußerlichen Menschenrechte werden angerufen, und Stauffacher sagt weiter: „Der alte Urstand der Natur kehrt wieder." Ebenfalls um die Anrufung des Naturrechts gegenüber dem geschichtlichen oder dem alten Unrecht. Indes handelt es sich, wie gesagt, wenn wir das Naturrecht kritisieren, nicht darum, dass jedes Rückgreifen auf ein über dem positiven Recht stehendes Recht verworfen werden soll, sondern nur darum, dass man sich klar darüber werden soll, wo die Grenzen solchen Rechts liegen. Was kann das Naturrecht schaffen, was kann es beweisen? Beweisen kann es wohl die Richtigkeit bestimmter Rechtsbegriffe, je nachdem diese zeitgemäß geworden sind, aber was das Naturrecht nicht allein beweisen kann, ist, dass eine ganze Gesellschaftsorganisation hinfällig geworden ist, reif geworden ist, durch eine andere ersetzt zu werden, während den Sozialisten jener Epoche die Vorstellung vorschwebte, sie könnten durch das Naturrecht allein die Notwendigkeit der Beseitigung der gegebenen Gesellschaftsordnung nachweisen.

Die naturrechtliche Ableitung des Sozialismus wurde aber mit Notwendigkeit Ursache von allerhand Streit unter Sozialisten und dann selbst zu einer Streitfrage des Sozialismus. Polemik über ihre Anwendung zieht sich in verschiedenen Formen durch die ganze sozialistische Literatur. Die naturrechtliche Auffassung selbst aber ist mit der größten Schärfe kritisiert worden von den beiden großen Denkern Marx und Engels in ihrer Auseinandersetzung mit der nachhegelschen Philosophie und den von ihr wie von den französischen Utopisten beeinflussten deutschen Sozialisten. Ganz besonders gilt dies von einem Manuskript, das leider nur erst zur Hälfte veröffentlicht ist, nämlich die Kritik von Marx und Engels an der Schrift Max Stirners: „Der Einzige und sein Eigentum." Stirner galt als der radikalste Sozialphilosoph seiner Tage. Die ersten Abschnitte der Auseinandersetzung von Marx und Engels mit ihm sind in den „Dokumenten des Sozialismus" veröffentlicht worden, die von mir herausgegeben wurden und 1905 ihr Erscheinen einstellten. Das Manuskript mit dem unveröffentlichten Teil ist noch in meinen Händen. Stirner nun, der alles Heilige geleugnet hatte, wird, weil er doch wieder auf Naturrechtsideen in seinen Beweisführungen zurückgreift, überführt, dass er mit seiner Übertreibung des Ich selbst Ideologe ist und von Marx und Engels ironisch „der heilige Max" genannt, das Schlimmste, was ihm passieren konnte.

Aber auch von den Sozialisten, die wissenschaftlich vorzugehen glaubten, indem sie sich auf die Ökonomie beriefen, sind ein großer Teil im naturrechtlichen Denken hängen geblieben.

Drittes Kapitel.

Die Bedeutung der Werttheorien für den wissenschaftlichen Sozialismus.

Die Ableitung des Sozialismus von naturrechtlichen Betrachtungen steht in engem Zusammenhang mit der Ableitung des Sozialismus von der Lehre vom Arbeitswert, das heißt von der Werttheorie, wie sie von Ricardo aufgestellt und von Marx weiter entwickelt worden ist. David Ricardo geht in seiner Werttheorie aus von dem Wert der Waren, die auf dem Markt gehandelt werden und nicht ein Seltenheitsmonopol haben, sondern verhältnismäßig – auch da gibt es ja Grenzen – beliebig vermehrt werden können. Der Markt- oder Tauschwert dieser Waren, weist er nach, besteht in der zu ihrer Herstellung erforderten menschlichen Arbeit, gemessen nach der Zeit, die auf die Arbeit verwandt wird. Die Feststellung ist das Bedeutende an der Werttheorie Ricardos. Auch sie ist nicht völlig neu aus seinem Haupt entsprungen. Man kann Sätze, die den Gedanken annähernd aussprechen, schon bei Vorgängern Ricardos im 17. Jahrhundert finden. Aber mit der wahrhaft klassischen Klarheit hat erst Ricardo ihn formuliert. Es gibt zwei Arten Wert, stellt er fest: Gebrauchswert oder Nützlichkeitswert und Tauschwert oder Marktwert der Ware. Die Nützlichkeit ist die Voraussetzung des Tauschwertes, aber sie bestimmt ihn nicht. Soweit Waren beliebig produziert werden können, ist die Aufwendung von Arbeit das für ihren Tauschwert Maßgebende, wobei die Konkurrenz auf dem Markt den Ausgleich bewirkt. Selbstverständlich ist nicht alle Arbeit gleich. Qualifizierte Arbeit löst sich auf in verschiedene Bestandteile einfacher Arbeit. Nicht jede Arbeit ist ferner gleich wertbildend. Die Arbeit muss auf der Höhe der Technik der allgemeinen Produktionsentwicklung stehen.

Bei Ricardo nun, dessen Grundsätze der Volkswirtschaftslehre 1817 erschienen, kehrt diese Werttheorie ihre Spitze gegen das G r u n d e i g e n t u m beziehungsweise gegen die Ansprüche der Grundeigentümer auf besondere B o d e n r e n t e . Das Werk erschien zu einer Zeit, wo England sehr hohe Kornzölle erhob, und wo der Kampf darum ging, ob sie fortdauern oder gar erhöht werden sollten. An die vollständige Abschaffung des Kornzolles wurde damals kaum gedacht. In diesem Kampfe bestritt Ricardo den Anspruch auf Grundrente, indem er ausführte, dass diese kein konstituierendes Element des Wertes sei, sondern ein Abzug vom Wert, der dem Besitzer des Grundeigentums gegeben wird, während ein naturrechtlicher Anspruch auf Grundrente überhaupt nicht bestehe. Der Kampf zwischen Grundeigentümer und kapitalistischem Unternehmer, der im ersten Teile des 19. Jahrhunderts eine große Bedeutung hatte, war bewusst oder unbewusst das Motiv, das Ricardo veranlasste, seine Theorie aufzustellen.

Aber dabei blieb es nicht. Die Theorie Ricardos wurde bald gegen die Unternehmer überhaupt, auch gegen die industriellen Kapitalisten gekehrt. Es begann ein Streit um die Definition des Begriffs „Arbeit". Ricardo begreift in ihn ein die Tätigkeit des Unternehmers, der Lohnarbeiter und der Angestellten, sodass der Wert bestimmt, wird bei ihm eigentlich nicht durch die Arbeit des Lohnarbeiters, des physischen und geistigen Arbeiters, sondern das Produkt ist von dieser Arbeit und dem Unternehmerprofit zusammen. Sehr bald kehrten aber Sozialisten die Spitze gegen Ricardo als einen Verteidiger der Kapitalisten. Sie erklärten: nein, für den Wert ist die Arbeit allein maßgebend, die Arbeit der wirklich Arbeitenden, nicht der Anspruch des Kapitalisten. Der Unternehmerprofit ist auch nur ein Abzug vom Arbeitswert.

In dieser Argumentierung – und das ist sehr interessant – erblicken viele das große Werk von Karl Marx. Wenn man herumfragt, um welche bedeutsame Erkenntnis Karl Marx die Wissenschaft der Ökonomie bereichert habe, so wird man von den meisten hören, es sei das eben diese Theorie des Wertes, dass die aufgewendete Arbeit allein den Wert der Waren bestimme. Es geht Marx da so, wie fast jedem großen bahnbrechenden Denker. Es wird etwas als sein Werk erklärt, was er schon fertig vorfand, als er anfing zu arbeiten. Fragt man z. B. eine Anzahl Leute nach dem Werke Kants, so werden neun von zehn antworten, er habe die Theorie vom Ding an sich aufgestellt, das heißt eine Theorie, die tatsächlich schon über 2000 Jahre vorher in der Philosophie lebte, ehe Kant geboren war. Er hat vielmehr die Folgerungen, die man aus dem Ding an sich gezogen hatte, b e g r e n z t, das ist sein großes Werk; aber nicht, dass er die Idee selbst zuerst aufgestellt habe. Und Marx' Werk besteht darin, die Ableitungen aus der Idee vom Arbeitswert sehr vertieft, sie zu weiteren Zwecken der Untersuchung fruchtbar verwendet zu haben. Was Marx bei seinem großen Werk „Das Kapital" sich zur Aufgabe stellte, war nicht der Nachweis, dass den Arbeitern das Produkt der Arbeit gehöre, weil Arbeit den Wert der Ware bestimmt, sondern das Streben, die großen Bewegungsgesetze der modernen kapitalistischen Wirtschaft zu erkennen, zu formulieren und festzustellen. Dazu brauchte er allerdings die Theorie vom Arbeitswert, weil sie ihm die Grundlage der Theorie vom Mehrwert über den Preis hinaus ist, des Mehrwerts, um den in der kapitalistischen Wirtschaftsordnung sich der Kampf der Klassen vollzieht. Der Kampf um den Mehrwert zwischen Unternehmer und Grundbesitzer, der Kampf um den Mehrwert zwischen Arbeiter und Unternehmer – der Lohnkampf –, der Kampf um den Mehrwert der Unternehmer untereinander in der freien Konkurrenz, das sind die großen Triebkräfte, die auf die Entwicklung der Wirtschaften nach den verschiedensten Seiten hin den allergrößten Einfluss haben.

Der Streit um den Mehrwert, der in der Grundrente steckt, ist nicht ein rein theoretisches Spiel, sondern der Niederschlag des Kampfes um die Bestimmung fast der ganzen Agrargesetzgebung einschließlich der Zollgesetzgebung in Bezug auf Agrarprodukte. Der Kampf in der freien wirtschaftlichen Konkurrenz um den Mehrwert ist es wiederum, der dahin führt, dass, wenn der Druck auf die Löhne nicht möglich ist, um die Produktion zu verbilligen, die technische Herstellungsweise immer mehr vervollkommnet wird. Er führt ferner dazu, dass der Unternehmer, um andere Unternehmer aus dem Felde zu schlagen, sich genötigt sieht, die Unternehmung immer mehr zu vergrößern, damit ein relativ kleinerer Anteil an den Kosten auf den Lohn entfällt und ein relativ größerer Mehrwert verbleibt. Hierum aber spielt auch der Kampf der Unternehmer und Arbeiter selber, und als solcher spitzt er sich nach verschiedenen Seiten hin zu. So ist der Kampf um den Mehrwert in der kapitalistischen Gesellschaft gewissermaßen die zuletzt bestimmende Triebkraft aller großen wirtschaftlichen Bewegungen, hinter denen, durch sie hervorgerufen, die großen politischen Kämpfe, die Klassenkämpfe, stehen.

Die Umkehrung der Lehre vom Arbeitswert gegen Ricardo und die ganze bürgerliche Ökonomie setzt in England schon um das Jahr 1821 ein. Marx zitiert selbst eine in jenem Jahre erschienene kleine anonyme Schrift, deren Titel, ins Deutsche übersetzt, ungefähr lautet: „Die Quelle und das Abhilfsmittel unserer nationalen Schwierigkeit. Ein Brief an Lord John Russell". Sie ward also 26 Jahre früher verfasst, bevor Marx seine erste ökonomische Abhandlung schrieb, die gegen Proudhon gerichtete Streitschrift „Das Elend der Philosophie", und 45 Jahre vor seinem „Kapital". In dieser Schrift, was ganz interessant ist, heißt es:

„Was auch dem Kapitalisten zukommen möge, er kann immer nur die Mehrarbeit (hier haben wir schon diesen Begriff) des Arbeiters sich aneignen, denn der Arbeiter muss leben. Wenn das Kapital nicht an Wert abnimmt im Verhältnis, wie es an Masse zunimmt, so wird der Kapitalist dem Arbeiter das Produkt jeder Arbeitsstunde abpressen über das Mindestmaß dessen, wovon der Arbeiter leben kann."

Da haben wir auch den Gedanken der Theorie des ehernen Lohngesetzes, wie Lassalle es seiner Agitation zugrunde legte, und wie es lange Jahre von der deutschen Arbeiterbewegung gleich einem Heiligtum hochgehalten wurde. Die zwanziger und dreißiger Jahre des 19. Jahrhunderts sind ja die Blütezeit, auch die geistige Blütezeit des Sozialismus in England. Sie zeitigte eine außerordentlich interessante sozialistische Literatur, sozialistische Schriften Robert Owens selbst, der William Thompson, John Gray, T. R. Edmonds, J. F. Bray und noch einer ganzen Reihe Schriftsteller aus der Schule Robert Owens. Sie alle fußen darauf: Der Arbeiter bekommt nicht den vollen Ertrag seiner Arbeit, die Arbeit und nicht der Arbeitslohn bestimmt den Wert der Ware, infolgedessen hat der Arbeiter auf den vollen Wert des Produkts Anspruch.

Karl Marx hatte sein großes Werk über politische Ökonomie schon um 1849 in Angriff genommen, ging aber erst 1859 daran, es zu veröffentlichen. Es sollte in Lieferungen bzw. Heften erscheinen. Aber nur das erste Heft ist damals erschienen, nämlich die Schrift „Zur Kritik der politischen Ökonomie", und in ihr wird vom Verhältnis des Arbeitslohns zum Arbeitswert noch gar nicht näher gehandelt.

Es ist beiläufig ein bemerkenswertes Zusammentreffen, dass dieses Buch von Marx, in dessen Vorwort er die Grundgedanken seiner Geschichtstheorie entwickelt, die wir als soziologische oder sozialwissenschaftliche Entwicklungslehre kennen, in demselben Jahre herauskam, wo das erste bahnbrechende Buch von Charles Darwin erschienen ist: „Der Ursprung der Arten", das grundlegend war für die biologische Entwicklungslehre, die Wissenschaft von der Metamorphose der Lebewesen. Wenn die Darwinschen Aufstellungen heute auch in vielen Punkten umgeworfen sind, so ist der Grundgedanke seiner Theorie doch beibehalten; er bleibt der Vater der biologischen Entwicklungslehre. Und ebenso mit Marx. Was bei Darwin für die Entstehung und Entwicklung der Arten der Kampf ums Dasein in der Natur ist, ist bei Marx für die Entwicklung der menschlichen Gesellschaften der Kampf der Klassen in der Gesellschaft. Beider Theorien sind grundsätzlich auf den Kampf gestützte Entwicklungslehren.

In dem Buche „Zur Kritik der politischen Ökonomie" nun findet man von Marx an einer Stelle, wo er die damaligen Angriffe auf die Ricardosche Werttheorie auseinandersetzt und die aus ihr sich ergebenden Probleme formuliert, folgenden Satz:

„Wenn der Tauschwert eines Produktes gleich ist, der in ihm enthaltenen Arbeitszeit, dann ist der Tauschwert eines Arbeitstages gleich seinem Produkt, oder der Arbeitslohn muss dem Produkt der Arbeit gleich sein. Nun ist das Gegenteil der Fall."

Und dazu setzt Marx die Fußnote:

„Dieser von ökonomischer Seite gegen Ricardo beigebrachte Einwand ward später von sozialistischer Seite aufgegriffen. Die theoretische Richtigkeit der Formel vorausgesetzt, wurde die Praxis des Widerspruches gegen die Theorie bezichtigt und die bürgerliche Gesellschaft angegangen, praktisch die vermisste Konsequenz ihres theoretischen Prinzips zu ziehen. In dieser

Weise kehrten wenigstens englische Sozialisten die Ricardosche Formel des Tauschwertes gegen die politische [bürgerliche. Ed. B.] Ökonomie."

Marx nennt dann weiterhin an dieser Stelle diese Ableitung des Sozialismus von Ricardo d i e u t o p i s t i s c h e A u s l e g u n g d e r R i c a r d o s c h e n F o r m e l, und man hat geglaubt, sie sei das große Werk von Marx! Eine Auslegung, die er gerade als utopistisch bezeichnet hat! Sie aber zieht sich durch die ganze sozialistische Literatur des 19. Jahrhunderts. Sie gipfelt, wie hier schon angedeutet wird, in der Forderung des Rechtes auf den vollen Arbeitsertrag. Die Frage dieses Rechtes hat gleichfalls eine ganze Literatur erzeugt. Unter anderem hat sie eingehend behandelt Anton Menger, der verstorbene, sehr gelehrte österreichische Sozialist. Aber noch ein anderer hat die Idee aufgegriffen, und das war Ferdinand Lassalle, der sie anscheinend zum Angelpunkt seiner sozialistischen Agitation machte. Auch bei Proudhon finden wir sie in seinen ersten großen sozialistischen Schriften behandelt, die am meisten Sensation erregten. Seine erste sozialistische Schrift hieß: „Was ist das Eigentum?", in ihr hat er das bekannte Paradoxon aufgestellt: „Das Eigentum ist Diebstahl". Und wie beweist er den Satz? Er stützt ihn darauf, dass das Eigentum es ermöglicht, den Ertrag der Arbeit des Arbeiters diesem zu verkürzen, ihm im Lohn einen großen Anteil vorzuenthalten. Und so gründet er seine sozialistische Theorie auf das Recht auf den vollen Arbeitsertrag, auf das Ricardosche Wertgesetz. Dasselbe ist der Fall bei Karl Rodbertus, dem berühmten deutschen, mehr konservativ gerichteten Nationalökonomen. Auch dieser beruft sich für seine sozialistische Theorie auf das Wertgesetz Ricardos, und ebenso tut es Ferdinand Lassalle in seinen Agitationsschriften. Ferdinand Lassalle geht hierbei zuletzt zurück auf das Naturrecht, begründet den Sozialismus naturrechtlich. Er befindet sich damit, ohne es zu wissen, auf demselben Boden wie Proudhon. Ja, das bedeutende, hochinteressante wissenschaftliche Hauptwerk Lassalles: „Das System der erworbenen Rechte", ist im letzten Grunde auch nur ein Eintreten für das Naturrecht gegen das erworbene Recht, denn sein leitender Grundgedanke ist die Anwendung eines aus dem Naturrecht abgeleiteten Satzes der Erklärung der Menschenrechte der großen

Französischen Revolution, nämlich dass keine Generation spätere Generationen an ihre Gesetze binden kann, auf das öffentliche wie auf das Privatrecht.

Ganz anders Marx. Er hat die Werttheorie, die er bei Ricardo vorfand, konsequent weitergebildet, aber nicht, um aus der Lehre vom Mehrwert Rechtsansprüche herzuleiten, sondern um die Bewegungsgesetze der kapitalistischen Wirtschaft schärfer zu erfassen und darzustellen. Das unterscheidet ihn von fast allen anderen Sozialisten, die an Ricardo angeknüpft haben, und nicht zum wenigsten von Rodbertus und Lassalle.

Rodbertus hat schon in seiner 1842 erschienenen Schrift „Zur Erkenntnis unserer staatswirtschaftlichen Zustände" und später in seinen „Sozialen Briefen" an die Werttheorie von Ricardo angeknüpft und sie ganz in der naturrechtlichen Auffassung der französischen und englischen Sozialisten so ausgelegt, dass dem Arbeiter schon dadurch, dass er Lohn statt den vollen Ertrag erhält, etwas weggenommen wird, was ihm von Rechts wegen zukommt. Lassalle legt die Idee seinem im Jahre 1863 erschienenen „Offenen Antwortschreiben an das Zentralkomitee zur Berufung eines allgemeinen deutschen Arbeiterkongresses" zugrunde und entwickelt sie ein Jahr später sehr eingehend in seiner Streitschrift: „Herr Bastiat-Schulze von Delitzsch, der ökonomische Julian". Er steht da vollständig auf den Schultern von Ricardo und vermeintlich auch auf den Schultern von Marx. Schon im Briefe vom 12. Mai 1851 an Marx nennt er diesen den „Sozialist gewordenen Ricardo", und in demselben Briefe sagt er: „Ricardo ist unser unmittelbarer Vater!" und rühmt die Definition der Grundrente, die Ricardo gegeben hat, als die „gewaltigste kommunistische Tat". Ihm, der vor allem Rechtstheoretiker war, lag es eben ganz besonders nahe, den Sozialismus aus der Mehrwertstheorie juristisch abzuleiten. In der Agitation diente ihm diese Ableitung zur Unterstützung des von ihm als ehern bezeichneten Lohngesetzes Ricardos, wonach der Lohn des Arbeiters nie viel höher über dessen notwendige Lebensbedürfnisse steige und nie lange Zeit wesentlich darunter bleiben könne, beiläufig eine Deduktion, die mehr malthusianisch als ökonomisch ist. Auf sie beriefen sich aber, ihm folgend, dann jahrzehntelang die Agitatoren beider Richtungen der deutschen Sozialdemokratie, die spezifischen Lassalleaner wie auch die Sozialisten der Eisenacher Richtung von Bebel und Liebknecht, die im Übrigen sich gegen Lassalles Mittel wandten, das darauf hinauslief, die Mehrarbeit zu beseitigen durch die Schaffung von Produktivgenossenschaften der Arbeiter mit Staatskredit. Diese Idee der Produktivgenossenschaften stammte gleichfalls von den englischen Sozialisten. In den fünfziger Jahren des vorigen Jahrhunderts sind in England große Versuche mit einem verhältnismäßig ziemlich bedeutenden Aufwand von Kapital mit ihr gemacht worden. Wohlmeinende christliche Sozialisten Englands haben über eine Million Mark hergegeben für Produktivgenossenschaften. Aber diese Schöpfungen sind entweder zugrunde gegangen oder sie haben ihren Charakter geändert und sind kapitalistische Unternehmungen geworden. In Deutschland war man darüber nicht genauer unterrichtet, und als 1875 die beiden sozialistischen Parteien sich vereinigten, fand sich in dem Entwurf des Programms für die neue Partei im Anschluss an die Forderung der „Zerbrechung des ehernen Lohngesetzes" der Satz:

„Die Befreiung der Arbeit erfordert die Erhebung der Arbeitsmittel zum Gemeingut der Gesellschaft und die genossenschaftliche Regelung der Gesamtarbeit mit gerechter Verteilung des Arbeitsertrages."

Wie Marx den ganzen Entwurf in einem Briefe an August Bebel und Genossen äußerst abfällig kritisierte, so auch speziell diesen Satz von der gerechten Verteilung des Arbeitsertrages, der nach seiner Meinung gar nichts besagte. Die Ableitung vom ehernen Lohngesetz bezeichnet er als utopistisch. Über die Forderung der gerechten Verteilung sagt er:

„Was ist „gerechte" Verteilung? Behaupten die Bourgeois nicht, dass die heutige Verteilung „gerecht" ist? Und ist sie in der Tat nicht die einzig „gerechte" Verteilung auf Grundlage der heutigen Produktionsweise? Werden die ökonomischen Verhältnisse durch Rechtsbegriffe geregelt, oder entspringen nicht umgekehrt die Rechtsverhältnisse aus den ökonomischen?"

Über das Letztere, den Grundgedanken der ökonomischen Geschichtsauffassung, eingehender zu sprechen, ist hier nicht der Ort. Aber es geschieht in ihrem Sinne, wenn Marx scharf gegen den Gedanken polemisiert, agitatorisch in das Programm das Schlagwort gerechte Verteilung des Arbeitsvertrages hineinzuwerfen. Er führt aus, die Form, wie der Arbeitsertrag verteilt wird, werde bestimmt durch die jeweilige Produktionsweise, und auf dem Boden der jeweiligen Produktionsweise sei sie dann, ökonomisch betrachtet, gerecht. Ob auch die Lohnh ö h e gerecht ist, ist etwas anderes; aber dass der Arbeiter Lohn bekommt und nicht den Ertrag der Arbeit, das entspreche der gegebenen Produktionsweise, und auf dem Boden dieser Produktionsweise könne daran nichts Wesentliches geändert werden. Des weiteren legt Marx dar, welche Widersprüche in der Forderung des vollen Arbeitsertrages liegen. Er erklärt, dass das gleiche Recht bei der Verteilung des Arbeitsertrags auf die Leistung bezogen seinem Inhalte nach gleiches Unrecht sei, denn die Arbeitsleistungen seien ja verschieden. Wenn der Arbeiter den vollen Ertrag seiner Arbeit bekomme, so bekomme er gegenüber anderen Arbeitern Ungleiches, weil er ungleich arbeitet, und so werde das gleiche Recht hier ein Recht der Ungleichheit. Er sagt:

„Das Recht kann nie höher sein als die ökonomische Gestaltung und die dadurch bedingte Kulturentwicklung der Gesellschaft",

Und er tadelt es auf das Schärfste, dass man im Programm Vorstellungen Ausdruck gebe, die einmal obwaltet und deshalb einen gewissen Sinn hatten, aber im Angesicht der neugewonnenen Erkenntnis zum veralteten Phrasenkram gehören. Der Brief ist ungemein interessant, aber er ist zu jener Zeit bei der endgültigen Fassung des sozialdemokratischen Programms wenig berücksichtigt worden. Ohne den Namen zu nennen, richtete er sich wesentlich gegen Wilhelm Liebknecht, den hochverdienten Vorkämpfer der Sozialdemokratie, der lange Jahre hindurch in Deutschland als der berufene Interpret von Karl Marx galt. Das war er aber auf theoretischem Gebiet ganz und gar nicht. Er war vielmehr wesentlich naturrechtlicher Sozialist im Geiste der Franzosen, und daher wenig in den Sinn der Marxschen Lehre eingedrungen. Der Brief, der, wie gesagt, nur wenig auf die Gestaltung des damals vereinbarten Programms der Sozialdemokratie eingewirkt hat, geriet in Vergessenheit, bis im Jahre 1890, als die Sozialdemokratie von Neuem vor der Aufgabe stand, ein Programm zu schaffen, Friedrich Engels ihn mit allen seinen Schärfen in der „Neuen Zeit" veröffentlichte.

Die Frage aber, um die es sich hier dreht, blieb eine Streitfrage des Sozialismus. Und zwar nicht so sehr eine Streitfrage über den Mehrwert und dergleichen, denn der war ja eine nachweisbare Tatsache. Dass der Arbeiter im Allgemeinen einen höheren Wert erarbeiten muss, als er im Lohn bekommt, das ließ sich sehr leicht nachweisen. Will man es sich heute greifbar veranschaulichen, so lese man die Statistik der Aktionäre. Die Aktionäre sind eigentlich der herumwandelnde Mehrwert, ob sie nun sozialrechtlich Anspruch auf ihn haben oder nicht. Wie man die Aktionäre, d. h. die Leute, die ihr Geld in den Aktien von gewerblichen Unternehmungen anlegen, sozialrechtlich beurteilt, ob man auf sie als Schmarotzer verächtlich zu blicken hat, oder ob man sagen kann, sie sind zeitweise eine große Notwendigkeit gewesen und auch heute noch nicht entbehrlich, das ist eine Frage für sich. Zu ihrer Beleuchtung sei hier eine kleine Episode erwähnt. Der deutsche Reichstag verhandelte im Jahre 1906 über die vom damaligen Reichsschatzsekretär ausgearbeitete Finanzaufbesserung. Sie schlug zum ersten Male eine Reichserbschaftssteuer vor, und die Sozialdemokratische Partei, deren Mitglied ich bin, hatte, weil sie Gegnerin aller indirekten Steuern und Zölle war, höhere Sätze, als der Minister für die Erbschaftssteuer beantragt. Mir fiel die Aufgabe zu, diese Forderung zu vertreten, und ich wies dabei darauf hin, dass damals schon eine Verteilung des Eigentums eingetreten sei, welche die Möglichkeit biete, die für die notwendige Entwicklung der Großproduktion erforderten Betriebskapitale auf genossenschaftlichem Wege aufzubringen, und verwies hierfür auf die starke Verbreitung des Aktienwesens. Der große Kapitalist habe eine notwendige Funktion erfüllt in der Beschaffung der Mittel für die Erweiterung der Produktion zu der Zeit, wo eine andere Form der Kapitalbildung nicht da war. Das sei aber zum Teil schon überwunden, und man könne infolgedessen schon dreister zugreifen bei der Besteuerung der großen Vermögen und Erbschaften. Da antwortete mir ein nationalliberaler westfälischer Abgeordneter, das klinge sehr schön, aber es sei doch falsch, denn wenn kleine Leute die Mittel zusammenschießen, würden sie nie den Unternehmergeist und den Wagemut aufbringen, der erforderlich sei, sich auf so weitschichtige Unternehmungen einzulassen, wie die Großkapitalisten es täten. Wer bemüht ist, objektiv zu urteilen und sich nicht durch seine eigenen Parteianschauungen den wissenschaftlichen Blick blenden lässt, der muss zugeben, dass ein Stück an dieser Antwort richtig war. Namentlich, wenn man anerkennt, dass zur fortschreitenden Entwicklung der Volkswirtschaft – solange nicht der Staat und die Allgemeinheit dafür sorgen, dass ihre Organe nicht im Bureaukratismus versumpfen –, dass zum Fortschritt der Gesellschaft in entscheidender Linie die Fortentwicklung der Produktion durch beständige Verbesserung der Maschinerie und großzügige, weitblickende Versuche gehören, muss man sich sagen, dass ein Stück von jener Antwort wahr ist, und der Streit könnte nur darum gehen: Wieviel davon ist noch wahr, und wieviel überlebt?

Wir haben kürzlich einen Kongress der deutschen Chemiker gehabt, auf dem ein Vertreter lebhaft gegen die Sozialisierung der chemischen Industrie polemisierte. Er wies hin auf die wichtigen, wertvollen Leistungen dieser Industrie, von denen er fürchtete, dass sie nicht in gleicher Weise gemacht würden bei der Sozialisierung. Ich halte das in dieser Allgemeinheit für sehr übertrieben, aber gerade weil ich Sozialist bin und der Erkenntnis der Wahrheit nachstrebe, verschließe ich nicht vor Tatsachen die Augen, sondern suche zu prüfen, wieviel an solchen Behauptungen wahr ist. Man kann nun nicht bestreiten, dass auch noch in neuerer Zeit die kapitalistische Unternehmung auf verschiedenen Gebieten in Bezug auf wertvolle Neuerungen Bedeutendes geleistet hat. Gerade Sozialisten dürfen sich nicht das verhehlen, weil sie der sozialisierten Produktion zur Aufgabe stellen müssen, in der Produktion das zu leisten, was der Kapitalismus geleistet hat. Ein Beispiel sind unter anderem die großartigen Neuerungen auf dem wichtigen Gebiete nicht nur der Gewinnung, sondern der Weiterverarbeitung der Kohle, der chemischen Verarbeitung ihrer Nebenprodukte, der Extrahierung von Ölen aus der Kohle, was für Deutschland, das seine Einfuhren einschränken muss, eine sehr wesentliche wirtschaftliche Frage ist. Aus alledem geht hervor, wie recht Marx hatte, wenn er es für irreführend erklärte, die Form der Verteilung des Arbeitsertrages bei der Begründung des Sozialismus als maßgebend hinzustellen. Der Sozialismus ist in erster Linie gebunden an die Fortentwicklung der Produktion.

Marx, der dies bald erkannte, trat daher, so seltsam dies klingen mag, dem Kapital viel objektiver gegenüber, ließ seiner geschichtlichen Bedeutung viel mehr Gerechtigkeit angedeihen, als die meisten Sozialisten vor ihm und viele, die gleichzeitig mit ihm schrieben. Ähnlich Friedrich Engels in seiner Streitschrift wider den Wirklichkeitsphilosophen Eugen Dühring, der seinerzeit an der Berliner Universität gelesen hat und 1877 removiert wurde wegen Angriffen auf Kollegen, die allerdings erheblich über das Zulässige hinausgingen, sich aber dadurch erklären, dass der Mann erblindet war. Dühring war gleichfalls naturrechtlicher Sozialist und im Grunde Nichtökonom. Die Kritik, die Friedrich Engels in seiner Schrift „Herrn Eugen Dührings Umwälzung der Wissenschaft" an ihm übt, tut ihm nun zwar hier und da Unrecht – Engels hieb stark zurück auf die ungerechten Ausfälle, die Dühring gegen Marx und andere Sozialisten gerichtet hatte –, aber bei alledem ist dieses Buch unbestritten das bedeutendste Werk des modernen Sozialismus nach Marx' „Kapital". In ihm nun finden wir eine Reihe von Kapiteln, die auch für unseren Gegenstand wichtig sind, weil Engels da gründlich mit der naturrechtlichen Lehre abrechnet. Ferner knüpfte sich an es eine Polemik, die für die Bedeutung der Mehrwertslehre für den Sozialismus Aufklärung gibt.

Engels bemerkt in der Schrift, dass erst durch Marx' Enthüllung des Mehrwerts der Sozialismus eine Wissenschaft geworden sei. Das hat den österreichischen Gelehrten Anton Menger, seinerzeit Professor an der Wiener Universität, auf die Bühne gerufen. In seinem Buche: „Das Recht auf den vollen Arbeitsertrag", das 1886 erschienen ist, nimmt er gegen Marx und Engels Stellung und sucht nachzuweisen, dass Engels für Marx und andere für Rodbertus eine Entdeckung reklamierten, die schon lange vor jenen von englischen und französischen Sozialisten gemacht war.

Menger gibt dafür die ganze Literatur an, und man findet bei ihm auch sehr interessante Darlegungen über die naturrechtliche Auffassung des Sozialismus. Aber, weil er selbst wesentlich juristischer Sozialist ist, wie er in einer Polemik genannt wurde, hat Menger vollständig das Problem verkannt, um das es sich bei der Mehrwertslehre handelt. Er bezieht sie auf die Frage des Rechts auf den vollen Arbeitsertrag, eine Sache, um die sich Marx im „Kapital" gar nicht gekümmert hat. Warum nicht, entwickelt nun Engels im Vorwort zur deutschen Ausgabe von „Das Elend der Philosophie", eine Streitschrift von Karl Marx gegen Proudhon. Er erwähnt dort den von Rodbertus gegen Marx erhobenen Vorwurf, dass er den Nachweis des Mehrwerts erst nach ihm geliefert habe, zeigt, wie schon in jener zuerst 1847 erschienenen Schrift gegen Proudhon Marx diese Ableitung des Mehrwerts aus Ricardo behandelt und 1859 die Nutzanwendung der englischen Sozialisten aus ihr, dass den Arbeitern als den alleinigen Produzenten die ganze gesellschaftliche Produktion gehöre, als falsch hingestellt habe, und sagt dann:

„Die obige Nutzanwendung führt direkt in den Kommunismus. Sie ist aber, wie Marx an der obigen Stelle auch andeutet, ökonomisch formal falsch, denn sie ist einfach eine Anwendung der Moral auf die Ökonomie. Nach dem Gesetz der bürgerlichen Ökonomie gehört der größte Teil des Produktes nicht den Arbeitern, die es erzeugt haben. Sagen wir nun: Das ist unrecht, das soll nicht sein, so geht das an sich die Ökonomie zunächst nichts an. Wir sagen nur, dass diese Tatsache unserem sittlichen Gefühl widerspricht. Marx hat daher nie seine kommunistischen Forderungen hierauf begründet, sondern auf den notwendig sich vor unseren Augen täglich mehr und mehr vollziehenden Zusammenbruch der kapitalistischen Produktionsweise. Er sagt nur, dass der Mehrwert aus unbezahlter Arbeit besteht, was eine einfache Tatsache ist."

Dann fährt Engels fort:

„Was aber ökonomisch formell falsch ist, kann darum doch weltgeschichtlich richtig sein. Erklärt das sittliche Bewusstsein der Masse eine ökonomische Tatsache, wie seinerzeit die Sklaverei oder Fronarbeit, für unsittlich, so ist das ein Beweis, dass die

Tatsache selbst sich schon überlebt hat, dass andere ökonomische Tatsachen eingetreten sind, kraft deren jene unerträglich und unhaltbar geworden ist. Hinter der formellen ökonomischen Unrichtigkeit kann daher ein sehr wahrer ökonomischer Inhalt verborgen sein."

Engels sagt also ausdrücklich, die Anwendung der Moral – und das Naturrecht ist Moral – auf die Ökonomie in dieser Frage ist ökonomisch falsch, die Ökonomie gehe das nichts an, was das sittliche Bewusstsein sagt. Er erkennt nur an, dass, wenn das sittliche Bewusstsein der Massen eine ökonomische Tatsache für unrecht erkläre, dies eine Anzeige sei, dass inzwischen Verhältnisse eingetreten seien, wonach diese Tatsache nicht mehr erträglich und haltbar sei. Das aber muss doch immer erst ermittelt werden, und wie führt man den Beweis? Engels zeigt es an, wenn er fortfährt:

„Marx hat seine kommunistischen Forderungen nie darauf begründet, sondern auf den sich vor unseren Augen täglich mehr und mehr vollziehenden Zusammenbruch der kapitalistischen Produktionsweise."

Das schrieb Engels 1877, und wenigstens bis zum Ausbruch des Weltkrieges war die kapitalistische Produktionsweise nicht zusammengebrochen, sondern hatte im Gegenteil einen gewaltigen weiteren Aufschwung genommen. Es lassen sich verschiedene Tatsachen anführen, aus denen hervorgeht, dass eine Reihe von Folgerungen, die man aus der alten Theorie geschöpft hatte, sich nicht bewahrheitet haben. So z. B. der Satz „Die Maschine schlägt den Arbeiter tot". Der Ansicht, dass die Maschine in größerem Maße Arbeiter überflüssig mache, als durch sie zur Produktion herangezogen werden, steht die Tatsache entgegen, dass bis zum Kriege die Zahl der industriellen Arbeiter, des industriellen Proletariats, in allen Ländern moderner Entwicklung erheblich zugenommen hat, nicht nur in den neuen, sondern auch in den alten Ländern. Diese Frage bedarf also gleichfalls einer Nachprüfung und genauen Untersuchung. Ganz besonders aber nötigt der Satz von Engels, Marx habe seine kommunistischen Forderungen auf dem mit Notwendigkeit sich vollziehenden Zusammenbruch der kapitalistischen Produktionsweise gegründet, genauer zu untersuchen, wie es sich mit diesem Zusammen-bruch verhält.

Inzwischen liegt die Frage der Verteilung des Arbeitsertra-ges auf einem anderen Gebiete. Die Geschichte der Entlohnung der Arbeiter kennt ganz verschiedene Lohnraten, nicht bloß der absoluten Höhe, sondern auch dem Anteil am Produkt nach. Sie verzeichnete zu gewissen Zeiten bei einem wesentlichen Tief-stand der Entwicklung eine furchtbare Ausbeutung von Arbei-tern. Wir wissen von dem Elend, das lange Zeit in England und Deutschland existiert hat und vielfach noch und wieder existiert, dass oft der Lohn ganz bedeutend zurückbleibt hinter dem Mehrwert. Es fehlt aber auch nicht an Beispielen eines anderen Verhältnisses von Lohn und Mehrwert. Im Allgemeinen wird in der marxistischen Literatur die Mehrwertrate auch Ausbeutungs-rate genannt. Aber an einer bestimmten Stelle polemisiert Engels dagegen, dass man den Begriff „Ausbeutung" in diesem Zusam-menhang moralisch auffasst, er soll nur ökonomisch genommen werden als eine reine Tatsache, wie man etwa von der Ausbeu-tung eines Bergwerks oder eines Patents spricht. Ich muss indes sagen, dass dann doch das Wort ein wenig zu Unrecht ange-wandt wird. Ausbeutung kann natürlich eine rein ökonomische Tatsache sein ohne jeden Zusammenhang mit moralischen Bezie-hungen. Aber wenn wir in Bezug auf Menschen von Ausbeutung sprechen, so können wir kaum jemals den moralischen Sinn des Wortes davon trennen, und dass im Lohnverhältnis oft eine wirk-liche Ausbeutung im moralischen Sinne des Wortes stattfindet, lässt sich gar nicht bestreiten. Die Anschauung, dass das ganze Lohnsystem ein Ausbeutungssystem im moralischen Sinne des Wortes sei, hat unzweifelhaft der Arbeiterschaft in ihrem Eman-zipationskampf einen großen moralischen und ethischen Antrieb gegeben. Bei den politischen Kämpfen der Arbeiterbewegung hat überall die Forderung: Abschaffung des Lohnsystems, und zwar von der Arbeiterseite aus gesehen: Abschaffung des Lohnsystems zur Sicherung des vollen Arbeitsertrages eine große Rolle ge-spielt. Aber freilich nur als Idee. Denn wie sollte es für die Ge-samtheit der Arbeiter verwirklicht werden? Es könnte nur da-durch geschehen, dass man zum Kommunismus übergeht und gar keine Bezahlung der Arbeit, sondern eine einfache Verteilung des Reichtums vornimmt oder, wie Krapotkin es will, die Benutzung des ganzen gesellschaftlichen Reichtums allen zur freien Verfügung stellt. Solange man noch mit Leistungswert der Arbeit rechnet, und im Übergangsstadium wird man das sicher nicht umgehen können, wird allerdings auch noch immer eine Art Lohnsystem aufrechterhalten werden müssen, und die Forderung: Abschaffung des Lohnsystems, hat denn auch in der Praxis eine ganz andere Anwendung gefunden. Nicht die Form Arbeitslohn ist es, die in Wirklichkeit bekämpft wird. Die Arbeiterklasse hat in der Praxis sich ganz anders zu ihr gestellt. Gegen nichts haben sich die Arbeiter aus guten Gründen schärfer gewandt als gegen eine andere Art Bezahlung als durch den Lohn, gegen eine Ausgleichung der Arbeit, die etwa bestand in der Zuwendung von Lebensmitteln, Wohnung usw. Sie betrachten ein auf ihr beruhendes Verhältnis als eine Sklaverei oder Hörigkeit, den Lohn aber betrachten sie dieser altmodischen patriarchalischen Arbeitsabgeltung gegenüber, wie sie bei Fleischern, kleinen Kaufleuten und manchen anderen Handwerkern noch bestand, als einen Fortschritt. Es handelte sich bei ihren praktischen Kämpfen niemals darum, die Lohnform überhaupt grundsätzlich abzuschaffen, sondern erstens jedesmal um die Lohnhöhe überhaupt und zweitens um die Art, wie die Lohnhöhe bestimmt, wird. Das ist vorläufig der eigentliche Kampf der Arbeiterklasse in der modernen Gesellschaft, auch dem Staate gegenüber, in Hinsicht auf das Entgelt der Arbeit, dass der Lohn nicht bestimmt wird durch die freie Konkurrenz, nicht willkürlich festgesetzt wird vom Unternehmer, sondern dass die Arbeiterklasse selbst in ihren Organisationen einen gesetzlichen Status erhält und mitwirkenden Einfluss ausübt auf die Lohnbestimmung. Dahin geht zunächst die Entwicklung. Von einem Naturrecht auf den ganzen Mehrwert ist da kaum noch die Rede.

Was aber die Deutung des Sinns der Marxschen Werttheorie selbst anbetrifft, so hat der Umstand, dass man in Deutschland Wilhelm Liebknecht, den sehr hervorragenden und verdienten Führer der Sozialdemokratie, für den Schüler und Interpreten von Marx hielt, während seine Auslegungen tatsächlich von Marx äußerst scharf kritisiert wurden, sein Gegenstück in anderen Ländern. Hinsichtlich der französischen Sozialisten wissen wir, dass Marx unter Bezugnahme auf seinen eigenen Schwiegersohn, den übrigens sehr geistreichen Paul Lafargue, der in Frankreich als der orthodoxeste Marxist angesehen wurde, einmal sagte: „Was mich betrifft, so weiss ich nur das eine, dass ich kein Marxist bin" – will sagen, kein Marxist in solchem Sinne. Dasselbe spielte sich in England ab, wo der geistige Führer des marxistischen Flügels der dortigen Sozialisten, H. M. Hyndman, schon von Marx ähnlich beurteilt wurde. Da Hyndman sehr doktrinär auftrat und, wie Engels ihm vorwarf, aus dem Marxismus ein Sektendogma machte, so wurde das zum Anlass, dass andersdenkende Sozialisten, wie die Fabianer, durch diese falsche Deutung der Marxschen Wertlehre veranlasst, sich auf den Boden einer anderen Werttheorie stellten, die Grenznutzentheorie, die auf dem Kontinent hauptsächlich ausgearbeitet ist von hervorragenden österreichischen Ökonomen wie Böhm-Bawerk, Wieser, Karl Menger, und auch in Deutschland ihre Vertreter gefunden hat. In England hatte sie zum wissenschaftlichen Ausarbeiter den als mathematischen Logiker berühmten Henry Stanley Jevons. Die Fabianer nahmen diese Theorie auf unter Verkennung oder nicht genügender Berücksichtigung der Tatsache, dass in der Ökonomie der Begriff „Wert" gar nicht eine einfache Eigenschaft ausdrückt, sondern verschiedene Elemente zusammenfasst. Marx bezeichnete seinerzeit Tauschwert und Gebrauchswert als die Grundelemente. Später hat man allgemein Nutzwert für Gebrauchswert gesetzt. Im Begriff Nutzwert liegen aber wieder zwei Elemente: der unmittelbar individuelle Nutzwert und der soziale Nutzwert, der das Quantitätsverhältnis der Kauflust für die Ware umfasst. Diesen Nutzwert hat die Grenznutzentheorie im Auge. Auf den Streit zwischen ihren sozialistischen Anhängern und den Verfechtern der Marxschen Wertlehre will ich hier nicht näher eingehen, ich will nur eins dabei erwähnen. Marx berücksichtigt zwar den Nutz- oder Gebrauchswert, nennt ihn die Grundbedingung des Wertes, lässt ihn aber bei seinen weiteren Untersuchungen über die Wertbestimmung zunächst außer Betracht. Das führt ihn zu bemerkenswerten Schlüssen, die jedoch einseitiger Natur sind. Seine Wertlehre wurde genauer so formuliert, dass der Wert bestimmt sei durch die in der Ware steckende Arbeit, gemessen an der zu ihrer Herstellung g e s e l l s c h a f t -

schaftlich notwendigen Arbeitszeit. In dem Begriff gesellschaftlich notwendige Arbeitszeit liegen wieder zwei Elemente eingeschlossen: erstens die Arbeitszeit, die gesellschaftlich notwendig ist, um jedes einzelne Exemplar der infrage kommenden Ware herzustellen, das heißt, gesellschaftlich notwendig nach der Höhe der erreichten Technik. Aber es kommt auch darauf an, welche Arbeitszeit gesellschaftlich notwendig ist, um die Ware in derjenigen Masse herzustellen, die erfordert ist, um die für sie vorhandenen Käufer zu befriedigen. Die Höhe des Verbrauches bestimmt sich in der modernen Gesellschaft nicht danach, wie viele Menschen eine Ware brauchen, sondern wie viele sie kaufen können und zu kaufen Lust haben. Wirft man beide Momente durcheinander, so hebt eine Definition die andere auf, und wir kommen dann doch zur Grenznutztheorie. Soviel hierüber.

Was in der Marxschen Theorie Ausbeutung genannt wird, ist der Mehrwert, der von dem in den Preis umgesetzten Wert der Ware abzüglich der Sachkosten der Produktion nicht dem Arbeiter zufließt. Ich kann nicht sagen, dem Kapitalisten zufließt, denn er spaltet sich in Rente für den Grundbesitzer, den Profit für den Unternehmer und den Zins für den Geldkapitalisten. Liegt nun aber in der Tatsache, dass der Arbeiter nicht den vollen Ertrag der Arbeit bekommt, ein Ausbeutungsverhältnis? Wir haben gesehen, dass im objektiven Sinne man das Wort Ausbeutung anwenden kann, dass aber, wenn man es moralisch deutet, wie das bei vielen Sozialisten der Fall ist, man zu vollkommen falschen Schlüssen gelangt. Es würde nämlich danach in hochentwickelten Industrien, wo die Arbeiter am besten entlohnt werden und überhaupt sozial am höchsten stehen, die Ausbeutung, weil da am meisten sogenanntes konstantes Kapital im Unternehmen angelegt ist, als die höchste, und in solchen Industrien, wo die Arbeiter sehr schlecht bezahlt werden, weil wenig Maschinen angewandt werden, die Ausbeutung weniger hoch erscheinen. So erweckt die Gleichsetzung der Begriffe Mehrwertsrate und Ausbeutungsrate einen durchaus falschen Eindruck.

Wie wenig Marx den Sozialismus davon ableitet, dass der Arbeiter nicht den vollen Ertrag seiner Arbeit bekommt, geht auch daraus hervor, dass er gerade feststellt, es sei schon vor der kapitalistischen Periode so gewesen. Im achten Kapitel des ersten Bandes „Kapital" schreibt er ausdrücklich: „Das Kapital hat die Mehrarbeit nicht erfunden". Und in der Tat ist sie sogar unter dem Kapital vielfach geringer als in Zweigen der vorkapitalistischen Wirtschaft. Marx leitet vielmehr die Forderung des Sozialismus ab aus dem sich mit Notwendigkeit vollziehenden Zusammenbruch der kapitalistischen Produktionsweise. Dieser Zusammenbruch nun kann verschieden aufgefasst werden. Er kann begriffen werden als rein ökonomisches Phänomen dergestalt, dass die mit dieser Produktionsweise untrennbar verbundenen Wirtschaftskrisen immer größer werden, bis schließlich eine so große Krisis eintritt, dass in ihrer Folge der völlige Zusammenbruch erfolgt. Ich bemerke ausdrücklich, es handelt sich hierbei nicht um Krisen, die durch äußere Ereignisse, Kriege usw. herbeigeführt werden – denn das sind keine rein ökonomischen Erscheinungen –, sondern um solche, die hervorgebracht werden durch die Konkurrenzkämpfe der kapitalistischen Welt, die immanent sind der Wirtschaftsweise der kapitalistischen Produktion. Aber der Zusammenbruch kann auch aufgefasst werden als Resultat der Klassenkämpfe, die sich auf dem Boden der kapitalistischen Gesellschaft als unvermeidliche Rückwirkung der ihr innewohnenden und von ihr zunehmend gesteigerten Klassengegensätze vollziehen. Nach der Theorie von Marx treten diese Klassenkämpfe in immer stärkerem Maße auf, und das nötigt uns dazu, nun einmal das Wesen der kapitalistischen Gesellschaft überhaupt zu betrachten und darüber hinaus das Wesen ihrer Klassenkämpfe zu ermittel

Viertes Kapitel.

Das Wesen der Gesellschaft des vorgeschrittenen Kapitalismus.

Um ein Bild vom Wesen der Gesellschaft des vorgeschrittenen Kapitalismus zu geben, was natürlich nur in großen Umrissen geschehen kann, muss ich die Materialien unserer deutschen Statistik entnehmen. Ich könnte sie freilich auch aus verschiedenen anderen Ländern haben, Marx nahm sie aus England, das ja seinerzeit das vorgeschrittenste Land der kapitalistischen Produktion und Wirtschaft war. Inzwischen ist aber Deutschland England sehr nahegekommen und hat vor dem Kriege eine sehr entwickelte Berufs- und Gewerbestatistik gehabt. Auch bietet es der Untersuchung gewissermaßen ein reineres Bild dar, weil die englische Volkswirtschaft durch das ungeheure Kolonialreich stark beeinflusst war, während Deutschlands Kolonialbesitz in den Jahren, um die es sich hier handelt, erst in seinen Anfängen war und auf die Gestaltung seiner Volkswirtschaft einen sehr geringen Einfluss geübt hat. Aber wenn wir von kapitalistischer Wirtschaft sprechen, dann müssen wir uns – was leider heute nicht so geschieht, wie es sein sollte – darüber klar werden, dass in dem Begriff „Kapitalismus", sehr verschiedenartige Inhalte eingeschlossen sind, dass das Wort „Kapitalismus", das heute so leicht hingeworfen wird, als ob es eine ganz einfache Sache ausdrücke, die eines Tages beseitigt werden könne, sehr viele Dinge zusammenfasst. Um die Hauptsache zu erwähnen, so bezeichnet der Begriff kapitalistisch zunächst die Tatsache einer bestimmten Höhe der Produktion, die Zusammenfassung der Arbeit in großen Betrieben, die Anwendung von Maschinerien usw., die nur durch große Kapitalaufwendung möglich ist. So ist einmal der Begriff kapitalistisch Ausdruck für eine bestimmte P r o d u k t i o n s f o r m . Der Kapitalismus ist aber noch etwas anderes; er ist auch ein V e r t e i l u n g s s y s t e m , ein Verteilungssystem eben der Ergebnisse der Produktion unter der Herrschaft des Kapitals, das ein ganz anderes Verteilungssystem ist, als wir es auf früheren Stufen der Produktion, im Feudalismus, im Handwerk usw. vorfinden. Der Begriff umfasst aber nicht nur ein Verteilungssystem und eine bestimmte Produktionsform, sondern drittens auch ein bestimmtes Wirtschaftsr e c h t. Das Rechtsverhältnis von Unternehmer und Arbeiter ist unter dem Kapital ein ganz anderes, als früher im Feudalismus und im Handwerk.

Man vergisst selbst in sozialistischen Kreisen häufig diese zusammengesetzte Natur des Kapitalismus. Wohin das führt, dafür möchte ich aus neuester Zeit ein Beispiel anführen. In diesen Tagen hat irgendwo in einem angesehenen Blatte ein Artikel gestanden, worin der Verfasser sagte: „Es ist die Tragik der Sozialdemokratischen Partei Deutschlands, dass sie, die grundsätzlich den Kapitalismus bekämpft und ihn beseitigen wollte, durch ihre Stellung in der Regierung genötigt ist, die kapitalistische Produktion erst wieder herzustellen." Ich bin nun in einer großen Versammlung gefragt worden, was ich zu dieser Tragik zu sagen habe. Ich bin nicht dazu gekommen, dort diese Frage zu beantworten, weil die Versammlung infolge von lärmenden Störungen abgebrochen werden musste. Hätte ich die Zeit zur Antwort gehabt, so hätte ich gesagt, und privatim habe ich das auch nachher dem Fragesteller geantwortet: Ich sehe in der angegebenen Tatsache gar keine Tragik, sondern höchstens in der geistigen Vorbildung des Artikelschreibers. Gewiss ist es unleugbar die Aufgabe der Regierung, welche es auch sei, in modernen Ländern, vor allem in Deutschland in seiner eigenartigen Weltlage, wo es gezwungen ist zu bestimmten gewaltigen Leistungen, sofern man nicht gleich mit einem Schlage, wie es in Russland versucht wurde, aber nicht geglückt ist, die Gesellschaft vollständig zu ändern und alle Lasten abzuwerfen – gewiss ist es Aufgabe der jetzigen Regierung in Deutschland, ob sie konservativ, liberal, demokratisch oder sozialdemokratisch sei, zunächst einmal die Wirtschaft wieder in Gang und Ordnung zu bringen und dadurch allerdings auch die kapitalistische Produktion zu erhalten oder ihre Lebensbedingungen und Entwicklungsmöglichkeiten zu sichern. Aber damit ist nicht gesagt, dass diese nun in allen Punkten bleiben muss, was sie vorher war. Man kann die Form der Produktion erhalten, aber das Rechtsverhältnis ändern. Ebenso kann man auch den Modus der Verteilung ändern. Zum Teil ist das Erstere in Deutschland auch geschehen. Eine große Änderung ist eingetreten durch das Gesetz über die Betriebsräte, das zwar erst in seinen Anfängen steht, aber außerordentlich bedeutungsvoll und von großer Tragweite ist und mindestens grundsätzlich eine große Wandlung im Rechtsverhältnis von Unternehmer und Arbeiter einleitet. Es kann also die Betriebs- oder Wirtschaftsform erhalten bleiben und doch kann in ihrer Verfassung und Leitung eine große, sogar eine revolutionäre Änderung vor sich gehen. Im Kapitalismus haben wir aber als bleibende Tendenz die Vergrößerung der Betriebe. Nach der Marxschen Theorie führt die Entwicklung mit Notwendigkeit, unter dem Druck der freien Konkurrenz, zu immer größerer Konzentration der Unternehmungen, zur Akkumulation der Vermögen in Privathänden, bei Proletarisierung der großen Mehrheit der Bevölkerung, und damit zu einer ganz anderen Klassenschichtung und Verschärfung der Klassenkämpfe. Das haben wir zunächst zu betrachten.

Nach der Gründung des Deutschen Reiches, nachdem mit der Sonderhoheit der Einzelstaaten alle Hemmnisse des inneren Marktes gefallen waren und Deutschland zu einer Handelspolitik überging, die nach kurzer Zwischenzeit das System der Meistbegünstigungsverträge festlegte, mit Hilfe dessen Deutschlands äußerer Markt sich immer mehr erweiterte, hat Deutschlands Industrie in verhältnismäßig kurzer Zeit einen ganz gewaltigen Aufschwung genommen, sodass wir in einzelnen Teilen Deutschlands Entwicklungen gehabt haben, die an amerikanische Verhältnisse erinnern. Ich brauche nur das große rheinisch-westfälische Industriegebiet zu nennen, das in der Tat einen Vergleich mit den großen amerikanischen Industriezentren aufnehmen kann. Das Deutsche Reich hat bis zum Kriege dreimal allgemeine Berufs- und Gewerbezählungen gehabt. Zwischen der ersten und der letzten davon liegen 25 Jahre. Die erste Zählung fand statt im Jahre 1882, die zweite 1895 und die dritte 1907. Die Zählung von 1907 gibt uns also die letzten Vergleichszahlen. Was nun die Entwicklung der Betriebe in Industrie und Bergbau anbetrifft, so hat die deutsche Gewerbezählung die Betriebe eingeteilt in Klein-, Mittel- und Großbetriebe. Bis kurz vor dem Kriege wurden als Kleinbetriebe gerechnet solche von 1 bis 5 Personen, als Mittelbetriebe solche von 6 bis 50 Personen und alles darüber galt in der Statistik und Wissenschaft als Großbetrieb. In der Arbeiterschaft herrschte allerdings eine ganz andere Auffassung. Die Berliner

Metallarbeiter haben im Jahre 1902 eine Zählung ihrer Berufsangehörigen vorgenommen, und da rechneten sie zu den Kleinbetrieben noch alles, was unter 500 Arbeiter hatte, zu den Mittelbetrieben rechneten sie solche von 500 bis 2000 Arbeitern und erst darüber hinaus fing nach ihrer Auffassung der Großbetrieb an. Das ist für ihre soziale Einschätzungsweise überaus charakteristisch. Ich habe einmal in einer Versammlung der Dreher, nachdem ich dort einen Vortrag gehalten hatte, noch eine gute Weile zugehört, wie sie ihre eigenen Angelegenheiten behandelten, was immer sehr lehrreich ist. Da gab der Vorsitzende Bericht über die Untersuchung der Zustände in einem Unternehmen und bemerkte dabei im Ton ziemlicher Geringschätzung: „Ihr könnt Euch denken, was das für eine Krämerbude war, es waren da nur etwa 1000 Arbeiter beschäftigt!" Ein Unternehmer, der gegen tausend Arbeiter beschäftigt, ist meist schon ein Millionär; aber in der Auffassung der Metallarbeiter Berlins war sein Unternehmen im Grunde nur ein Kleinbetrieb.

Halten wir uns indes hier an die Angaben der Reichsstatistik. Sie zeigt in der ersten Periode von 1882 bis 1895, die 13 Jahre umfasste, einen geringeren Aufstieg als in der nur 12 Jahre umfassenden Periode von 1895 bis 1907. Das ist begreiflich und beleuchtet die ganze Tendenz der Entwicklung. Um aber nicht durch zu viele Zahlen zu ermüden, lasse ich hier nur die runden Anfangs- und Endzahlen der ganzen Periode folgen. Danach entwickelten sich in diesen fünfundzwanzig Jahren in Industrie und Bergbau die Kleinbetriebe (1–5 Personen) der Zahl nach von 2 175 000 im Jahre 1882 auf 1 870 000 im Jahre 1907, die Mittelbetriebe der Zahl nach von 85 000 im Jahre 1882 auf 157 000 im Jahre 1907 und die Großbetriebe von 9000 im Jahre 1882 auf 29 000 im Jahre 1907. Nehmen wir nicht die Zahlen der Betriebe, sondern die der in den Betrieben beschäftigten Personen, dann waren in den Kleinbetrieben beschäftigt 1882 rund 3 270 000 und 1907 3 202 000, in den Mittelbetrieben 1882 1 109 000, 1907 2 715 000, in den Großbetrieben 1882 1 554 000 und 1907 4 940 000 Personen. Hier sieht man, wie der größere Betrieb in der Industrie gegenüber den kleineren einen immer größeren Raum einnimmt. Die Kleinbetriebe nehmen ab, aber verhältnismäßig wenig. Die Mittelbetriebe nehmen aber noch ganz bedeutend zu.

Sie sind gestiegen von 85 000 auf 187 000 und nach der Zahl der beschäftigten Personen von 1 109 000 auf 2 715 000.

Wenn unzweifelhaft eine bedeutungsvolle Konzentration der Betriebe stattgefunden hat, so ist das doch nicht in dem Maße geschehen, wie man es annahm und wie es im Erfurter Programm der deutschen Sozialdemokratie stand, dass nämlich die Mittelbetriebe verschwinden. Sie verschwinden eben auch in der Industrie nicht. Allerdings darf man nicht vergessen, dass Betrieb nicht dasselbe ist wie die Unternehmung. Eine Unternehmung umfasst oft verschiedene Betriebe, die großen Unternehmen ganze Reihen von Betrieben, während die Statistik die Betriebe einzeln aufzählt. Hätten wir eine Statistik der Unternehmungen, dann würden wir eine wesentlich stärkere Konzentration festzustellen haben, als sie in den obigen Zahlen erscheint. In Bezug auf die Industrie war ganz unleugbar die Theorie insofern richtig, dass eine zunehmende Konzentration der Unternehmungen stattfindet. Aber sie fand nicht in der Weise statt, dass die mittleren Betriebe und Unternehmungen verschwanden. Nur die ganz kleinen, die Zwergbetriebe, haben etwas abgenommen, im Übrigen aber hat durchgängig ein Aufstieg stattgefunden von den kleineren in die mittleren und von den mittleren in die größeren Betriebe. Wir würden das noch deutlicher sehen, wenn wir die Unterabteilungen der drei hier verglichenen großen Gruppen heranzögen. Keine einzige dieser Abteilungen war aus der Reihe verschwunden. Es hatte lediglich eine Verschiebung nach oben sich vollzogen. Bestimmte Neubildungen haben sich jedoch gewissermaßen n e b e n der allgemeinen Entwicklung ausgestaltet, indem nämlich ganz neue Industrien entstanden sind, die von vornherein als Riesenunternehmungen ins Leben traten. Man denke da an die großen modernen Lokomotivfabriken und Werften für Dampferbauten, an die Entwicklung der großen Elektrizitätswerke usw., wo ganze Industriezweige gleich als Riesenbetriebe ins Leben traten und nicht erst die Entwicklung vom Kleinbetrieb über den Mittelbetrieb zum Großbetrieb durchzumachen hatten.

Ein ähnliches Bild zeigt sich beim Handel und Verkehr. Da haben wir sogar eine noch stärkere Vermehrung. Die Kleinbetriebe nahmen im Handel bedeutend zu. Der Handel ist ja oft die Zuflucht für viele aus der Industrie Verdrängte, die Etablierung des Kleinkrämers ist viel leichter als die des kleinen Fabrikanten. Im Handel und Verkehr war die Entwicklung von 1882 bis 1907 eine solche, dass sich vermehrten: die Kleinbetriebe von 676 000 auf 1 204 000, die Mittelbetriebe von 26 000 auf 76 000, die Großbetriebe von 463 auf 2800. Im Handel waren die Großbetriebe, d. h. die Betriebe mit über 50 Personen, nicht so zahlreich wie in der Industrie. Wir haben zwar eine sehr bedeutende Zunahme der modernen Kaufhäuser, doch ist deren Zahl im Ganzen nicht so übermäßig groß. Auch steckt im Handel hinter einer verhältnismäßig geringen Zahl von Angestellten oft schon ein sehr erheblicher Kapitalaufwand. Nach der Zahl der Beschäftigten berechnet, war hier die Entwicklung von 1882 bis 1907 bei den Kleinbetrieben von rund einer Million auf zwei Millionen, bei den Mittelbetrieben von 270 000 auf 878 000, bei den Großbetrieben von 54 000 auf 395 000. Hier tritt die Bedeutung der Zunahme der Großbetriebe stärker hervor. Aber während in Industrie und Bergbau die 5 Millionen Beschäftigten der großen Betriebe ebensoviel ausmachen wie die Beschäftigten der Mittel- und Kleinbetriebe zusammen genommen, ist das Verhältnis im Handel doch ein anderes, hier bilden sie erst den sechsten Teil.

Eine Erklärung für die große Vermehrung der Betriebe darf man allerdings nicht vergessen: Das ist die ungeheure Steigerung der Produktion selber, die gewaltige Zunahme der Masse der Produkte. Sie erklärt es auch, warum sich neben den großen Unternehmungen im Handel so viele der kleinen halten können. Die moderne kapitalistische Produktionsweise erhöht ungemein die Produktivität der Arbeit. Der Warenmarkt wächst, und deshalb finden die kleinen Unternehmungen neben den großen immer noch einen Rahmen, dem sie sich anpassen können.

Ein ganz anderes Bild, als lange Zeit angenommen, zeigt die Entwicklung der Betriebe in der Landwirtschaft. Sie hat der ursprünglichen Auffassung eine große Enttäuschung bereitet, sie geradezu widerlegt. Weil in England in der Landwirtschaft der Großbesitz überwog, hatte man lange Zeit gefolgert, dass dies im Wesen der modernen Wirtschaft liege, und dass, wie in der Industrie, so auch in der Landwirtschaft die kleinen Unternehmungen immer mehr verdrängt würden von den Großunternehmungen. Das ist aber nicht eingetreten, sondern das Gegenteil ist geschehen. In der Landwirtschaft haben in den 25 Jahren die Großbetriebe an Zahl abgenommen, vermehrt haben sich nur die eigentlich bäuerlichen Betriebe und die ganz kleinen Zwergbetriebe. Die kleinen Landparzellen, die wahrscheinlich mit den Laubengärten zusammengerechnet werden, sind von 2 Millionen auf über 3 Millionen gestiegen. Bei Betrieben von 2 bis 5 Hektar beläuft sich die Steigerung in runden Zahlen von 980 000 auf 1 006 000. In diese Betriebe sind auch die Qualitätslandwirtschaftsbetriebe, die mehr gartenmäßig bewirtschafteten Betriebe eingeschlossen. Die mittleren Betriebe von 6 bis 20 Hektar sind gestiegen von 926 000 auf 1 065 000, und dann beginnt gerade bei den Großbetrieben von 20 bis 100 Hektar ein Abstieg. Ihre Zahl fällt von 282 000 auf 262 000 und die der Betriebe von über 100 Hektar von 25 000 auf 23 000. Hier zeigt sich also ein ganz anderes Bild der Entwicklung als angenommen. Die bäuerlichen Betriebe halten sich. Es ist das teilweise eine Folge von Eingriffen der Gesetzgebung. Sie hat allerhand Gesetze geschaffen, die dahin gewirkt haben, den bäuerlichen Betrieb konkurrenzfähig zu erhalten. Eine weitere Erklärung liefert die starke Entwicklung des Genossenschaftswesens in der Landwirtschaft sowie der Umstand, dass die landwirtschaftliche Produktion zum Unterschied von der Industrieproduktion wesentlich organische, von Naturvorgängen abhängige Produktion ist. Sie ist daher für die Hebung der Produktivität nicht so auf die Konzentration angewiesen wie die industrielle Produktion. Bemerkenswert ist nun, dass bei alledem, bei dieser Zunahme der Betriebe in der Landwirtschaft selber, die Zahl der in ihr Beschäftigten in den 25 Jahren erheblich zurückgegangen ist. In Deutschland hat die Bevölkerung in dieser Zeit zugenommen um rund 36 Proz. Dagegen ist die Zahl der Beschäftigten in der Landwirtschaft samt Angehörigen zurückgegangen von über 19 Millionen auf nicht ganz 17 700 000, sodass man beinahe sagen könnte, der ganze Zuwachs der Bevölkerung in dieser Zeit, der ungefähr 25 Millionen Menschen umfasste, ist über die Landwirtschaft hinweggerauscht zur Industrie und hat, statt der Landwirtschaft etwas abzugeben, sogar noch 8 Proz. von ihr hinweggenommen. Statistisch betrachtet gilt das. In einzelnen Fällen mag es natürlich anders gewesen sein, im Gesamtbild hat aber die landwirtschaftliche Bevölkerung abgenommen und trotzdem hat die landwirtschaftliche Produktion zugenommen. Vor dem Krieg ging also Deutschlands Entwicklung immer stärker zum Industriestaat.

Nicht weniger wichtig als die Betriebsentwicklung sind die Veränderungen in der Stellung der Personen im Gewerbe. In der Industrie sind die Selbständigen weniger geworden, dagegen hat sich die Zahl der technischen und kaufmännischen Angestellten ganz bedeutend gehoben. Auch die Zahl der Arbeiter ist gewaltig gestiegen; ihre Vermehrung lässt in absoluter Zahl die aller anderen Berufsschichten hinter sich, im Verhältnis aber war doch die Zunahme der kaufmännischen und technischen Angestellten die größere. Ihre Zahl ist gestiegen in der Industrie von 99 000 im Jahre 1882 auf 686 000 im Jahre 1907, die Zahl der Arbeiter in der gleichen Zeit von 4 Millionen auf 8 600 000, während die Zahl der Selbständigen zurückgegangen ist von 1 861 000 auf 1 729 000. Die Angestellten sind also um 592 Proz., die Arbeiter um 110 Proz. mehr geworden. Im Handel und Gewerbe sehen wir ein ähnliches Bild. Dort haben jedoch auch die Selbständigen zugenommen, weil es ja leichter ist, sich im Kleinhandel zu etablieren als in der Industrie; ihre Zahl wuchs von 505 000 auf 843 000. Die im Handel Angestellten vermehrten sich aber von 141 000 auf 505 000 und die Arbeiter in Handel und Verkehr von 727 000 auf 1 959 000. Die Selbständigen haben danach zugenommen um 60 Proz., die Arbeiter um 169 Proz., die Angestellten aber um 257 Proz. In der Landwirtschaft finden wir auch in dieser Hinsicht wieder ein abweichendes Bild. Die Zahlen sind aber zum Vergleich weniger geeignet, weil 1907 eine andere Zählungsart beobachtet wurde als bei den beiden vorhergegangenen Zählungen. Es sind da nämlich die Personen, die dem Haushalt angehören und mitarbeiten, während sie in der früheren Statistik der Familie des Unternehmers, d. h. des Bauern, zugezählt wurden, in der neueren Statistik als Arbeiter gezählt worden.

Die ungeheure Zunahme der technischen und kaufmännischen Angestellten in Industrie und Handel ist die lebendige

Illustration einer in der Marxschen Theorie zuerst mit der größten Schärfe hervorgehobenen Tatsache. Vor Marx unterschied die Nationalökonomie nur zwischen dem fixen Kapital, wie man das in Gebäuden, Maschinen usw. angelegte Kapital nannte, und dem beweglichen, dem zirkulierenden Kapital. Marx führte eine andere Unterscheidung ein: Er unterscheidet zwischen konstantem und variablem Kapital. Konstant nennt er alles Kapital, das, wie der Verschleiß von Anlagen und Maschinen, der Aufwand von Rohstoffen und Hilfsstoffen usw., mit eingerechnet wird in die sachlichen Kosten der Produktion und deshalb im Preise des Produkts unverändert wieder erscheint, während die Ausgabe für die menschliche Arbeit – von Arbeitern und Angestellten – in erhöhter Form in dem Wert der ganzen Produktion zurückkommt. Sie nennt er variables Kapital. Der Einzelne kann durch falsche Spekulation verlieren; im Allgemeinen aber gilt als Grundsatz, dass der Unternehmer bei seiner Kalkulation zunächst das wiederhaben will, was er ausgelegt hat an Maschinen, Miete, Rohstoffen u. dgl. Dass dieses konstante Kapital in der Industrie im Verhältnis viel stärker zugenommen hat als das variable (Lohn usw.) Kapital, wird nun illustriert durch die im Verhältnis stärkere Zunahme des kaufmännischen und technischen Personals.

Kommen wir zurück auf die Verschiebungen der Berufsgruppierung in der kapitalistischen Gesellschaft. In der Land- und Forstwirtschaft haben wir die Berufszugehörigen in den 25 Jahren von 19 auf 17 ½ Millionen zurückgehen sehen. In Industrie und Bergbau wuchs dagegen die Zahl der Berufszugehörigen von 16 auf 26 Millionen, in Handel und Verkehr von 4 auf 8 Millionen. Dazu kommen aber hinzu die Angehörigen der freien und öffentlichen Berufe, die auch eine gewaltige Zunahme erfahren haben, nämlich von 1 ½ auf 2,6 Millionen. Alles das zeigt eine sehr bedeutsame Verschiebung an, eine ganze Veränderung des sozialen Charakters der Bevölkerung. Als das Deutsche Reich gegründet wurde, lebte noch weit über die Hälfte seiner Bevölkerung auf dem Lande und von der Landwirtschaft als Erwerbsquelle. Jetzt aber ernährte die Landwirtschaft als Berufszweig einen immer geringeren Teil der Bevölkerung; die Masse lebte von Industrie, Handel und Verkehr, von freien und öffentlichen

Berufen. Im Ganzen bedeutete das einen gewaltigen Kulturfort-schritt, der allerdings auch seine Kehrseite hat: die Abkehr von der Natur und verschiedene andere Schäden. Unbestreitbar ist nur, dass im Ganzen die Industrie die höhere Wirtschaftsform repräsentiert als die Landwirtschaft, trotz der Verbesserungen, die auch in dieser stattgefunden haben.

Eine weitere bedeutungsvolle Tatsache ist, dass, wie die Stadt auf Kosten des Landes wächst, das soziale Leben überhaupt sich immer mehr sozusagen v e r s t a d t l i c h t . Es ist das eine der charakteristischsten Erscheinungen der Epoche, die sich vor dem Kriege übrigens noch viel mehr als in Deutschland in England vollzog. Die Stadt spielt eine immer größere Rolle im ganzen sozialen Leben, und ein großer Teil dessen, was man lange Zeit die Agrarfrage genannt hat, besteht darin, dass, während in frü-heren Perioden der Bauer seine eigene Kultur hatte und auf sie stolz war, geradezu auf den Städter herabsah, er jetzt sein Leben selbst verstadtlicht, wie der Städter leben will, und wie er, so auch der Landarbeiter. Darin liegt ein großer Teil der Unzufrie-denheit auf dem Lande; denn wenn der Bauer so leben wollte wie seine Väter, dann hätte es keine Agrarfrage gegeben. Der Preis der Bodenprodukte war gestiegen, das Geldeinkommen hatte in keiner Weise gelitten.

In der Arbeiterschaft der Industrie vollzieht sich gleichfalls eine Entwicklung, die unser Interesse beansprucht. Die Klasse ist, wie wir gesehen haben, gewaltig an Zahl gestiegen. Nun aber unterscheidet man in der Industrie zwei Gattungen von Arbei-tern, die gelernten, d. h. in einer Lehrzeit ausgebildeten, und die sogenannten ungelernten Arbeiter. Früher sagte man qualifizierte und unqualifizierte Arbeiter, d. h. bezeichnete den gelernten Ar-beiter als einen qualifizierten, den ungelernten als unqualifizier-ten Arbeiter. Es gibt aber, wie ein Unternehmer einmal sehr rich-tig gesagt hat, keine unqualifizierte Arbeit. Auch die ungelernte Arbeit muss gehörig geübt werden und erfordert oft in ihrer Wei-se erstens große Kraft und dann auch große Geschicklichkeit. Ich möchte keinem es zumuten, einmal mit einem Karrenschieber in dessen Arbeit es aufnehmen zu wollen. Wer das versuchte, wür-de bald bemerken, dass auch zu dieser Arbeit eine bestimmte

Geschicklichkeit gehört und nicht nur Körperkraft. Immerhin steht der ungelernte Arbeiter sozial und ökonomisch unter dem gelernten Arbeiter, in Deutschland allerdings nicht ganz so stark wie in England. In England war die Trennung zwischen gelernten und ungelernten Arbeitern bis zum Kriege viel stärker gewesen als in Deutschland. Daher die Erscheinung, die vielen, die nach England kamen, aufgefallen ist, dass sie dort eine ungeheure Zahl von tiefstehenden Arbeitern vorfanden, tiefstehend in der Art ihrer Lebensweise, tiefstehend in ihrer Wohnweise und tiefstehend auch in der Art der Kleidung. Sie schlossen daraus, dass überhaupt das Elend in England viel größer sei als auf dem Festlande. Aber es handelt sich da um eine Teilerscheinung, die sich erklärt aus der ganzen Geschichte der englischen Arbeiterschaft. Infolge besonderer Umstände bekam in England der Ungelernte, der Labourer, im Gegensatz zum Gelernten, zum Worker, einen sehr viel geringeren Lohn, nur etwa 60 oder gar bloß 50 Proz. vom Lohn des Gelernten, während in Deutschland der ungelernte Arbeiter bis 70 und 80 Proz. vom Lohn des Gelernten bekommt. Die Zahl der gelernten Arbeiter hat sich in Deutschland anders entwickelt als die der ungelernten. Seit 1895 ward bei der Berufszählung zwischen den beiden Kategorien unterschieden, sodass wir nun für die 12 Jahre von 1895 bis 1907 einen Vergleich der Entwicklung der beiden haben. Danach ist die Zahl der gelernten Arbeiter in der Industrie gestiegen von 4 auf 5,4 Millionen, aber die der ungelernten von 2,3 auf 3,9 Millionen, im Verhältnis also haben die Letzteren eine sehr viel stärkere Vermehrung erfahren. Auf 100 gelernte kamen 1895 55 ungelernte Arbeiter, 1907 aber schon 73. Die vervollkommnete Maschine hat also hier vielfach statt gelernter ungelernte Arbeiter gebraucht. Trotzdem hat sich aber, und das ist das Wichtige, in dieser Periode, wo die Zahl der ungelernten Arbeiter so stark wuchs, die Zahl der gelernten Arbeiter in der Industrie immer noch stärker vermehrt als die Zahl der Gesamtbevölkerung. Die Gesamtbevölkerung ist in den 12 Jahren um 19 Proz. gestiegen, dagegen die Zahl der gelernten Arbeiter um gegen 29 Proz. Auch das ist charakteristisch für die ungeheure Entwicklung zum Industriestaat, die sich in Deutschland vollzogen hat.

Die Frage ist nun: Woher kam der Zuwachs der ungelernten

Arbeiter? Sie führt auf eine sehr charakteristische Erscheinung. Zum Teil zogen deutsche Arbeiter vom Lande als Tagelöhner in die Stadt und wurden auf dem Lande durch Ausländer ersetzt, d. h., die landwirtschaftlichen deutschen Arbeiter gingen in die Industrie, und aus Polen und anderen Ländern wurde ein großer Teil Arbeiter, teils als Saisonarbeiter, teils aber auch als ständige Kräfte, für die deutsche Landwirtschaft gewonnen. Die deutsche Arbeiterschaft konnte sich auf diese Weise über die polnischen usw. Arbeiter hinweg auf eine höhere Stufe erheben. Indes war es auch für die Polen ein Aufstieg im Verhältnis zum Lebenszuschnitt in ihrer Heimat. Sie zogen nach Deutschland, weil sie da immerhin bessere Löhne erhielten als zu Hause. Bei alledem bleibt es ein bemerkenswerter Umstand, dass zum Teil nur auf dem Rücken jener ausländischen Arbeiter sich die deutsche Industrie und Industriearbeiterschaft in der geschilderten Zeit so entwickeln konnte. Ohne jene ausländischen Tagelöhner wäre ein Teil des großen Aufschwungs unmöglich gewesen, dessen Endresultat das war, dass jede Arbeiterschicht schließlich etwas höher stand als vorher, die Schicht der Gelernten im Verhältnis stärker zugenommen hatte als die Bevölkerung. In dieser Beziehung ist das Wort von Marx, das im „Kapital" steht und von vielen buchstäblich genommen wurde: „Die Maschine schlägt den Arbeiter tot", nicht eingetroffen. Denn diese ungeheure Vermehrung der Arbeiter in der Industrie finden wir nicht nur in Deutschland, sondern gleichzeitig auch in England, in Frankreich, wie in allen Ländern moderner Entwicklung und am stärksten davon in Amerika. Das erklärt sich aus einer Reihe von Gründen, die Marx nicht genügend berücksichtigen konnte.

Marx hatte seine Beispiele aus der Textilindustrie genommen, die zu seiner Zeit in England die maßgebende Industrie war. Aber die Faser setzte der Behandlung durch die Maschine viel geringeren Widerstand entgegen als Leder, Holz, Metalle usw. Während die Maschine in der Textilindustrie allerdings Teile der Arbeiterschaft beiseitegeschoben hat, ist das in anderen Industrien nicht geschehen, sondern im Gegenteil, da hat die Arbeiterschaft sich gewaltig vermehrt, namentlich in den Industrien der Metalle, die ja allmählich in der Welt die Führung erhalten haben. Diese gesteigerte Entwicklung ist dadurch möglich geworden, dass es sich nicht nur handelte um Maschinen für die Herstellung von Gegenständen des persönlichen Verbrauchs, sondern um die große Erweiterung der Verkehrsmittel, der Eisenbahnen, Dampfschiffe usw. Die ungeheure Verdichtung des Eisenbahnnetzes, die in den verschiedenen Ländern, vor allem in den Vereinigten Staaten, aber nicht zum wenigsten auch in Deutschland vor sich gegangen ist, ist in der Hauptsache erst eingetreten, nachdem Marx sein „Kapital" geschrieben hatte. Man braucht nur eine Eisenbahnkarte aus den sechziger Jahren des vorigen Jahrhunderts, den Jahren, wo Marx sein „Kapital" schrieb, mit einer Karte von 1914 zu vergleichen, dann sieht man, welche kolossale Entwicklung das Eisenbahnwesen genommen hat. Die Verkehrsmaschinen selbst, die Lokomotiven, Dampfer usw., haben aber auch ihren Charakter geändert, sie sind riesenhaft gewachsen, und ihr Wachstum wie ihre Zunahme hat stark zurückgewirkt auf das Wachstum der Industrie und wesentlich beigetragen zur gewaltigen Industrialisierung nicht nur Deutschlands, sondern der ganzen Welt.

Dann haben wir aber auch ein weiteres zu verzeichnen. Die ungeheure Vermehrung des gesellschaftlichen Reichtums, die eine Folge gewesen ist der großen Vervollkommnung der Produktionsmittel, der ins Riesenhafte gesteigerten Gewinnung und Verarbeitung der Erze und Erdschätze, und fortgesetzten Steigerung der Produktivität der Menschen an den Maschinen hat als Zweites zur Wirkung gehabt eine große Förderung der Qualitätsarbeit in der Industrie. Die erste Wirkung der Maschinen war im Gegenteil die Herabdrückung der Qualität des Fabrikats gewesen, wie das Marx auch feststellt. Die billigen Fabrikate drängten die bessere, solide Arbeit zurück. Aber im weiteren Verlauf der Entwicklung steigt mit dem wachsenden Reichtum der Gesellschaft auch der Markt der Qualitätsindustrien, die wiederum eine zunehmende Beschäftigung von gelernten Qualitätsarbeitern herbeiführt. Diese Tatsachen, die große Zunahme des gesellschaftlichen Reichtums mit ihren technischen Nachwirkungen, stellen uns nun vor die Frage: Wie wirkt das alles zurück auf die Klassengliederung in der Gesellschaft?

Die erste soziale Einwirkung der Maschinenindustrie war,

dass sie mittlere Schichten der Bevölkerung zurückdrängte, das Proletariat vermehrte, und dass die Schicht der Reichen und ihr Reichtum wuchsen. So entstand in der sozialistischen Welt die Theorie, die lange Zeit agitatorisch in Aufklärungsvorträgen propagiert wurde – ich habe noch stark daran teilgenommen –, dass im weiteren Verlauf der kapitalistischen Entwicklung die Mittelschichten von der kleinen Schicht der Reichen vollständig verdrängt werden, während daneben das Proletariat und gleichzeitig auch seine Verblendung ungeheuer zunehmen. Der in seiner Art sehr bedeutende, wenn auch mehr konservativ gerichtete sozialistische Ökonom Karl Rodbertus stellte das im bildlichen Vergleich einmal so dar, dass die soziale Pyramide sich in der Weise eines immer mehr sich verengernden Flaschenhalses gestaltet. Ich habe das gelegentlich zeichnerisch so zu veranschaulichen versucht:

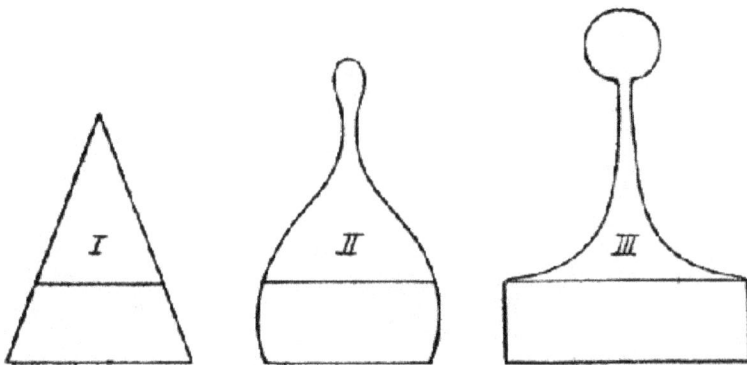

I   II   III

Figur I zeigt die gesellschaftliche Pyramide in ihrem vermuteten Ursprung; unten die ärmeren Klassen, oben, in immer schmälerer Zuspitzung, die besitzenden Klassen. Mit dem Aufkommen der kapitalistischen Produktion bildet sich oben eine kleine Schicht von ganz Reichen, die Mittelschichten nehmen ab, die unteren Schichten aber zu. Die Pyramide gestaltet sich wie auf Figur II. Allmählich aber gewinnt sie die Gestalt des Flaschenhalses wie auf Figur III. Es schwillt an der Kopf der ganz

Reichen, es verengert sich vollständig die mittlere Schicht und immer größer wird unten die Schicht des Proletariats. Es war Professor Julius Wolff, der die Theorie damit ironisierte, dass er sagte, nach ihr müsste es dahin kommen, dass eines Tages der Hals völlig verschwinde, nur noch ganz oben der Kopf sei und, jeder stützenden Zwischenschicht bar, unten in den breiten Boden der Flasche stürze. Die wirkliche Entwicklung hat aber diesen Weg nicht genommen. Wenn wir die Einkommensgliederung in den verschiedenen Ländern verfolgen, wie sie uns die Statistik zeigt, so erhalten wir ein ganz anderes Bild. Da für Deutschland als ein Ganzes erst jetzt eine Einkommensteuer eingeführt ist, müssen wir für Vergleichszahlen Preußen nehmen, das fünf Achtel des Deutschen Reichs umfasst. Preußen hat seine Einkommensteuer im Jahre 1892 bei der bekannten Miquelschen Steuerreform grundlegend reformiert. Nehmen wir an, dass vor dem Kriege alle Zensiten mit unter 3000 Goldmark Einkommen zum Proletariat gehörten und mit 3000 Goldmark steuerdeklariertem Einkommen die Mittelschichten beginnen. Dann kommen oben zunächst die Schichten von 3000–6000 Mk. Einkommen, alsdann die mit 6000–10 000 Mk. und hierauf die mit 10 000–30 500 Mk. Die Letzteren sind schon gutbürgerliche Existenzen. Die Zensiten mit 30 500 bis 100 000 Mk. Deklariertem Einkommen können wir als teils wohlhabend, teils reich rechnen und die mit über 100 000 Mk. Einkommen als die Schicht der ganz Reichen. Die letzten Zahlen über die Zensiten nach der alten Miquelschen Einkommensteuer liegen mir für 1916 vor. Von 1892 bis 1916, also in der Epoche des großen Aufschwungs der kapitalistischen Produktion, nun ist gestiegen die Schicht der ganz Reichen mit über 100 000 Mk. Einkommen von 1780 auf 3561, hat sich also mehr als verdoppelt; die Zahl der Wohlhabenden und Reichen ist in derselben Zeit gestiegen von 6700 auf 22 000, hat sich also mehr als verdreifacht. Die Zahl der Wohlhabenden mit einem Einkommen von 6000–30 500 Mark hat sich vermehrt von 104 000 auf 210 000, also gleichfalls mehr als verdoppelt. Auch diese Schicht hat weit über die Vermehrung der Bevölkerung hinaus zugenommen. Und schließlich hat die untere Mittelschicht, die man ganz ausgestochen wähnte, die Klasse der Zensiten mit Einkommen zwischen 3000 und 6000 Mk., sich gar vermehrt von 205 000 auf

578 000, also auf nahezu das Dreifache. Keine Schicht aus diesen Einkommensgruppen verschwindet also, im Gegenteil alle Zahlen nehmen zu. Wer sich die Entwicklung der Städte in den letzten Jahrzehnten vergegenwärtigt, wie der Zug zur Wohlhabenheit im Bau der Wohnungen und dergleichen sich immer stärker bemerkbar machte, der wird auch begreifen, dass dies gar nicht möglich gewesen wäre ohne die Zunahme der Mittelschichten im Einkommen.

Nicht ganz das gleiche Bild zeigt sich, wenn wir die Vermehrung der Vermögen an sich beobachten. Die Vermögenssteuer wurde in Preußen e r s t seit 1895 erhoben. Meine Zahlen reichen bis 1911. Sie umfassen also nur eine Periode von 16 Jahren, eine Zeitspanne, in der die Bevölkerung Preußens sich um etwa 25 Proz. vermehrte. Die Zahlen zeigen nur die versteuerten Vermögen, nicht die wirklichen, die ja höher sind, weil bei der Steuer alle möglichen Abzüge gemacht werden. Es haben sich nun in dieser Periode vermehrt die versteuerten Vermögen der Gruppe von 6000 bis 32 000 Mk. von 767 000 auf rund 1 200 000, die Gruppe 32 000 bis 100 000 Mk. von 284 000 auf 419 000, die Gruppe 100 000 bis 500 000 Mk. von 87 000 auf 136 099 und die Gruppe über 500 000 Mk. – die Mark immer in Goldwert – von 15 600 auf rund 23 000. Überall findet man also eine Vermehrung. Die Pyramide hat sich nicht in der Richtung des Flaschenhalses entwickelt, sondern ziemlich gleichmäßig in allen Schichten. Das Proletariat ist sehr stark gewachsen, die Mittelschichten aber auch und ebenso die Oberschicht. Der Reichtum der Gesellschaft hat gewaltig zugenommen, aber an ihm haben nicht nur die ganz Reichen, sondern alle Schichten der Besitzenden teilgenommen.

Wenn die Entwicklung, wie man sie sich früher vorgestellt hatte, wie sie nicht nur Marx und Rodbertus, sondern auch Lassalle und alle anderen Sozialisten angenommen hatten, nicht eingetreten ist, so ist damit die sozialistische Bewegung noch nicht als überflüssig nachgewiesen. Was sich vollzogen hat, ist, dass die Spannung zwischen den großen Einkommen und dem Einkommen der Volksmasse bedeutend zugenommen hat, und darauf kommt es an. Die Pyramide der Einkommen und Vermögen entwickelt sich nicht im Sinne des Flaschenhalses, sondern etwa im Sinne einer umgekehrten Ziehharmonika. Man nehme an, eine Ziehharmonika werde auf die Seite gestellt und so beschwert, dass sie sich unten nur langsam heben kann, während eine andere Kraft sie nach oben zieht. Dann wird die Spannung zwischen der beschwerten Masse unten und den oberen Teilen immer größer werden, und das sehen wir tatsächlich in dem Verhältnis der zunehmenden Zahl der Reichen und ihrem wachsenden Luxus zu dem, der Masse nach am stärksten wachsenden Heer derjenigen, die sozial in ihren Diensten stehen. Die Vermehrung der Arbeiter und unteren Angestellten übertrifft der absoluten Zahl nach die aller anderen Klassen zusammen um ein Vielfaches. Wir sehen daran, dass die Entwicklung keineswegs als eine so gesunde bezeichnet werden kann, wie sie von Leuten hingestellt worden ist, die aus der Zunahme aller Schichten der Besitzenden nun eine vollständige Rechtfertigung der ganzen sozialen Entwicklung unter dem Kapitalismus herleiten. Nur eins ist unbestreitbar: Der Kapitalismus hat den Reichtum der Gesellschaft ganz ungemein gesteigert; aber die Verteilung des Reichtums hat nicht in jeder Hinsicht die Entwicklung genommen, die die Sozialisten früher voraussetzten, sondern sie hat teilweise andere Bahnen eingeschlagen. Damit haben sich die Probleme, vor die der Sozialismus gestellt ist, allerdings verändert, und die Feststellung und Erkennung dieser Tatsache sowie die Frage, welche Folgerungen aus ihr zu ziehen waren, haben lange Zeit ein gewaltiges Streitobjekt theoretischer und praktischer Art unter Sozialisten gebildet.

Man könnte nun die Frage erheben: Wie lässt sich das Verbleiben der Mittelschichten vereinbaren mit der Konzentration der Betriebe unter dem Kapitalismus? Der Kapitalismus führt doch immer mehr zur Konzentrierung der Betriebe, immer mehr zur Großproduktion und Maschinenproduktion in der Gesellschaft. Wenn die kleinen und mittleren Betriebe zwar der Zahl nach fast unbeschränkt geblieben sind, so haben doch die Großbetriebe gewaltig zugenommen, nicht nur an Zahl, sondern namentlich auch in der Masse der von ihnen beschäftigten Personen. Und wie lässt sich jene Entwicklung der Reichtumsverteilung damit vereinbaren? Sie erhält zum Teil ihre Erklärung durch die Beweglichkeit des modernen Kapitals, die Beweglichkeit, die das Kapital erhalten hat vermittelst der großen Ausbreitung der verschiedenartigen Formen von Genossenschaften, zu denen ja grundsätzlich ebenfalls die Aktiengesellschaften gerechnet werden müssen, wie sehr sie auch rechtlich und in ihrer Struktur von anderen Genossenschaften abweichen. Die Form der Genossenschaft, des Kollektivkapitals, ermöglicht es einer ganzen Reihe von Schichten der Bevölkerung, sich am Bestand zu erhalten, die unrettbar hätten verschwinden müssen, wenn bei jeder Unternehmung immer nur eine Einzelperson oder eine ganz kleine Personengruppe Eigentümer hätte sein können. In Deutschland gab es im Jahre 1909 – das ist die letzte Zahl, die das reichsstatistische Jahrbuch hierüber angibt – 5222 Aktiengesellschaften mit einem Aktienkapital von rund 14 Milliarden Goldmark und 626 Millionen Mark Vorzugsaktien. Daneben gab es Genossenschaften und Gesellschaften mit beschränkter Haftung in einer Zahl von 16 500 mit 3 ½ Milliarden Genossenschaftskapital. Des weiteren eine große Zahl eingetragener Genossenschaften, wozu dann noch kommt ein ganz gewaltiges Kapital von Obligationen der Aktiengesellschaften, das auch viele Milliarden ausmacht, und das ganz gewaltig zugenommen hat, nicht nur infolge der industriellen Entwicklung, sondern auch der militärischen Entwicklung, der steigenden Rüstungen usw., und nicht zuletzt die so stark angewachsenen Staatsanleihen. Durch alles das ist die Zahl der Inhaber von Anteilen an den Erträgen der Volkswirtschaft ungeheuer gestiegen. Wenn Lassalle von den Arbeiterbataillonen sprach, so kann man heute kaum noch bloß von Aktionärbataillonen sprechen, sondern muss schon von Armeekorps reden, unter die sich die Aktien der Industrie verteilt haben. Die Unternehmung selbst ist örtlich gebunden, aber die Aktie, das Kapital, wird immer beweglicher und kann von Hand zu Hand oder auch von Land zu Land gehen. Das zeigt sich sogar beim Grund und Boden, wo die Beweglichkeit des Eigentums ermöglicht wird in erster Reihe durch die Hypotheken, die unschwer ihre Besitzer ändern und geteilt werden können. Allein die Hypothek hat die volle Beweglichkeit nicht, diese hat jedoch der Pfandbrief gebracht. Es entstanden die Hypothekengesellschaften, die Hypotheken aufsammeln und für sie Pfandbriefe ausgeben, die nun, wie das Anleihepapier, jeden Tag den Inhaber wechseln können. Auf diese Weise konnte eine ungeheure Verteilung des Vermögens stattfinden, das in Grund und Boden angelegt war.

Die große Zunahme der Zahl der Aktionäre ist übrigens vom Standpunkte des Sozialisten aus eine keineswegs erfreuliche Erscheinung. Als erfreulich kann sie nur betrachtet werden von Anhängern des Kapitalismus, weil damit eine viel größere Zahl von Menschen an dessen Bestand interessiert werden, als es sonst der Fall wäre. Sie erklärt eine ganze Reihe sozialer und politischer Erscheinungen. In England sind die Brauereien außerordentlich konzentriert, aber das Brauereikapital ist Aktienkapital, und die Zahl der beteiligten Aktionäre geht in sehr viele Tausende. Das Braugewerbe ist nun in England in hohem Grade ein politisches Gewerbe. Bis in die Mitte etwa der siebziger Jahre des vorigen Jahrhunderts waren die Brauer liberal, was in England auch demokratisch bedeutete. Sie waren freihändlerisch, weil sie interessiert waren an der freien Einfuhr der Gerste. Es gibt in England eine große Tageszeitung, die auf den Straßen nicht verkauft wird, die aber doch eine ansehnliche Verbreitung hat, den „Morning Advertiser". Das ist das Blatt des Braugewerbes, das in allen Schankstellen ausliegt. Am Bier sind natürlich die Trinker auch interessiert. Die ganze politische Stellung des Braugewerbes hat sich nun dadurch geändert, dass die liberale Partei anfing, die Temperenz- und Mäßigkeitsbewegung nachhaltig zu unterstützen. Das brachte die Brauereien in Gegensatz zur liberalen Partei. Je mehr diese sich radikalisierte und für die Erleichterung von Verboten und Einschränkungen der Schankstätten eintrat, um so mehr hat sich der Gegensatz verschärft, und so ward in England das Braugewerbe mit seinem ganzen Anhang nicht nur von Trinkern, sondern auch Aktionären konservativ, und das erklärt wiederum die zeitweilig so bedeutende Stärkung der konservativen Partei in England. Damit in Verbindung steht das Interesse der Wettrennen, da die meisten Wetten in den Schankstätten abgeschlossen werden. Auch das hat eine ganz erhebliche soziale und politische Rückwirkung. Die ungeheure Verbreitung des Brauereikapitals und die Beteiligung des großen Publikums an sonstigen Interessen der Brauereien wirken hier politisch.

Die Beweglichkeit des modernen Kapitals ist also außerordentlich gestiegen. Beweglicheres als den Pfandbrief kann man sich kaum vorstellen. Man kann ihn um 1 Uhr an einer beliebigen Börse kaufen, und um ½ 2 Uhr kann er schon wieder verkauft sein. Ebenso jede Industrie- usw. Aktie. Diese ungeheure Beweglichkeit des Kapitals hat wieder dazu beigetragen, den Zug zur Stadt zu verstärken. Der nicht arbeitende Kapitalist, ob er nun sein Einkommen von der Landwirtschaft, vom Handel oder der Industrie zieht, kann jetzt in der Stadt wohnen. Wir haben das vor dem Kriege beobachten können, z. B. an den Steuerquoten. In den Orten der Berg- und Industriebezirke des Rheinlandes war der lokale Einkommensteuerzuschlag auf die Staatseinkommensteuer 200 bis über 300 Proz., aber hier in Berlin, wo ein großer Teil der Leute lebt, die ihr Einkommen aus jenen Produktionszweigen ziehen, ging man lange Zeit nicht über einen Zuschlag von 100 Proz. Wir haben z. B. in meiner Gemeinde Schöneberg lange darum kämpfen müssen, um endlich einmal die Mehrheit der Gemeindevertretung zu einer Erhöhung des Zuschlages um 10 Proz. auf 110 Proz. zu bewegen. In den Industriebezirken aber betrugen die Zuschläge 200 bis 300 Proz., weil die Aktionäre, an die der Reinertrag der Produktion ging, eben dort nicht wohnten. Die Industriebezirke hatten die Last für die große Arbeiterbevölkerung zu tragen, während das Kapital sich aus ihnen entfernte. Ähnliches konnte man übrigens auch in der sozialen Gliederung Groß-Berlins beobachten, wo die Inhaber und Aktionäre großer Industrieunternehmungen in den Villenvororten wohnten, während die Arbeiter dieser Unternehmungen in den Industriequartieren und deren Umgebung hausten.

Auf die verschiedenste Weise wuchsen so die Städte in Deutschland. Im Jahre 1867 wohnten in Deutschland noch 2/3 der Bevölkerung, 66,7 Proz., auf dem Lande, d. h. in den kleinen Gemeinden bis 2000 Einwohner. An der Jahrhundertwende waren es nur noch 5/11, rund 45 Proz.; im Jahre 1910 war der Prozentsatz auf 40 gefallen, und es ist gar kein Zweifel, dass wir bis zum Vorabend des Krieges noch weiter heruntergegangen waren. Das Land entvölkerte sich immer mehr und die Städte wuchsen. Von 65 Millionen Einwohnern, die Deutschland 1910 hatte, wohnten nur noch 26 Millionen in den Gemeinden unter 2000 Einwohner. Dadurch wurde jene überwiegende Stadtkultur herbeigeführt, die, wie schon erwähnt, ein wichtiges Moment mit zur Verschärfung der sogenannten Agrarfrage gewesen ist. Mit dieser Entwicklung fast parallel ging die Steigerung des deutschen Außenhandels. Deutschland war Industriestaat geworden, und das Charakteristische des Industriestaates ist, dass er eine große Ausfuhr von Fertigfabrikaten hat bei einer ziemlich großen Einfuhr von Rohstoffen und Nahrungsmitteln. In Deutschland ist die Einfuhr von Nahrungsmitteln nicht so groß gewesen wie in England, wo die Produktion von Getreide im 19. Jahrhundert außerordentlich zurückgegangen ist, sodass es kaum den sechsten Teil seines Brotbedarfs selbst herstellte. Dies namentlich infolge seiner ungeheuren kolonialen Entwicklung, wobei man zu den englischen Kolonien im wirtschaftlichen Sinne der Bevölkerungsgliederung im Grunde auch die Vereinigten Staaten von Amerika rechnen muss, wenngleich diese politisch völlig unabhängig sind. Haben sie doch jahrzehntelang einen immer größeren Prozentsatz der englischen Bevölkerung aufgenommen. Von 1848 bis Mitte 1885 sind aus England über 6 Millionen Menschen ausgewandert, und der weitaus größere Teil davon zog in die Vereinigten Staaten.

Diese Riesenauswanderung erklärt manche Erscheinungen, die vielen Leuten lange Zeit unerklärlich dünkten. England hatte in der ersten Hälfte des neunzehnten Jahrhunderts eine gewaltige Arbeiterbewegung, die Chartistenbewegung, die einen geradezu revolutionären Charakter trug. Allmählich aber nimmt das ab, und als in Deutschland die sozialistische Bewegung schon ziemlich stark war, war in England von einer solchen fast gar nichts mehr vorhanden. Man hat dafür eine ganze Reihe Erklärungen angegeben. Ein Faktor liegt darin, dass die große Niederlage des Chartismus entmutigend gewirkt hatte, und ferner dämpfte den revolutionären Drang ein gewisses Entgegenkommen der bürgerlich-liberalen Parteien. Aber auch die Gewerkschaftsbewegung der Arbeiter nahm einen schläfrigen, fast völlig bureaukratischen Charakter an. Meines Erachtens hat dazu auch jene große Auswanderung beigetragen. Im Allgemeinen wandern die geistig regsten Naturen aus, die darum noch nicht immer die besten Menschen sind. Wenn nun ein Land einen so großen Prozentsatz seiner regsten Elemente verliert, so kann das nur die Rückwirkung haben, dass bei den Zurückbleibenden die schläfrigen, indifferenten oder wenigstens nachgiebigen Elemente überwiegen, und so verursachte die große Auswanderung Englands auch jene Änderung im Charakter seiner Arbeiterbewegung.

Deutschland hatte bei einer viel zahlreicheren Bevölkerung eine erheblich geringere Auswanderung als England. Um so mehr entwickelte sich in den letzten Jahrzehnten sein Außenhandel. Es belief sich im Jahre 1913, das letzte Jahr, für das wir eine vom Kriege unbeeinflusste Statistik haben, der Wert seiner Einfuhr an Rohstoffen auf 3 ½ Milliarden, seine Nettoeinfuhr an halbfertigen Fabrikaten auf 86 Millionen, an lebenden Tieren auf 280 Millionen, an Nahrungsmitteln auf nahezu 1,8 Milliarden, zusammen 5,6 Milliarden Mark Goldwährung. Dagegen betrug der Goldwert seiner Nettoausfuhr von fertigen Waren 4,8 Milliarden. Das ist das Bild des vorgeschrittenen Industriestaates, der Fertigfabrikate ausführt, in denen am meisten höhere menschliche Arbeit steckt, und dafür Rohstoffe, landwirtschaftliche Produkte und Halbfabrikate einführt, bei denen die menschliche Arbeit eine verhältnismäßig geringere Rolle spielt.

Was nun die auf dem Boden der kapitalistischen Konkurrenzwirtschaft erwachsenden großen Geschäftskrisen anbetrifft, so zeigte sich die erste davon in England, dem Heimatland der modernen Großindustrie, im Jahre 1825, zehn Jahre nach Abschluss der Napoleonischen Kriege. Die Wiederherstellung des allgemeinen Friedens in Europa hatte zunächst eine ungeheure Steigerung der Produktion und damit verbundene Prosperität zur Folge, die nahezu zehn Jahre anhielt, dann aber in eine große Krisis auslief, während der das Geschäft fast vollständig stagnierte. Solche allgemeinen Krisen wiederholten sich von da ab ziemlich alle zehn Jahre, und es erstanden verschiedene Theorien über ihre Natur, ihre Ursachen und ihre Zukunft, Theorien, die bald auch in der sozialistischen Welt zu lebhaften Diskussionen führten.

Hinsichtlich der Erklärung der Krisen stritten lange Zeit zwei Auffassungen: Die eine leitete sie ab von der Überproduktion, die andere von der Unterkonsumtion, was durchaus nicht das Gleiche ist. Die Unterkonsumtion wurde damit erklärt, dass man sagte, es ward viel mehr produziert als die Bevölkerung gemäß ihrer Zusammensetzung in der Lage war zu kaufen und daher auch nicht konsumierte. Man ging dabei von der Idee aus, erstens, dass die sozialen Mittelschichten verschwinden – die berühmte Flaschenhalstheorie –, und zweitens, dass die Lage der Unterschicht, der arbeitenden Klasse infolge ihrer wachsenden Zunahme sich beständig verschlechtere, ihre Vermehrung also zur Verelendung führe. So könne die Kaufkraft mit der Entwicklung der Produktion nicht Schritt halten und stellten sich von Zeit zu Zeit Krisen ein, die sich von Epoche zu Epoche immer mehr verstärkten. Die Theorie der Überproduktion hat zum Teil dasselbe Bild des Kreislaufs des allgemeinen Geschäftsganges zur Grundlage wie die Theorie der Unterkonsumtion, nämlich eine Periode mit gutem Geschäftsgang, die in eine solche mit fieberhaft erhöhter Produktion ausläuft, die Lager überfüllen sich, Geldknappheit tritt ein, und Zwangsverkäufe führen zu einem Geschäftskrach, an den eine Zeit der Stagnation, des allgemeinen Stillstands sich anschließt. Dann erholt sich das Geschäft allmählich, und der geschilderte Kreislauf wiederholt sich auf erweiterter Grundlage. Sie sagt aber auch, dass infolge der Anarchie der freien Konkurrenz auf dem Wirtschaftsmarkt tatsächlich überproduziert wird, nicht etwa bloß im Verhältnis zur Kaufkraft, sondern auf den verschiedensten Gebieten über den wirklichen Bedarf hinaus. Zum Beispiel mehr Rohstoffe und Halbfabrikate, als die vorhandenen Fabriken verarbeiten können. Solcher Anarchie gegenüber ist die Geschäftskrise ein Mittel zeitweiliger Heilung.

Eine andere Krisentheorie ist die des englischen Philosophen und Sozialökonomen Stanley Jevons. Sie bringt die Krisen in ursächlichen Zusammenhang mit dem Auftreten der Sonnenflecken, das sich alle zehn bis elf Jahre wiederholt und das auf die Gestaltung der Ernten ungünstig einwirkt, was bei der großen Bedeutung der Erträge der Landwirtschaft, d. h. der Preise ihrer Produkte für das Wirtschaftsleben, die Kaufkraft für Industrieprodukte verringert. Die Theorie hat das sozialistische Denken wenig beeinflusst, obwohl man zugeben muss, dass die Entwicklung der Landwirtschaft bei den Krisen ein großes Wort mitzusprechen hat. Bleiben wir daher bei den beiden vorerwähnten

Theorien, von denen wir gesehen haben, dass ihr Streit die Tatsache und ihren ursächlichen Zusammenhang mit der kapitalistischen Produktions- und Wirtschaftsordnung unbezweifelt lässt. Aufgrund von bestimmten Sätzen in Karl Marx' Kapital befestigte sich in sozialistischen Kreisen die Anschauung, dass eine gleichförmige Wiederholung der Krisen nach zehn Jahren der zunehmenden Produktionshöhe und Wirtschaftsanarchie widerspreche, sondern dass vielmehr der Zyklus allmählich immer kürzer werden würde. Dem Wesen der kapitalistischen Jagd um den Markt bei steigender Produktivität entspreche es, dass die Entwicklung sich vollziehe in Form einer Spirale, die immer enger wird, dass also die Krisen sich zeitlich häufen und immer größeren Umfang annehmen.

In der Zeit, wo die sozialistische Bewegung einen besonderen Aufschwung in Deutschland nahm, in den siebziger Jahren des vorigen Jahrhunderts schien diese Anschauung sich vollständig zu bestätigen. Nach dem Deutsch-Französischen Kriege trat in Deutschland zunächst eine ungeheure Prosperität ein, die aber ziemlich schnell ein jähes Ende nahm. Schon in den Jahren 1873/74 stellte sich ein großer Börsenkrach ein, und ihm folgte ein ungeheurer Stillstand der Geschäfte, der sich bis in die achtziger Jahre hinzog. In der Arbeiterwelt sah man eine große Verelendung vor sich und folgerte daraus auf den Bankrott der kapitalistischen Wirtschaft. Die marxistische Auffassungsweise drängte alle früheren sozialistischen Theorien zurück, und sehr stark wuchs die Meinung, dass man vor einem völligen Zusammenbruch der bürgerlichen Gesellschaft stehe. Dieser Zusammenbruch ist aber nicht eingetreten, sondern es stellte sich etwas anderes ein. Von Beginn der neunziger Jahre ab beginnt eine Prosperitätsperiode, die viel länger andauerte als die früheren Prosperitätsperioden, und der lange Zeit keine größere Stagnation folgte. Bürgerliche Ökonomen und auch Sozialisten sahen sich zu der Frage veranlaßt, wie diese Erscheinung zu erklären und was aus ihr zu folgern sei. Vielfach erkannte man, dass die Ursache in der ungeahnten Entwicklung des Transportwesens und der Weltwirtschaft liege, die eine gewaltige Erweiterung der Märkte bei großer Verbesserung des Nachrichtenwesens und der Handelsstatistik herbeigeführt habe. Die Geschäfte konnten besser übersehen werden. Ferner vollzog sich eine starke Organisation des Kapitals bzw. der Unternehmer in Kartellen und Syndikaten, die es ermöglichte, gewisse Wirkungen der Krisen abzuwehren, indem man die Produktion selbst teilweise einschränkte, um so dem ungeheuren Missverhältnis zwischen Produktion und Absatz gewisse Grenzen zu ziehen. Ich selbst folgerte damals aus diesen und noch einigen anderen Erscheinungen, dass wir mit Krisen, wie sie sich vorher gezeigt hatten, wohl kaum in absehbarer Zeit zu rechnen haben würden, und habe das in einer Schrift, die ein gewisses Aufsehen machte, ausgesprochen. Es hat mir allerhand Entgegnungen eingetragen, darunter ganz besonders vom Ökonomieprofessor Ludwig Pohle. Meine Schrift war 1899 erschienen, und schon 1900 stellte sich eine neue Geschäftskrisis ein. Das hielt mir Pohle triumphierend entgegen. Aber Tatsache ist, dass jene Krise überraschend schnell ein Ende nahm und schon 1902 sich eine Erholung einstellte, die sehr lange andauerte, nämlich bis 1906/07, wo wieder ein Geschäftsdruck eintrat, der aber gleichfalls nur kurz war, und dem dann bis zum Weltkriege keine größere Depression gefolgt ist.

In der Tat ist also durch die Organisationen des Kapitals und eine ganze Reihe verwandter Ursachen der Umstand eingetreten, dass die Krisen der früheren Jahre sich nicht wiederholt haben. Krisenmomente und -faktoren sind ja immer da, aber auch Gegenkräfte, die zur Zeit, als Karl Marx schrieb, noch nicht zu übersehen waren. Übrigens hat bis zu einem gewissen Grade zur Milderung der Krisen auch beigetragen die gewaltige Steigerung der Rüstungen, die in steigendem Maße Arbeiter beschäftigten.

Der Hinweis auf die Tendenz der Abschwächung der Krisen ist aber durchaus nicht als Verteidigung der kapitalistischen Wirtschaft aufzufassen. Dass die Organisation des Kapitals bedeutende Nachteile hatte, habe ich wie andere nicht verfehlt hervorzuheben, und das muss auch hier geschehen. Die Krisen, wie sie vordem waren, hatten die eine gute Wirkung, dass das Bedürfnis der Entlastung des Marktes durch Verbilligung der Güter nicht aufgehoben, sondern gesteigert wurde, und damit auch die Rücksicht auf den Konsum der Massen zu ihrem Rechte kam. Die Krisen konnten – wie etwa das Fieber von den Ärzten – betrachtet werden als eine Art Reaktion des Wirtschaftskörpers zur Überwindung schädlicher Faktoren. Das war übertrieben optimistisch, aber ein Stück Wahrheit steckte doch darin. Wenn sich nun das Unternehmerkapital organisiert und die Krisen mindert, geschieht es zu dem Zwecke, durch Koalitionen die Preise hochzuhalten. Dadurch wird ein Hauptmoment der Verteidigung der kapitalistischen Wirtschaft, nämlich die ihr nachgerühmte ständige Verbilligung der Produkte und dadurch die Erweiterung des Konsums der großen Masse der Bevölkerung, beeinträchtigt oder aufgehoben. Man kann daher dieses kapitalistische Gegenmittel doch nur als von sehr bedingtem Nutzen betrachten und nicht als Mittel zu völliger Heilung von den Schäden, die die kapitalistische Wirtschaft im Gefolge hat. Es hebt die Steigerung des Wohlstandes der arbeitenden Klassen in außerordentlichem Maße wieder auf.

Nun haben wir allerdings Gegenaktionen der Arbeiter selbst in den Arbeiterorganisationen, Lohnkämpfen usw., die auch manches dazu beigetragen haben, die Rückwirkung des Druckes des Kapitals auf die Lage der Massen und die Herrschaft des Kapitals über die Produktion aufzuhalten. Zu erwähnen ist hierbei das Wachstum der Ansprüche der Arbeiter. Man kann es natürlich je nach den verschiedenen Standpunkten sehr verschieden auffassen. Der Sozialist wird diese Steigerung der Ansprüche für sehr wünschenswert halten. Er wird gegebenenfalls nur daran Anstoß nehmen, dass die erhöhten Einnahmen der Arbeiter falsch verwendet werden. Vergesse man aber Folgendes nicht. Der Arbeiter, der lange Arbeitszeit hat, kann, wenn die Löhne steigen, nicht so schnell seine Lebensweise ändern, er wird daher den in guter Konjunktur erlangten Mehrverdienst in der Tat zum Teil vergeuden. Dazu, dass er ihn besser verwendet, gehört ein regelmäßiges Steigen, nicht ein Auf- und Absteigen und Sinken nach der Konjunktur. Abgesehen von der Berechtigung der Arbeiter, ihre Ansprüche zu erhöhen, darf auch ein Zweites nicht vergessen werden, nämlich, dass mit dem Steigen des Reichtums der bürgerlichen Gesellschaft allmählich auch dem Arbeiter die Lebensansprüche von selbst sich erhöhen. Er lebt doch in der Gesellschaft, sieht, was dort vorgeht, und muss sich der allgemeinen Entwicklung der Lebensgewohnheiten anpassen. Gewisse

Wohnungen, mit denen er sich früher begnügte, werden nicht mehr hergestellt, weil die hygienischen Ansprüche gesteigert sind, und auch die Wohnungspolizei andere Grundsätze aufstellt. Die sozialen Ansprüche an den Arbeiter erhöhen sich, und er muss sie auch erhöhen. Das ist einer der Faktoren des ständigen Kampfes um die Löhne, und das führt uns hinüber zum Thema von den Klassenkämpfen in der modernen Gesellschaft.

Vorher möchte ich jedoch noch einiges sagen über die Rückwirkungen des Krieges und der Revolution auf die Wirtschaftsentwicklung. Im Ganzen wäre es voreilig, hier prophezeien zu wollen, weil die Rückwirkung sich im Ganzen noch gar nicht übersehen lässt angesichts der vollständigen Ungeordnetheit der Verhältnisse, die sich eingestellt haben. Wir übersehen noch nicht vollständig die wirtschaftlichen Rückwirkungen der großen Gegensätze zwischen den Nationen und die großen Verschiebungen innerhalb der Klassen. Wir haben noch keine Statistik darüber, ob die Entwicklung der Klassen, die oben vorgeführt wurde, in der Weise anhält, wie wir das im letzten Jahrzehnt vor dem Kriege gesehen haben. Wir können noch nicht übersehen, ob wir noch weiterhin etwa jene Zunahme der mittleren Einkommenschichten haben werden, die vor dem Kriege zu verzeichnen war. Es fehlt uns eine Statistik über die gegenwärtige Stärke der Klassen. Wie sie sich in Deutschland gestalten wird, ist ganz besonders deshalb schwer zu sagen, weil seine Industrie mit unberechenbaren Schwierigkeiten zu rechnen hat. Deutschlands Absatzmöglichkeiten in der Welt haben sehr abgenommen, Deutschlands sachliche Produktionskosten haben sich ungemein gesteigert. Es muss seine Rohstoffe, Erze usw. jetzt zum großen Teile aus Ländern mit hoher Valuta kaufen, und daher entsteht die große Frage, ob die Industrie noch weiter die Stellung in der Weltwirtschaft einnehmen kann, die sie vor dem Kriege eingenommen hat. Im Allgemeinen wird wohl die Tendenz dahin gehen, dass wir eine Zunahme der Beschäftigung in der Landwirtschaft haben werden, das heißt eine relative Vermehrung der landwirtschaftlichen Bevölkerung, weil Deutschland nicht die Mittel hat, die Nahrungs- und Genussmittel in dem früheren großen Umfange aus dem Auslande zu kaufen. Ein großer Teil der deutschen Sozialpolitik wird jetzt darauf gerichtet sein, mehr Bevölkerung aufs Land zu bringen, als vom Lande in die Industrie und die Städte abfließt, eine Frage, an die sich eine ganze Reihe von Problemen des Sozialismus knüpfen. Das bloße Herausgehen der Arbeiter auf das Land würde unter den bisherigen Verhältnissen tatsächlich eine Herabsetzung ihres ökonomischen, sozialen und kulturellen Höhenstandes bedeuten. Es müssen daher Maßnahmen getroffen werden, diese Wirkung zu verhüten. Eine andere Erscheinung von Bedeutung ist die ungeheure Expropriation von Angehörigen der Mittelklassen durch den Sturz der Valuta. Hunderttausende von Kleinrentnern sind durch ihn vollständig proletarisiert worden. In welchem Umfange nun andere Klassen und Schichten durch ihn hochgekommen sind, das können wir gleichfalls noch nicht übersehen. Diese Dinge sind aber bedeutungsvoll für die Verschiebung der politischen Machtverhältnisse in der Gesellschaft, und auch das führt uns zurück auf die Frage der Klassenkämpfe in der modernen Gesellschaft. Sie sind der Gegenstand des folgenden Kapitels und leiten über zu der weiteren Frage der Theorien über den Staat in den Reihen der Sozialisten.

Fünftes Kapitel.

Der Sozialismus und die Lehre vom Klassenkampf.

Die Frage des Klassenkampfes in der bürgerlichen Gesellschaft hat in der Literatur des Sozialismus als Streitgegenstand Boden gefasst aufgrund der von Karl Marx und Friedrich Engels in dem Manifest der Kommunistischen Partei niedergelegten Lehre. Dieses Schriftwerk, das Marx und Engels Ende 1847 ausgearbeitet haben und das Anfang 1848 erschienen ist, hat in der Sozialdemokratie aller Länder eine große Bedeutung erlangt. Es ist in unzählige Sprachen übersetzt worden und hat das Ansehen einer Art von Katechismus für die sozialistische Bewegung, ist auch jedenfalls außerordentlich lesenswert –, schon wegen seiner wunderbar lapidaren Sprache, zugleich aber auch wegen des großen Einflusses, den es auf das sozialistische Denken ausgeübt hat und noch ausübt. Es sei nur daran erinnert, dass die Bolschewisten, die sich überall Kommunisten nennen, vornehmlich auf diese Schrift sich berufen.

Im Kommunistischen Manifest nun liest man im ersten Absatz gleich nach der Einleitung:

„Die Geschichte aller bisherigen Gesellschaft ist die Geschichte von Klassenkämpfen.

Freier und Sklave, Patrizier und Plebejer, Baron und Leibeigener, Zunftbürger und Gesell, kurz, Unterdrücker und Unterdrückte standen in stetem Gegensatz zueinander, führten einen ununterbrochenen, bald versteckten, bald offenen Kampf, einen Kampf, der jedesmal mit einer revolutionären Umgestaltung der ganzen Gesellschaft endete oder mit dem gemeinsamen Untergang der kämpfenden Klassen."

Dieser Satz ist sehr stark angegriffen worden, was großenteils der ziemlich roh simplizistischen Auslegung geschuldet ist, die er in sozialistischen Reihen gefunden hatte. Viele fassten ihn so auf, dass die ganze Geschichte aus einer Kette von erbitterten Klassenkämpfen bestehe. Solches sagt der Satz aber nicht. Es ist Marx und Engels, diesen guten Kennern der Geschichte, niemals eingefallen, eine so platte Behauptung aufzustellen. Was sie tatsächlich wollten, war, die Tatsache zur Anschauung zu bringen, dass durch die ganze Geschichte der Menschheit – Engels hat das später eingeschränkt: Mit Ausnahme der Urgeschichte – sich Klassengegensätze ziehen, die sich stets früher oder später zu heftigen Klassenkämpfen zuspitzen. Marx hat denn auch 1859 im Vorwort zu seiner Schrift „Zur Kritik der politischen Ökonomie" dem Gedanken eine mehr wissenschaftliche Form gegeben. Er knüpft da an die Theorie Saint-Simons an, dass die Geschichte der Menschheit sich vollzieht in abwechselnden Perioden, eine sogenannte organische Periode, wo sich die Gegensätze einrenken und die Entwicklung sich verhältnismäßig regelrecht vollzieht ohne große Kämpfe, und dann eine eigentliche kritische Periode, wo es zu Revolutionen kommt, und legt in knappen Sätzen das Wesen dieser Periodizität dar. Solange Klassen in der Gesellschaft bestehen, bestehen auch Klassengegensätze, die wirtschaftliche Entwicklung erzeugt sie in immer neuen Formen und treibt sie auf die Spitze. Eine jeweilige Unterschicht drängt nach oben, und ist sie stark genug, um herrschende Klasse werden zu wollen und zu können, dann tritt die Periode sozialer Revolution ein, die auch wiederum nicht plump genommen werden darf als bloßer Straßenkampf. Der ganze Gesellschaftszustand ist vielmehr erschüttert, die sozialen Kämpfe der Klassen nehmen größere Intensität an, die herrschenden Schichten fühlen sich nicht mehr sicher, und schließlich findet so oder so eine soziale und politische Umwälzung statt. Die Tatsache lässt sich auch gar nicht bestreiten, dagegen ist gegen den obigen Satz des Kommunistischen Manifests der Vorwurf des Plagiats erhoben worden. Ein grusinischer Sozialist W. Tscherkesow zitiert dafür einen Spruch des Ökonomen Adolphe Blanqui, Bruder des Kommunisten und Revolutionärs Auguste Blanqui. Dieser Adolphe Blanqui hatte nämlich im Jahre 1825 geschrieben:

„Es hat immer nur zwei sich gegenüberstehende Parteien gegeben, die der Leute, die von ihrer Arbeit leben wollen und die der Leute, die von der Arbeit anderer leben wollen. Patrizier und Plebejer. Freie und Hörige, Sklaven und Freigelassene. Welf und Waibling, Rote und Weiße Rose. Kavaliere und Rundköpfe, alles sind nur veränderte Formen derselben Gattung."

Dieser Satz sieht allerdings dem im Kommunistischen Manifest niedergelegten ungemein ähnlich, und die Behauptung, dass Marx ein Plagiat ausgeübt habe, konnte einen Schein von Berechtigung haben. Wenn man aber die zwei Aussprüche näher betrachtet, wird man doch auf einen gewaltigen Unterschied stoßen. Bei Blanqui werden ganz verschiedenartige Gegensätze durcheinander geworfen. Welfen und Waiblinge stehen sich ganz anders gegenüber als Proletarier und kapitalistische Unternehmer. Es sind zwei gleichgeartete Parteien, die gegeneinander kämpfen, weil jede Herrscherin sein will, die aber keinen sozialen Gegensatz vertreten. Dann Freie und Hörige. Das ist ein Unterschied, aber kein Klassengegensatz. Bei Marx heißt es: „Freie und Sklaven". Die Hörigen sind schon nicht mehr Sklaven. Marx schreibt denn auch: „Baron und Leibeigener", worin sich das feudale Verhältnis scharf ausprägt. Er und Engels beschränken sich auf Anreihung wirklich wesensgleicher Unterschiede. Im Übrigen lagen solche Gegenüberstellungen so sehr im Geist der damaligen Epoche, dass es nicht schwer halten würde, Vorgänger auch von Blanqui zu finden. Marx hat niemals behauptet, seine Gedanken seien nie vorher von anderen ausgesprochen worden. Aber jedenfalls offenbart sich in der marxistischen Zusammenfassung gegenüber der Blanquischen ein bedeutender Fortschritt: eine viel stärkere Präzisierung des Wesens der wirtschaftlichen und sozialen Gegensätze.

Dennoch ist auch bei Marx-Engels an manchem Kritik zu üben, auch ihre Systematik ist nicht ganz fehlerfrei. Sie stellen schlechthin Zunftbürger und Gesellen gegenüber. Aber zwischen Zunftbürger und Gesellen findet tatsächlich jahrhundertelang kein Klassengegensatz statt. Nichts von dem, was man über angebliche Klassenkämpfe zwischen Zunftbürger und Gesellen im Mittelalter liest, hält näherer Prüfung stand. Über die Gesellenbewegungen des Mittelalters hat ein sehr wertvolles Buch Georg Schanz geschrieben: „Die Geschichte der deutschen Gesellenverbände". Er teilt da 53 Urkunden mit, aber wenn man sie genau ansieht, so zeigt sich, dass nicht eine davon einen wirklichen Klassenkampf zwischen Gesellen und Zunftmeistern behandelt. Bruno Schönlank spricht in seinem Buche „Soziale Kämpfe vor drei Jahrhunderten" beständig von Klassenkämpfen, aber er führt nicht einen einzigen wirklichen Klassenkampf zwischen Gesellen und Zunftbürgern vor. Einer der berühmteren Zunftkämpfe der Gesellen des Mittelalters war der Kampf der Kolmarer Bäckergesellen, der zehn Jahre dauerte, von 1495 bis 1505. Worum drehte sich aber dieser Kampf? Um die Stellung der Bäcker in der Kirchenprozession. Nun ist das damals keine so leicht zu nehmende Sache gewesen, wie es heute erscheint. Vor der Reformation, in einer Zeit, wo die Kirche noch das ganze bürgerlich-soziale Leben erfüllte, wo die Prozessionen eine gesellschaftliche Bedeutung hatten und die soziale Rangstellung der einzelnen und Gruppen sich darin ausprägte, welche Stelle sie in der Prozession einnahmen, in dieser Zeit hatte ein solcher Streit eine ganz andere Bedeutung als heute. Aber ein Klassenkampf war er nicht, er war mehr ein Kampf von Gewerbe gegen andere Gewerbe. Ich habe ziemlich genau verfolgt, worum die Gesellen damals kämpften. Als ich mich mit der Geschichte eines bestimmten Gewerbes beschäftigte, habe ich eine ganze Reihe von Urkunden dieses und anderer Gewerbe durchstudiert, und niemals bin ich einem Kampf begegnet, der ein eigentlicher Klassenkampf war. Es hat sich oft um Streitigkeiten zwischen Meistern und Gesellen gehandelt. Streitigkeiten sind aber noch kein Klassenkampf. Oft waren die Streitigkeiten zwischen Gesellen und Meistern ähnlich den Streitigkeiten, wie wir sie heute etwa zwischen Studenten und Professoren haben. Die Studenten haben gegen die Senate manchmal Beschwerden und bringen sie in den Ausschüssen zur Geltung; aber man wird nicht behaupten wollen, dass solche Konflikte Klassenkämpfe seien.

Das führt uns zu der Frage: Was bedeutet überhaupt eine Klasse? Eine Klasse ist nicht zu verwechseln mit einem Stand. Lange hat solche Verwechslung stattgefunden, hat man das eine Wort für das andere gebraucht. Selbst ein so klarer Denker und in der Wahl seiner Ausdrücke gewöhnlich außerordentlich sorgfältiger Schriftsteller wie Ferdinand Lassalle gab seiner berühmten Schrift, die später den Namen „Das Arbeiterprogramm" erhielt, den Titel: „Über den Zusammenhang der Idee der gegenwärtigen Geschichtsperiode mit der Bedeutung des Arbeiterstandes". Es ist eine wahrhaft klassische Schrift, die ich jedem zu lesen empfehle, der sich mit der Gedankenwelt des Sozialismus vertraut machen will, zumal Lassalle ein Meister des Stils war. Einige seiner populären Schriften sind so vorzüglich geschrieben, dass meiner Ansicht nach es ratsam sein würde, Stücke aus ihnen in die Schulbücher als Lehrgegenstand einzuführen, als Muster guter, klarer Darstellung, sowie auch als Gegenstücke gegen die schändliche Misshandlung, die die deutsche Sprache heute in der Tagesjournalistik erfährt. Lassalle braucht also mit Bezug auf die Lohnarbeiter den Ausdruck Arbeiterstand. Aber schon damals konnte man nicht mehr von einem solchen Stande sprechen. Nach Ständen gruppiert war die Gesellschaft im Mittelalter und Spätmittelalter. Der Stand ist eine abgegrenzte Schicht mit besonderen Rechten, die gesetzlich geregelt sind. Die Aufnahme in den Stand ist begrenzt, er hat seine eigenen Rechte und Gesetze. Im Allgemeinen herrscht imstande lange eine starke Gleichheit der Lebenslage, erst nach und nach bilden sich in einzelnen von ihnen größere ökonomische Unterschiede, wie wir sie auch bei den Kasten in Indien finden, die ja nur eine Verschärfung der Standeseinteilung sind, oder vielmehr eine schärfere Vorstufe. In Indien kommt es vor, dass eine tieferstehende Kaste oft sehr reiche Mitglieder hat und höherstehende Kasten ärmere Mitglieder. Aber selbst die ärmsten Mitglieder der höheren Kaste fühlen sich entehrt, wenn sie mit einem noch so reichen Mitgliede einer unter ihnen stehenden Kaste an einem Tische speisen sollen. Das war natürlich bei uns im Mittelalter nicht im gleichen Maße der Fall, aber die Stände haben sich doch viel schärfer abgegrenzt als heute die Klassen und jeder einzelne Beruf, jede Zunft bildete einen Stand. Er grenzte sich gegen andere ab und empfand keinerlei Solidarität mit anderen Ständen. Dieser Zunftgeist hat sich bis in den Anfang des vorigen Jahrhunderts fortgepflanzt. Selbst in meiner Jugendzeit noch war allgemein zwischen Schuhmacher- und Schlossergeselle etwa oder Tischlergesellen wenig Solidaritätsgefühl vorhanden. In der Hasenheide zu Berlin haben sie auf den Tanzböden Kämpfe miteinander geführt, die Tatsache, dass sie gemeinsam einer proletarischen Klasse angehörten, haben sie wenig beachtet. Sie kannten wohl den Unterschied von Arm und Reich, von Meister und Geselle, aber sie wären erstaunt gewesen, wenn man ihnen gesagt hätte, dass der Schuhmachergeselle das gleiche sei wie ein Schlossergeselle; sie empfanden oft eine stärkere Solidarität mit ihren Meistern als mit den Gesellen eines anderen Gewerbes. Ja, als die kapitalistische Produktion anfing sich durchsetzen, sind die Gesellen oft ihr gegenüber viel konservativer als die Meister. Die Verfolgung der nicht zünftigen Handwerker – im Schneiderberufe nannte man sie Bönhasen – und die Kämpfe gegen die eindringende Maschine sind vonseiten der Gesellen zum großen Teile viel heftiger geführt worden als von den Meistern. Die Klasse ist etwas ganz anderes als der Stand. Die Klasse ist eine soziale Schicht, die allerdings auch gebildet wird durch Gleichartigkeit der Lebensverhältnisse, aber sie ist keine durch Gesetz oder Satzung und Berufszugehörigkeit abgegrenzte Schicht, sondern sie ist der allgemeinen gesellschaftlichen Entwicklung unterworfen. Die Klassenbildung geht neben der Standesentwicklung und später auch innerhalb des Standes selber vor sich. Die Klasse sprengt je nachdem den Stand. Die Linien der Abgrenzung der Stände gehen vertikal, die der Unterscheidung der Klassen horizontal, d. h. nach der Höhe von Besitz und Einkommen. Es sei hierfür auf ein anderes Stück des Kommunistischen Manifestes verwiesen. Auf Seite 24 der neuesten deutschen Ausgabe heißt es dort:

„Die aus dem Untergang der feudalen Gesellschaft hervorgegangene moderne bürgerliche Gesellschaft hat die Klassengegensätze nicht aufgehoben. Sie hat nur neue Klassen, neue Bedingungen der Unterdrückung, neue Gestaltungen des Kampfes an die Stelle der alten gesetzt."

Das ist natürlich richtig, das ist eingetreten. Die feudale Gesellschaft ging an einer ganzen Reihe von Umständen zugrunde, die teils auf die Entwicklung des Weltverkehrs, teils der inneren Wirtschaftsverhältnisse zurückzuführen sind und die zur Folge hatten ein starkes Anwachsen der Städte, deren größere Bedeutung und Macht und zugleich eine Steigerung des zunächst gegen die Feudalherren gerichteten fürstlichen Absolutismus. Es entsteht der absolute Staat, und die feudale Gesellschaft wird gesprengt, zum Teil unter Mitwirkung der staatlichen Gesetzgebung.

Das Kommunistische Manifest sagt in dem Absatz „Bourgeoisie und Proletarier" weiterhin:

„Unsere Epoche, die Epoche der Bourgeoisie, zeichnet sich jedoch dadurch aus, dass sie die Klassengegensätze vereinfacht hat. Die ganze Gesellschaft spaltet sich mehr und mehr in zwei große feindliche Lager, in zwei große, einander direkt gegenüberstehende Klassen: Bourgeoisie und Proletariat."

Das nahmen die Verfasser des Manifestes, das nahmen auch alle Sozialisten, die Schüler von Marx und Engels waren, das nahm gleichfalls Ferdinand Lassalle an. Sie alle folgerten, dass die Gesellschaft sich vereinfache zu dem großen Gegensatz: Bourgeoisie und Proletariat, während die in der Mitte stehenden sozialen Zwischenschichten verschwinden. In dieser Annahme steckt auch etwas Richtiges, aber sie erschöpft die Sache nicht. Es ist eben der große Fehler, den auch die modernen Kommunisten begehen, dass sie das Kommunistische Manifest als das höchste Produkt des Marxschen Geistes maßgebend sein lassen wollen. Aber das Kommunistische Manifest ist ein Produkt der Frühentwicklung von Marx und Engels, und so bedeutende Geister die beiden auch schon damals waren, so muss man ihnen doch das Recht der Jugend zuerkennen, die einer vorschnellen Verallgemeinerung zuneigt. Was sie in England vor sich gesehen hatten, dem Musterland der kapitalistischen Wirtschaft, dem sprachen sie eine Entwicklung in gerader Linie zu, verallgemeinerten und bezogen es auf die ganze moderne Gesellschaft. Zum großen Teile ist ihre damals gefolgerte Vorhersage aber nicht eingetroffen. Liest man die Schriften, die Marx auf der Höhe seiner Entwicklung geschrieben hat, so findet man eine ganz andere Sprache. Im dritten Bande seines Werkes „Das Kapital", das freilich die wenigsten gelesen haben – von den Schülern Marx' abgesehen werden es kaum etliche Hundert gelesen haben –, unterscheidet Marx erstens noch einen anderen Faktor sehr streng, auf den er in dem Kommunistischen Manifest noch gar keinen Bezug nimmt, er unterscheidet nämlich Grundbesitz von Kapitalbesitz. Demgemäß teilt er nun die Klassen anders ein. Er spricht von den drei g r o ß e n Klassen der modernen Gesellschaft, die sich durch die Natur der Quelle ihres Einkommens, nämlich Arbeitslohn, Profit und Grundrente, unterscheiden, und dann von einer Vielheit der Schichten innerhalb dieser großen Klassen. Er schreibt im letzten „Die Klassen" überschriebenen Kapitel:

„Die Eigentümer von bloßer Arbeitskraft, die Eigentümer von Kapital und die Grundeigentümer, deren respektive Einkommensquellen Arbeitslohn, Profit und Grundrente sind, also Lohnarbeiter, Kapitalisten und Grundeigentümer, bilden die drei großen Klassen in der modernen, auf der kapitalistischen Produktionsweise beruhenden Gesellschaft.

In England ist unstreitig die moderne Gesellschaft in ihrer ökonomischen Gliederung am weitesten, klassischsten entwickelt. Dennoch tritt diese Klassengliederung selbst hier nicht rein hervor. Mittel- und Übergangsstufen vertuschen auch hier (obgleich auf dem Lande unvergleichlich weniger als in den Städten) überall die Grenzbestimmungen."

Man sieht schon hier, dass man nicht damit fertig wird, einfach zu sprechen von den beiden großen Klassen „Bourgeoisie und Proletariat". Marx wirft alsdann die Frage auf: „Was bildet die Klassen?" und schreibt, dass hiernach auf den ersten Blick die „Dieselbigkeit der Revenuen und Revenuenquellen" sich als maßgebend zeige. Indes würden, fährt er fort, „von diesem Standpunkte aus z. B. Ärzte und Beamte auch zwei Klassen bilden", und „dasselbe gälte für die unendliche Zersplitterung der Interessen und Stellungen, worin die Teilung der gesellschaftlichen Arbeit die Arbeiter wie die Kapitalisten und Grundeigentümer – Letztere z. B. in Weinbergbesitzer, Äckerbesitzer, Waldbesitzer, Bergwerksbesitzer, Fischereibesitzer – spaltet!"

Hier bricht das Manuskript zum dritten Bande ab. Marx ist leider nicht über die ersten Sätze des für seine Theorie so wichtigen Kapitels hinausgekommen. Es mag dahingestellt bleiben, warum er gerade an ihm so wenig gearbeitet hat. Wir können nur so viel sagen, dass selbst wenn er dazu gekommen wäre, es zu vollenden, es für heute doch unzureichend sein würde. Denn seit der Zeit, wo Marx das Zitierte geschrieben hat – seine letzten Arbeiten am dritten Bande datieren vom Anfang der siebziger Jahre –, hat die Entwicklung so vieles an der sozialen Schichtung geändert, so viele neue Erscheinungen gezeitigt, dass das Bild, das er zu jener Zeit geben konnte, doch heute unvollständig und vielfach sogar unrichtig sein würde. Was z. B. bei ihm in der Wertung noch vollständig vernachlässigt wird, ist die Frage des technischen und kaufmännischen Personals in der Volkswirtschaft. Wir wissen, welche bedeutende Zunahme diese Klasse seit dem Tode von Marx erfahren hat.

Wenn heute ein großer Teil der Angestellten, und zwar nicht nur der technischen Angestellten, eine starke Gemeinsamkeit der Interessen mit den Arbeitern empfinden, sich ähnlich wie die Arbeiter organisieren und viele sich ihnen ganz zurechnen, so hat man lange Zeit ganz anderes beobachtet, und es bleibt auch heute noch ein ziemlich starker Prozentsatz übrig von kaufmännischen und technischen Angestellten, die aufgrund ihrer Klassenherkunft und Erziehung sich mehr den Unternehmern nahefühlen, Elemente, die eine Zwischenstellung einnehmen und die die bürgerlichen Volkswirtschaftler seinerzeit als den „neuen Mittelstand" begrüßt haben, der anstelle der teilweise verschwundenen Mittelstandsunternehmer getreten sei. Jedenfalls bot die kapitalistische Gesellschaft in der Tat am Vorabend des Weltkrieges ein anderes Bild dar, als Marx es zu seiner Zeit vorzeichnen konnte.

Marx leitet die Klassenzugehörigkeit, wie wir gesehen haben, von der Natur der Einkommensquellen ab und gruppiert diese in Grundrente, Profit, Lohn. Er schweigt vom Gehalt und rechnet das Gehalt offenbar dem Lohn zu. Aber das lässt die gewaltigen Unterschiede aus, die z. B. bei den Beamten bestehen, die doch gleichfalls Gehalt beziehen. Auch die Schicht der Beamten hat in der Neuzeit sehr zugenommen, sie ist durch die ungeheure Ausdehnung der Verwaltung bedeutend vermehrt worden, und wenn die Angestellten und Beamten zeitweise eine Gemeinsamkeit der Interessen mit den Arbeitern empfinden, so kommt es doch auch zwischen ihnen und jenen zu Gegensätzlichkeiten der Interessen. Welche bedeutsamen Unterschiede zwischen den Grundbesitzern bestehen, je nachdem es sich um rein landwirtschaftlichen Grundbesitz, um Waldbesitz, Weinbergbesitz oder um Grundbesitz in Bergbau und Fischerei handelt, lässt Marx selbst durchblicken, und so sehen wir schon, dass die moderne Gesellschaft keineswegs das ganz einfache Bild darstellt, wie es sich dem oberflächlichen Leser des Kommunistischen Manifestes zeigt: Hier Bourgeoisie, hier Proletariat, und die Mittelschichten verschwinden.

Nein, die Mittelschichten verschwinden nicht, aber sie ändern ihren Charakter. Früher fühlte sich vielfach der Handwerksmeister den Arbeitern viel näher als den Großunternehmern, in denen er geradezu seine Feinde erblickte, die ihn durch kapitalistische Konkurrenz unterdrückten. Wir haben dann noch, was Marx nicht erwähnt, die Lebensfähigkeit des bäuerlichen Betriebes erkennen gelernt. Auf die Gründe dieser Lebensfähigkeit kann hier nicht eingegangen werden, ihre Tatsache wird überall durch die Statistik erwiesen. Im Allgemeinen kann man sagen, dass der kleinbäuerliche Betrieb beim Getreidebau dem Großbesitz gegenüber nicht konkurrenzfähig ist, wo es sich um ebenen Boden handelt, der leicht mit der Maschine bearbeitet werden kann; dass dagegen das Verhältnis sich ändert bei hügeligem Boden, und ebenso ist das Verhältnis ein anderes bei der Viehzucht. Entscheidend ist hierbei, dass die Arbeit nicht ein rein physischer Prozess ist, sondern dass sie auch seelische Momente umschließt, sodass die Arbeit des Kleinbauern, der sein eigenes Gut bewirtet, sein eigenes Vieh züchtet, einen anderen Charakter hat als die des Knechtes auf dem Gute des Großbauern und Großgrundbesitzers. Selbst in Industrie und Handel haben sich die kleinen und Mittelbetriebe nicht nur gehalten, sondern ihre Zahl noch vermehrt.

Zwischen allen diesen sozialen Schichten nun findet in der Tat ein mehr oder minder intensiver Klassengegensatz, ein Gegensatz der Interessen statt, und wo Gegensätze der Interessen sind, da gibt es auch jeweils mehr oder weniger heftige Kämpfe. Wo der Großgrundbesitz, namentlich der Latifundienbesitz, vorherrscht, gibt es Kämpfe der Bauern mit diesen Großgrundbesitzern. Es bilden sich demokratische Bauernparteien, die sich dadurch verkürzt fühlen, dass große Teile des Bodens in den Händen der Großgrundbesitzer sind. In fast allen Ländern haben da zeitweilig wirkliche Klassenkämpfe stattgefunden. In Deutschland liegen diese Kämpfe längere Zeit zurück, nachdem sich durch die Bewegung für Agrarzölle eine Interessensolidarität zwischen einem großen Teile der Bauern und den Großgrundbesitzern eingestellt hatte. Große und kleine Landwirte haben sich zusammen organisiert zum Kampf gegen die Händler und darüber hinaus eigentlich auch gegen die Verbraucher. Sie forderten hohe Zölle, um ihre Produkte nach ihrer Ansicht preiswert verkaufen zu können, und standen damit im Gegensatz zu der großen Masse der Verbraucher, die nicht selbst Produzenten sind. In Deutschland haben wir ferner eine Verbindung gehabt zwischen Industriellen und Landwirten, die große Koalition für einen beiden zugutekommenden Zolltarif.

Aber die Bevölkerung besteht in ihrer Mehrheit aus Verbrauchern, die nicht Unternehmer in der Produktion sind – Produzenten sind die Arbeiter ja auch, aber nicht Unternehmer –, sondern Verbraucher, ebenso sind Verbraucher die Lehrer, Beamten usw. Hier stellt sich ein Klassenkampf ein, der sich zwar nicht auf der Straße abspielt, sondern in den Parlamenten und in der Presse. Aber Kampf bleibt Kampf. Der Kampf der Landwirte gegen die Verbraucher, der Verbraucher gegen die Produzenten, der Handwerker gegen Handel und Großindustrie, alles das sind Klassenkämpfe. Diejenigen Handwerksmeister, die ihre Meisterherrlichkeit bewahren wollen durch das Mittel von Zwangsgesetzen, Zünften, Zwangsinnungen usw., kämpfen je nachdem einerseits gegen die Arbeiter, andererseits gegen den Handel. Sie suchen sich gegen diesen zu schützen, weil er sie nach ihrer Ansicht dadurch bedrückt, dass er ihre Produkte vermeintlich billiger auf den Markt bringt, als sie sie produzieren können. Ein latenter, d. h. sich nicht in der üblichen Form äußernder Klassenkampf liegt vor, wo die Großkapitalisten in der Industrie sich verbunden haben in Kartellen, er richtet sich gegen die Verbraucher, denn die Kartelle sind immer mit dem Zwecke verbunden, die Preise hochzuhalten. Daneben gibt es den Kampf der Kartelle gegen diejenigen Unternehmer ihres Industriezweiges, die ihnen nicht angeschlossen sind, gegen die sogenannten Außenseiter. Man weiß, zu welch scharfen Mitteln die Kartelle vielfach greifen, um die Außenseiter entweder zum Eintritt zu zwingen oder ganz lahmzulegen. Man kennt die Fälle, wo die Kartelle über die Außenseiter eine Art Boykott verhängt, wo sie ihnen den Bezug von Rohstoffen und Hilfsmitteln völlig verlegt haben, Mittel des Kampfes, die mindestens so scharf sind, wie sie die Arbeiter ih-

rerseits im Gewerkschaftskampf anwenden. Das sind Klassenkämpfe oder Teile von solchen in der modernen Gesellschaft, in
den Schichten der Unternehmer und relativ selbständiger Bevölkerungsklassen selber. Es gibt dann noch Pseudoklassenkämpfe.
Als Beispiel könnte ich erwähnen, dass im Weltkrieg verschiedene Leute bei uns, darunter ein bekannter – ich möchte ihn nicht
nennen – Schriftsteller den Kampf Deutschlands gegen England
als einen Klassenkampf hinstellten, wobei Deutschland der arme
Proletarier und England der kapitalistische Ausbeuter sein sollte.
Das war für die Kriegsstimmung ein sehr bestechendes Bild, aber
es traf nicht zu. Denn soweit der Kampf Wirtschaftskampf war,
war es nur ein Interessenkampf, nicht aber ein Klassenkampf.
Wenn andererseits heute der Führer der polnischen Partei in O-
berschlesien, Korfanty, in seiner Presse schreiben lässt, was in
vielen Ländern auch Eindruck macht, sein Kampf sei der Kampf
des polnischen Proletariats gegen das deutsche Kapital, so ist das
ebenfalls nicht richtig. Wenn z. B. die große Mehrheit der Bergar-
beiter in Oberschlesien Polen sind, so sind doch die meisten Metallarbeiter Oberschlesiens Deutsche. Auch sind viel polnisch
sprechende Arbeiter Oberschlesiens für dessen Verbleiben bei
Deutschland. Der dortige Kampf ist, auch wenn er hier und dort
Arbeitern als Klassenkampf erscheint, im Wesen ein nationaler
Kampf und nichts anderes.

Aber von allen diesen Klassenkämpfen, die sich heute in der
Gesellschaft unter den verschiedensten Formen abspielen, zeitweise sehr heftige Gestalt annehmen und dann abflauen und
zurückgedrängt werden von anderen Kämpfen, bleibt doch der
größte Klassenkampf immerhin der Kampf zwischen der Klasse
der Arbeiter, den Lohnempfängern und der Klasse der Unternehmer. Die große Ausdehnung dieses Kampfes ist die natürliche
Folge der großen Ausdehnung der modernen Industrie. Die Arbeiterklasse nimmt in der heutigen Gesellschaft einen immer größeren Raum ein, einen unendlich viel größeren als zu der Zeit, wo
Lassalle schrieb. Im Jahre 1907 hatten wir in Industrie, Handel
und Verkehr 17 Millionen Lohnarbeiter. Wo lebten diese Arbeiter? In überwiegender Zahl in den großen Städten und Industriezentren, dort gerade, wo das geistige und politische Leben der
Nation am intensivsten pulsiert, während die Landwirtschaft

meist von diesem Leben abgetrennt ist. In den Großstädten und Industriezentren nun spielen die Arbeiter eine wachsend Einflussreiche Rolle; sie nehmen in der Bevölkerung einen immer größeren Raum ein und wirken dadurch allein schon sehr stark zurück auf das allgemeine Urteil und, je nachdem sie sich Rechte erkämpfen, später auch auf die Politik. Der Kampf der Arbeiterklasse vollzieht sich in verschiedenen Formen als Kampf um Einfluss und Macht in Staat und Gemeinden, um Einfluss auf Gesetzgebung und Verwaltung. Solange die Arbeiter eine kleine Schicht und noch nicht zu einem KlassenBewusstsein gelangt sind, ist davon wenig zu merken. Auch heute noch sind an kleinen Orten, wo die Zahl der Lohnarbeiter gering ist, oft die meisten davon politisch indifferent. Aber je mehr die Zahl der Arbeiter in den Zentren anwächst, um so mehr Anteil nehmen sie am öffentlichen Leben und fühlen das Bedürfnis, in Staat und Gemeinden vertreten zu sein und Einfluss und Macht zu gewinnen. Dieser Einfluss steigert sich mit der Zunahme demokratischer Einrichtungen, mit der Erweiterung des Wahlrechtes, das auf die Dauer den Arbeitern auch gar nicht vorenthalten werden kann. Selbst vor der Revolution schon haben bei uns in Deutschland die Arbeiter einen erheblichen politischen Einfluss ausgeübt. Abgesehen davon, dass man ihnen 1866 bei Gründung des Norddeutschen Bundes das allgemeine, gleiche und geheime Wahlrecht gab, musste man ihnen auch den Eintritt in die Gemeinden erleichtern. Schließlich ist auch die einst so feste Mauer des preußischen Dreiklassenwahlrechts vor ihrem Ansturm durchbrochen worden. Unter dem erweiterten Wahlrecht drangen sie in wachsender Zahl in die öffentlichen Körperschaften ein und, was fast noch wichtiger ist, durch ihre Stärke und Zahl und die Intensität ihres Kampfes erlangten sie auch einen bedeutenden Einfluss auf die große öffentliche Meinung. Man sprach in den Hörsälen, in den Parlamenten und in der Regierung ganz anders von den Bedürfnissen und Forderungen der Arbeiterklasse als vorher. Die Arbeiter setzten eine ganze Reihe wenn auch nicht revolutionärer aber doch in Bezug auf ihre soziale Tragweite sehr bedeutungsvoller Reformen durch. Das ist die eine, die politische Form des Arbeiterkampfes. Wie er seinerzeit Marx erschien, war er wesentlich auf die Revolution gerichtet, worunter hier nicht eine soziale

Änderung zu verstehen ist, die sich in den Dingen vollzieht, sondern dass eine Klasse durch Aufstand usw. sich an die Herrschaft setzt und die an ihr befindlichen Klassen verdrängt. Darauf zielte noch die Marxsche Bewegung ab, darauf musste sie abzielen, denn als Marx schrieb, hatten die Arbeiter noch in keinem Lande das Wahlrecht. Sie mussten es erst erkämpfen, und nach Lage der Dinge schien es, als ob sie dieses Recht nur auf dem Wege gewaltsamer Revolution erkämpfen könnten. Nachdem es aber erkämpft war, was in den meisten Ländern auf andere Weise geschah, musste sich ein ganz anderer politischer Kampf der Arbeiterklasse entwickeln. Zum Teil haben das Marx und Engels noch erlebt und dafür auch wachsendes Verständnis und Interesse gezeigt. Sie haben an den Wahlkämpfen der Arbeiterparteien geistig lebhaften Anteil genommen. Nicht erlebt haben sie aber die unsere Epoche auszeichnende stärkere Tätigkeit der Arbeiter in den öffentlichen Verwaltungskörpern, den Zwangsgenossenschaften, Gemeinden, Land, Reich, und in ihren eigenen freien Verwaltungskörpern. Es ist indes zweifellos, dass ohne die Erziehung zur Verwaltung der Einfluss des Proletariats in der Gesellschaft auf die Dauer nur begrenzt sein kann. Sie selbst aber konnte erst verwirklicht werden und ein Resultat sein einer mehr oder weniger demokratischen Entwicklung.

Die andere Form des Klassenkampfes der Arbeiter ist die des direkten Kampfes auf wirtschaftlichem Gebiet, der im Wesentlichen geführt wird durch die Koalitionen der Arbeiter, die wir heute Gewerkschaften nennen, sowie auch Arbeitergenossenschaften, aber solche anderer Art, als sie in der Zeit bestanden, wo Marx schrieb. Der Koalitionskampf der Arbeiter gegen die Unternehmer ist in der Mehrheit der Fälle ein Kampf um Lohnhöhe und Lohnformen, er wird aber auch geführt um Länge und Anordnung der Arbeitszeit sowie um ein Arbeiterrecht, nämlich das Arbeiterrecht in den Betrieben usw. Diese Kämpfe spielen sich in der Frühzeit des Kapitalismus als rebellische Kämpfe ab. So schildert sie Marx noch in seiner Schrift „Das Elend der Philosophie". Es tragen die Gewerkschaften da einen fast unmittelbar revolutionären Charakter. Das war in den vierziger Jahren des abgelaufenen Jahrhunderts. Schon anders urteilt Marx über die Gewerkschaften zwanzig Jahre später in einem Briefe von 1868 an

J. B. von Schweitzer, den damaligen Präsidenten des Allgemeinen Deutschen Arbeitervereins, als dieser versuchte, in Deutschland Gewerkschaften zu organisieren. Marx kritisierte in dem Brief den schweitzerschen Plan, der darauf hinauslief, die ganze Bewegung nach einem bestimmten fertigen Schema in einen großen Einheitskörper zusammenzufassen, und legt dar, das würde nicht angehen, der Plan würde auf viele Widerstände stoßen. Er sieht eben schon eine andere Gewerkschaftsbewegung mit regelrechten festen Berufsverbänden vor sich, drückt sich aber über ihren Wert nicht näher aus. Den Ansatz zu einer Theorie des Gewerkschaftskampfes finden wir überhaupt bei ihm noch nicht, sondern nur erst eine Würdigung der Tatsache dieses Kampfes als einer Regung des Proletariats für bestimmte Zwecke. In das eigentliche Wesen und die innere Natur des Gewerkschaftskampfes tiefer einzudringen war ihm versagt, weil zu seiner Zeit noch alles auf diesen Bezügliche im Werden und unentwickelt war.

Um die Frage, ob Gewerkschaften zweckmäßig seien oder nicht, haben damals und noch später große Kämpfe im sozialistischen Lager sich abgespielt. Es gab unter den Sozialisten sehr ernsthafte Gegner der Gewerkschaften überhaupt. In erster Reihe waren es die Utopisten, Leute, die in der Phantasie oder Spekulation ganze Pläne einer neuen Gesellschaft ausgearbeitet hatten und nur an deren Verwirklichung dachten. Für sie war der Klassenkampf der Gewerkschaften ein störendes Moment, außerdem waren die Objekte der Gewerkschaftskämpfe in ihren Augen Kleinigkeiten, die gegenüber dem Streben für die Idealgesellschaft nicht in Betracht kamen. So stellten sie sich den Gewerkschaften ablehnend gegenüber. Gewerkschaftsgegner waren auch die radikalen Sozialrevolutionäre, die man am besten als Blanquisten bezeichnet, und deren Bewegung in Frankreich zu Hause war. Es gab ebenso in England bei den Chartisten eine Richtung, welche auf den Umsturz durch die Revolution abzielte und der daher die Bewegung der Gewerkschaften gleichfalls störend war. Das heißt, Kämpfe der Arbeiter um Lohnerhöhungen waren ihnen nicht unangenehm, die haben sie gelegentlich selbst provoziert, um dadurch revolutionäre Erhebungen zu erzielen; um so weniger wollten sie dagegen von der langsamen systematischen Gewerkschaftsarbeit wissen und standen mit den fest konsolidierten Gewerkschaften meist in heftiger Fehde. Noch manche andere Sozialisten standen den Gewerkschaften fremd oder ablehnend gegenüber. So in Frankreich P. J. Proudhon, der geistreiche Verfasser der Schrift: Was ist das Eigentum? Er bekämpfte sie, weil er ein besseres Mittel zu haben glaubte. Er wollte die Wirtschaft auf dem Wege der demokratischen Organisation des Kredits und der Mutualität im Sinne des Sozialismus umwandeln. In Deutschland war von Sozialisten ein Gegner der Gewerkschaften Ferdinand Lassalle. Sein Vorschlag war, durch staatlich finanzierte Produktivgenossenschaften die Arbeiter vom Druck des Kapitals zu befreien. Er wollte, wie er sich ausdrückte, die deutschen Arbeiter bewahren vor dem Elend der englischen Gewerkschaftsbewegung. Ein anderes Wort von ihm lautet: „Der Gewerkschaftskampf der Arbeiter ist der vergebliche Kampf der Ware Arbeit sich als Mensch zu gebärden." Dass Lassalle zu dieser Ansicht kam, erklärt sich daraus, dass die englische Gewerkschaftsbewegung zu seiner Zeit – in Deutschland gab es bloß unbedeutende örtliche Versuche – anscheinend fast nur Verluste zu verzeichnen hatte. Im Jahre 1852 hatte sich in England ein großer Kampf der Maschinenbauer abgespielt, der damals stärksten Gewerkschaft, und viele Arbeiterfreunde hatten sich für ihn erwärmt, die christlichen Sozialisten von der Richtung Maurice und Kingsley hatten ihm reiche Geldmittel zugewandt. Trotzdem ging er nach mehrwöchentlicher Dauer verloren. Lassalle hatte ihn, wie wir aus einem Brief von ihm an Marx wissen, mit großem Interesse verfolgt, und sein Fehlschlag scheint großen Eindruck auf ihn gemacht zu haben. Er befestigte ihn in der Auffassung vom wirtschaftlichen Naturgesetz des Arbeitslohnes, wonach dieser auf die Dauer bestimmt wird durch die unbedingt notwendigen Lebensbedürfnisse des Arbeiters, dass er nie lange über dieses notwendige Maß sich erhebt, weil dann die Vermehrung der Arbeiter durch verstärkte Zunahme der Geburten usw. ihn zurückwerfen würde, und andererseits auf die Dauer nicht tief unter ihm bleiben kann, weil dann die Arbeiter auswandern, aussterben usw. würden. So musste ihm denn natürlich der Gewerkschaftskampf als vergebliches Bemühen erscheinen, wenn er auch im letzten Jahre seines Lebens sich noch sehr begeisterte für einen Kampf von Arbeitern einer Hamburger Wagenbaufabrik.

Er spricht davon in seiner letzten, der sogenannten Ronsdorfer Rede und rühmt es als einen Beweis für die Rührigkeit seiner Anhänger, dass es solche waren, die bei diesem Kampf sich hervorragend betätigt hatten. Indes war das doch noch keine Anerkennung der Gewerkschaften selbst, und wie die Schüler stets orthodoxer sind als die Meister, so gab es bei den Lassalleanern lange Zeit erregte Diskussionen darüber, ob Gewerkschaften überhaupt sein sollen oder nicht. Im Jahre 1868 nahm Lassalles begabtester Nachfolger, J. B. von Schweitzer, die Frage auf, nachdem vorher schon die bürgerlich-demokratische Fortschrittspartei durch ihr Mitglied Dr. Max Hirsch und ebenso die mit der Internationale in Verbindung stehenden Sozialisten von der Richtung August Bebel und Wilhelm Liebknecht den Gedanken propagiert hatten. Es ging damals durch Deutschland eine starke Bewegung zur Gründung von Gewerkvereinen, doch gab es in den Reihen ihrer Anwälte große Unterschiede hinsichtlich der Zwecke und der Formen. Dr. Max Hirsch wollte die Gewerkvereine als Mittel zur Herstellung dieser wahren Harmonie von Kapital und Arbeit, das heißt Milderung des Klassenkampfes, Schweitzer und ebenso Bebel und Genossen wollten sie im Gegenteil als Hilfstruppen zur Führung und womöglich Verschärfung des Klassenkampfes, nur die orthodoxen Anhänger der Lehren Lassalles stemmten sich gegen ihre Einführung. Die mit den Fortschritten der industriellen Entwicklung Deutschlands verbundene Vermehrung und Vergrößerung der Industriezentren sprachen das entscheidende Wort. Die noch bestehenden Verbote der Koalitionen der Arbeiter mussten fallen, und Gewerkvereine der verschiedenen Richtungen traten ins Leben.

Allerdings blieben sie längere Zeit auf mäßige Mitgliederzahlen beschränkt und blieben daher in Bezug auf die Erfolge ihrer Kämpfe noch völlig abhängig von den Konjunkturen des Marktes. Bei steigender Konjunktur erzielten sie Verbesserungen für die Arbeiter, die aber sofort wieder verloren gingen, wenn eine Geschäftsstockung eintrat. Die Lohnkurve bewegt sich einfach im Zickzack, ein Zustand, bei dem die Arbeiterklasse sich weder materiell verbessert, noch ihren Anteil an der Kultur hebt. Aber die Bewegung bleibt und sucht nun nach möglichst zweckmäßigen Formen, wie das seinerzeit auch in England geschah. Es spielen sich innere Kämpfe darüber ab, wie die Organisationen aufgebaut werden sollen, ob mehr zentralisiert oder mehr föderalistisch, beziehungsweise lokalistisch, ob die Gewerkschaft verknüpft werden soll mit Unterstützungseinrichtungen, oder ob sie eine reine Klassenkampforganisation sein soll. Der Streit darüber spielt lange Zeit in der Arbeiterbewegung und löst zeitweilig starke Leidenschaften aus. Es geht bei ihm manchmal nicht minder heftig zu als heute, und mitunter fehlt auch nicht Gewalttätigkeit.

Nachdem die Kriegsära und die Jahre des Ausnahmegesetzes vorüber waren, wurde in Deutschland der Streit, ob lokalisierte oder zentralisierte Gewerkschaften, zum Austrag gebracht. Die lokalistischen Gewerkschaften unterlagen. An einzelnen Orten behielten sie einen gewissen Anhang bei den Arbeitern des Baugewerbes, im Übrigen aber siegte bei den auf dem Boden des Klassenkampfes stehenden Gewerkschaften das zentralistische Prinzip. Die zentralistischen Gewerkschaften nun sind zumeist verbunden mit Unterstützungseinrichtungen, die ihnen die organisatorische Festigkeit geben. Wo sie diese Einrichtungen nicht haben, gewinnen Gewerkschaften fast nur in Zeiten guten Geschäftsganges und erfolgreicher Lohnkämpfe Anhänger, und strömt, nachdem diese vorüber, ein großer Teil der gewonnenen Mitglieder wieder ab und verliert das Interesse an ihnen. Je mehr Unterstützungseinrichtungen die Gewerkschaft hat, um so fester ist der Zusammenhalt. Allerdings nimmt sie dadurch einen etwas konservativen Charakter an, aber sie erzielt dafür größere Wirkungen und kann durch ihre Festigkeit den Unternehmern Arbeitstarife abnötigen, die eine mehr oder weniger lange Dauer haben. Die Tarifbewegung hat denn auch in Deutschland einen sehr großen Aufschwung genommen. In England längst bekannt, ist sie hier längere Zeit wenig beachtet worden. Als aber bei uns im Jahre 1903 zum ersten Male eine Erhebung der in Kraft befindlichen Tarife veranstaltet wurde, die von 1903 bis 1905 sich ausdehnte, stellte sich heraus, dass Deutschland schon 1577 solche Tarife hatte, aufgrund deren 47 7000 Arbeiter beschäftigt wurden. Die Lohnkämpfe hatten also schon in weitem Umfange jene Gestalt angenommen – den Kampf um den Tarif –, die ihnen statt des mehr anarchischen einen konsolidierten Charakter verlieh und allmählich auch den Unternehmern zusagte. Hatten diese einmal einen Tarifvertrag abgeschlossen, so konnten sie darauf rechnen, für die Zeit seiner Dauer von jedem ernsteren Lohnkampf verschont zu bleiben und daher mit größerer Sicherheit ihre geschäftlichen Kalkulationen machen.

Schrittweise haben sich dann die Tarife nicht nur der Zahl der von ihnen betroffenen Unternehmen und Arbeiter, sondern ihrer ganzen Form nach vervollkommnet. Sie erstreckten sich auf viel weitere Fragen als nur auf die Lohnhöhe. Mindestens ebenso wichtig wie der Lohn ist für den Arbeiter die Arbeitszeit, dann aber auch seine Rechtsstellung im Unternehmen, die durch den Tarif verschiedentlich gleichfalls geregelt ward. Der Arbeiter ist nicht nur abhängig vom Unternehmer, sondern auch von dessen Beamten wie Werkführer, Aufseher usw. Vor Anfang der kapitalistischen Produktion trat der Arbeiter bei der Arbeitssuche schlechthin in die Werkstatt ein und fand einen Meister, der kaum einer anderen Gesellschaftsklasse angehörte als er selbst. Er wurde begrüßt, bekam sein sogenanntes Geschenk und ward nicht selten aufgefordert, an der gerade bevorstehenden Mahlzeit teilzunehmen. Ohne sich irgendwie zu degradieren, konnte er von Werkstatt zu Werkstatt nach Arbeit suchen. Aber je größer die Produktionsstätten der Industrie wurden, um so veränderter nahm sich die Arbeitssuche aus. Mit der Mütze in der Hand stand der Arbeiter vor der Fabrik und wurde schon vom Türhüter schief angesehen. Die Form der Arbeitssuche und Arbeitsvermittlung erhält durch die moderne Industrie also eine große Bedeutung nicht nur unter wirtschaftlichem, sondern auch unter dem sozialen Gesichtspunkt. Auch Bestimmungen hierüber kamen allmählich in die Tarife hinein. Wenn man heute sich einen Tarif zwischen Arbeitern und Unternehmern eines bestimmten Gewerbes geben lässt, so wird man oft über seinen Umfang erstaunt sein. Der erste größere deutsche Tarif, der Tarif der Buchdrucker, war bald ein ganzes Gesetzbuch und ein ziemlich dickes Gesetzbuch obendrein. Es werden darin alle Einzelheiten über Lohnhöhe, Arbeitszeit, Kündigung, Schlichtung von Streitigkeiten usw. geregelt. Die Zahl der Tarife der Gewerkschaften stieg bis 1913 auf 10 885 für zusammen über 143 000 Betriebe mit rund 1 400 000 Arbeitern. Während des Krieges nimmt sie etwas ab.

Aber kaum ist dieser vorüber und die Revolution da, so steigt sie nicht nur sofort wieder, es nimmt auch unter dem Einfluss der Revolution ihr Geltungsgebiet bedeutend zu. Schon im Jahre 1919 waren es 11 000 Tarife für 272 000 Betriebe mit rund 6 Millionen Arbeitern. Heute ist die Zahl noch größer, und größer auch ihre Wirkungskraft. Zugleich erhoben sich freilich neue Probleme.

Im letzten Jahre des Krieges hatte man unter dem Einfluss der Regierung Arbeitsgemeinschaften zwischen den Organisationen der Arbeitgeber und der Arbeiter gebildet, die eine stärkere Form des Tarifvertrags waren und eine Art Interessengemeinschaft zwischen den Organisationen der Unternehmer und denen der Arbeiter schufen. Dadurch erhielten die organisierten Arbeiter ein Interesse am Steigen der Preise, das nicht ohne seine volkswirtschaftlichen Bedenken war. Zugleich schienen sie eine Abschwächung des Klassenkampfes der Arbeiter anzuzeigen und wurden deshalb von extrem gerichteten Sozialisten heftig bekämpft. Handelte es sich um vereinzelte Organisationen besonders günstig gestellter Arbeiter, so wäre die Gegnerschaft nicht unbegründet. Bei dem umfassenden Charakter, den die Gewerkschaftsbewegung in Deutschland trägt und ihrer einheitlichen Zusammenfassung im allgemeinen Gewerkschaftsbund ist die ihr zugrunde liegende Furcht sehr übertrieben. Die Abschwächung bezieht sich da nur auf die äußere Form des Kampfes. Im Wesen der Sache bedeutet es einen nicht geringen Aufstieg der Arbeiter in ihrem sozialen Recht, als organisierte Klasse von den Unternehmern anerkannt zu werden, was selbst in den machtvollen Zweigen der großen Industrien der Fall ist, in die die Gewerkschaft vor dem Kriege nicht einzudringen vermochte.

Viel Streit ist auch darüber geführt worden, ob die Tarife kurz oder langfristig sein sollen. Den radikalen Sozialisten waren die langfristigen, über mehrere Jahre sich erstreckenden Tarife ein Greuel. Der kurzfristige Tarif bot ja den Vorteil, dass der Arbeiter durch ihn nicht gebunden ist, wenn eine gute Konjunktur eintritt, sondern dass er dann höheren Lohn erkämpfen kann. Das ist soweit richtig, vergessen wird nur, dass der Arbeiter dabei doch wiederum abhängig bleibt von der Konjunktur. Denn lässt die Konjunktur nach, so verliert er eben das Erlangte wieder. Er kann

den höheren Lohn nur während der guten Konjunktur aufrechterhalten, während mittels langfristiger Tarife die Arbeiter sich
über die schlechte Konjunktur hinweghelfen können. Das aber
muss gerade ihr Bestreben sein, sich freizumachen vom Druck
der Konjunktur und eine Stetigkeit der Lohnentwicklung zu erlangen, die einen Aufstieg ihres ganzen kulturellen Daseins verbürgt. Zum Teil ist das auch durch die Gewerkschaften schon
erzielt worden. Sie umfassen in Deutschland heute rund 9 Millionen Arbeiter, und durch ihre feste Organisation bilden sie eine
Mauer gegenüber der Rückwirkung der Konjunkturschwankun-
gen auf die Lohnhöhe. Sogar schon vor dem Krieg ist es dem
deutschen Bauarbeiterverband gelungen, mitten in einer Krisis
einen Vertrag mit den Unternehmern abzuschließen, worin fest-
gelegt wurde, dass in keinem Betrieb eine Herabsetzung der
Löhne eintreten soll. Das ist kaum in England jemals passiert und
war ein ganz bedeutendes Ereignis innerhalb der Arbeiterbewegung. Man kann einen echten Tarif einer starken Gewerkschaft
schon bezeichnen als ein wirkliches Stück Teilhaberschaft an der
Industrie, das viel bedeutungsvoller ist als die sogenannte Ge-
winnbeteiligung am Privatunternehmen, zumal wenn ihm zur
Seite geht die Erkämpfung der politischen Demokratie.

In Betracht kommen für den Klassenkampf auch die Konsumgenossenschaften der Arbeiter, die als solche in Deutschland
verhältnismäßig jungen Datums sind, sich aber schnell zu großer
Bedeutung entwickelt haben. Schon vor dem Kriege haben sie
hier angefangen, das zu werden, was sie in England schon längere Zeit waren, ein Hilfsmittel der Arbeiter im Gewerkschaftskampf gegen die Unternehmer. Wo die Arbeiterkonsumgenossenschaften stark ausgebildet sind, was allerdings nur dort geschehen kann, wo die Arbeiterklasse zu einer gewissen zahlen-
mäßigen Stärke gediehen ist, sind sie der Arbeiterschaft eine
Stütze in ihren wirtschaftlichen Kämpfen und haben die Tendenz,
zur Eigenproduktion überzugehen. Es ersteht eine genossenschaftliche Produktion, die nicht die Produktivgenossenschaft ist,
wie Lassalle sie geistig vor sich sah und die auf Profit abzielte,
sondern von Konsumgenossenschaften eingerichtete Betriebe, die
von diesen als Vertretern einer Gesamtheit im Interesse der Ge-
samtheit geleitet werden.

Alle diese Bewegungen sind Formen des Klassenkampfes der Arbeiter in der kapitalistischen Gesellschaft. Zusammen bilden sie einen organisierten Kampf, der jeweilig wenig revolutionär erscheint und in seinen Äußerungen durchaus nicht immer die traditionellen Formen von wirtschaftlichen oder politischen Kämpfen annimmt, der aber in sich die Möglichkeit trägt einer wahrhaft sozialen Befreiung der Arbeiterklasse.

Sechstes Kapitel.

Die Staatstheorie und der Sozialismus.

Welches ist der Einfluss der Theorien auf das Handeln der Menschen?

Vielfach stößt man hinsichtlich der Frage der Beziehungen von Theorie und Praxis aufeinander auf überaus pessimistische Ansichten. Man hört oft, dass das praktische Verhalten bestimmt wird durch Interessen, Leidenschaften und Umstände, und dass der Einfluss der Theorie auf die Praxis in der Politik wie auch sonst im sozialen Leben verschwindend gering sei. Ich halte diese Auffassung für irrig. Gewiss gibt es viele Fälle, wo die Theorie das Handeln wenig oder gar nicht beeinflusst, wo in der Tat Interesse, Vorurteil, Leidenschaft usw. das entscheidende Wort sprechen und sehr groß ist die Zahl der Menschen, die von Theorie überhaupt keine Ahnung haben. Aber vollständig verneinen kann man ihren Einfluss darum doch nicht. Er ist viel stärker, als die meisten annehmen, und namentlich stark gerade in den aufstrebenden Klassen der Gesellschaft. Welche theoretische Auffassung sie vor irgendeiner Frage haben, wenn sie ihnen auch nicht immer als Theorie, sondern nur als Doktrin, als Lehrsatz gepredigt worden ist, hat auf ihr Verhalten unter Umständen einen sehr großen Einfluss. Es sei nur an Folgendes erinnert: Wenn ein Teil unserer Arbeiterjugend, wenn gerade jugendliche Arbeiter in einem Alter, wo der Idealismus beim Menschen eine große Rolle spielt, sich mit Leidenschaft zu Gewalttätigkeiten haben hinreißen lassen, von denen eigentlich die vernünftige Überlegung ihnen hätte sagen müssen, dass sie unmöglich zum Ziele führen können, und man anzunehmen berechtigt ist, dass die Mehrheit von ihnen nicht aus reiner, blinder Zerstörungswut oder Hass gehandelt haben, so wird nähere Prüfung zeigen, dass bis zum Vorurteil gewordene theoretische Anschauungen ihr Handeln maßgebend beeinflusst haben. Man denke nur an die Rückwirkungen des Begriffs der Ausbeutung des Arbeiters durch den Unternehmer, an die aus ihm gezogene weitere Ausdeutung, dass der Unternehmer nur ein Parasit, volkswirtschaftlich ganz überflüssig sei und faktisch nur quasi vom Diebstahl an den Arbeitern und ihrer Kraft lebe, auf das Verhalten vieler Arbeiter. Diejenigen, bei denen diese Auffassung mit dogmatischer Kraft verbreitet ist, die sie als Axiom in sich aufgenommen haben, werden für viele Handlungen zu haben sein, die ihnen andernfalls als unsinnig, wenn nicht unmoralisch erscheinen würden. Und ebenso hat die theoretische Auffassung von der Bedeutung des Staates und der Stellung der Arbeiterklasse im Staate auf das politische Verhalten großer Massen einen sehr wesentlichen Einfluss ausgeübt.

Die politische Bedeutung der Auffassung, was der Staat sei, welche Rolle er erfüllt, welche Bedeutung ihm innewohnt, die Bedeutung dieser zuletzt, wenn auch nicht allen bewusst, in Theorien wurzelnden Auffassung für das politische Leben ist durchaus nicht gering. Aufgrund einer bestimmten Auffassung vom Staat wird eine feindselige Haltung zu ihm eingenommen, die unter Umständen, da der Staat nicht so schnell abzuschaffen ist, zu sehr verfehlten Maßnahmen oder zum Versäumen von notwendigen Handlungen führt, wie andererseits eine gegenteilige Auffassung, ein übermäßiger Kultus des Staates, wieder Leute dazu verleiten kann, mit Parteien gemeinsame Sache zu machen, die tatsächlich nicht nur ihren Bestrebungen grundsätzlich ablehnend gegenüberstehen, sondern ihnen, zur Macht gelangt, größere Hindernisse in den Weg legen würden, als irgendwelche andere Partei. In der sozialistischen Bewegung nun stoßen wir aufeinander geradezu diametral entgegengesetzt gegenüberstehende Auffassungen vom Staat: eine freundliche, die sich bis zum Kultus des Staats steigert, und eine gegnerische, kritische, die bis zur direkten Feindschaft zu ihm geht. In vielfachen Abtönungen sehen wir diese entgegengesetzten Auffassungen sich durch die Ideengeschichte des Sozialismus ziehen.

Was aber ist überhaupt der Staat? Soviel ist jedenfalls klar, wenn wir vom Staat sprechen, müssen wir uns zunächst darüber verständigen, was wir unter ihm verstehen. Das ist nun auch keine ganz einfache Sache. Die staatswissenschaftlichen Auffassungen vom Staat gehen, wie jeder finden wird, der sich in der einschlägigen Literatur umsieht, sehr weit auseinander. Ein mir befreundeter Staatswissenschafter sagte einmal: Ich habe 18 verschiedene Bücher über Staatstheorie gelesen und in allen verschiedene Definitionen vom Staate gefunden. Indes gibt es doch grundsätzliche Merkmale des Staates. Maßgebend für ihn ist zunächst einmal: Er ist ein großes Gemeinwesen, das seine Herrschaft weit über einen einzelnen Ort hinaus erstreckt. Denn wenn wir die griechischen Stadtstaaten, wie schon dieser Name anzeigt, als Staaten gelten lassen, so wissen wir alle, dass z. B. Athen die Landschaft Attika, Sparta Lakedämon beherrschte. Der Staat ist ein Gemeinwesen auf einem bestimmten, mehr oder weniger ausgedehnten Gebiet. Das Moment des Gebietes ist für den Staat maßgebend. Wo kein Gebiet ist, da ist kein Staat. Das Wort vom Staat im Staate ist daher nur figürlich zu verstehen. Ein Gemeinwesen auf einem über einen Ort ausgedehnten Gebiete, das gemeinsame Gesetze hat und durch bestimmte Organe eine höchste Gewalt ausübt, das ist, darin stimmen alle Definitionen überein, der Sache nach der Staat. Für höchste Gewalt wird vielfach der Ausdruck „Souveränität" gebraucht; aber Souveränität als absolute Rechtshoheit ist kein unbedingt notwendiges Attribut des Staates. Man erinnere sich: Wir hatten im Deutschen Reich vor der Revolution Einzelstaaten, denen man die Eigenschaft von Staaten nicht streitig machte, und die doch nicht in allen Dingen souverän waren. Über ihnen stand das Reich, das in einer ganzen Reihe wichtiger Fragen die höchste Gewalt ausübte. Und das war nicht in Deutschland allein so, wir können auch andere Länder nennen, wo das gleiche Verhältnis bestand und noch besteht. Es ist das Bestreben vorhanden – und die ersten Schritte dazu sind schon da –, eine Macht zu schaffen, die über allen heutigen Staaten stehen und ihre Souveränität in bestimmten Punkten einschränken soll, die also einen überstaatlichen Staat bilden würde. Was sie soll, ist bis zu einem gewissen Grade in jenem internationalen Gesetz, das man in Deutschland mit ganz falscher Begriffsanwendung Völkerrecht nennt, schon vor dem Kriege vorhanden gewesen. Aber dieses internationale Gesetz war nicht das Gesetz eines Staates, es war zustande gekommen aufgrund von Vereinbarungen von Staaten, die sich in voller Freiheit auf seine Einhaltung verpflichteten. Bei der Abstimmung über neue Satzungen konnte ein einziger Staat durch sein Nein deren Erhebung zu internationalem Recht verhindern. So war die Verbindung zu lose, als dass man auf sie die Bezeichnung als Überstaat hätte anwenden können. Von Maßnahmen, zu einer Macht zu gelangen, die sie rechtfertigten würde, ist vor allem die Schaffung des Haager Schiedshofes zu nennen, und es war ja nahe daran, dass bei einer dritten Zusammenkunft im Haag dieser Schiedshof eine solche Natur erhielt, kraft deren er eine Macht über den Staaten gebildet hätte. Der Krieg hat das verhindert, aber was er gebracht hat, jene Verbindung von Nationen, die man in Deutschland merkwürdigerweise „Völkerbund" nennt, während sie tatsächlich nur erst ein Bund von Nationen ist, ein Bund der Regierungen, nicht schon ein Bund der Völker selber – Société des Nations, sagen daher die Franzosen, Society of Nations, nennen es die Engländer, und in anderen Sprachen heißt es ähnlich – ist verschiedentlich geplant gewesen als ein Organismus, der über den Staaten stehen und in bestimmten Fragen einfach ihre Souveränität einschränken sollte, ohne dass sie darum aufgehört hätten, Staaten zu sein. Darum sage ich: Die absolute Souveränität ist kein unbedingtes Merkmal des Staates; aber ein Merkmal des Staates ist es, dass er über das Gebiet, das er umfasst, die höchste Gewalt ausübt.

Kommen wir nach diesen Bemerkungen zu den widerstreitenden Theorien oder Auffassungen bei den Sozialisten über ihre Stellung zum Staat. Um mit der Gegnerschaft, der bis zur Feindschaft gehenden Gegnerschaft gegen den Staat zu beginnen, so ist sie eine Folge, und zwar die extreme Schlussfolgerung des Kampfes gegen den bevormundenden Staat, wie er aus dem Mittelalter hervorgegangen war, den absoluten, fast überall monarchistisch-polizistischen Staat. Diese Gegnerschaft gegen den Staat, die im achtzehnten Jahrhundert – eigentlich sogar schon früher – stärkere Vertretung, stärkeren Anhang gewinnt, ist der theoretische Niederschlag der großen liberalen Bewegung, die sich in England ganz besonders stark auf wirtschaftlichem Gebiete, aber auch in der Politik geltend machte, und deren namhafter Wortführer dort der schottische Philosoph und Nationalökonom Adam Smith war. In Frankreich fand der Liberalismus, der die staatlichen Funktionen einschränken wollte, in dem Physiokraten Quesnay seinen Theoretiker und in dem Staatsmann R. J. Turgot seinen bedeutendsten politischen Verfechter, und in Deutschland wird er im Anfang des neunzehnten Jahrhunderts durch Wilhelm

v. Humboldt vertreten. Von Sozialisten, die den Staat abschaffen wollten, sind vor allem zu nennen die Franzosen Charles Fourier und seine Schule und Pierre Josephe Proudhon, von dem es fraglich ist, ob man ihn mit Recht Anarchist nennen kann, der aber jedenfalls theoretisch Gegner des Staates war. In Deutschland war Gegner des Staates der geistreiche Verfasser des Buches „Der Einzige und sein Eigentum", Kaspar Schmidt, der unter dem Decknamen Max Stirner geschrieben hat, in Rusland waren es Michael Bakunin und später Peter Krapotkin. Von Engländern wäre William Godwin, der Verfasser des Buches über politische Gerechtigkeit, zu nennen. Das sind die bekanntesten sozialistischen Gegner des Staates.

Der Staatskultus seinerseits hat zwei Wurzeln; die erste ist die Auflehnung gegen die Geldherrschaft, die Gegnerschaft gegen die Herrschaft der Finanzbourgeoisie. Sie war stark namentlich im achtzehnten und neunzehnten Jahrhundert und richtete sich tendenziös gegen die Gesellschaftsklasse, die man bei uns auch „Großbourgeoisie" nennt. Politisch fand sie ihre stärkste Vertretung in der jakobinischen Bewegung der Französischen Revolution. Die Jakobiner sind für die Staatsomnipotenz, für die größte Macht des Staates eingetreten, die man sich denken kann. Das Verlangen nach dem Schutz des Volkes durch einen starken Staat hatte übrigens seinen Vorläufer im ausgehenden Mittelalter beim Kampf des Bürgertums gegen die Feudalherren. Die damals aufkommende Klasse, eben das Bürgertum, rief die Zentralgewalt gegen den Feudaladel an, wie später das breite Bürgertum gegen den Finanzadel, die Finanzaristokratie den Staat anrief. Ein anderer Kultus des Staates entwickelt sich aus der Gegnerschaft gegen die Herrschaft der Masse. Ich brauche absichtlich das Wort „Masse", andere sprechen von „Pöbelherrschaft", Ochlokratie, wie der griechische Ausdruck lautet. Dieser Kultus stellt sich ein namentlich im Anschluss an Revolutionen, sobald die Masse zeitweilig tonangebend auf die Bühne tritt, eine Art Herrschaft ausübt und zerstörerisch wirkt. Er ist eine geistige Gegenbewegung gegen die Revolution, die den Staat gegen die Demokratie stärken will. Eine Gegenströmung, die in Frankreich zunächst zum Bonapartismus führte, der eine Mischung – man kann auch sagen: ein Bastard – war von jakobinischen und autokratischen Strebungen; weiterhin aber, da der Bonapartismus, um das Wort eines bekannten preußischen Monarchen zu gebrauchen, „mit dem Ludergeruch der Revolution behaftet war", in die Wiederaufrichtung der Bourbonen-Monarchie ausmündete. Von dieser Seite her ist der Staatskultus – wie z. B. die erste romantische Literatur zeigt – ein Ausfluss reaktionären Geistes, der allerdings nicht immer gerade politisch reaktionär auftritt, aber den Schutz gegen anarchische Zustände nur in einem starken monarchistischen Staate sieht. Diese Erscheinung hat man in England in der Epoche der großen Revolution des siebzehnten Jahrhunderts auch gehabt. Da war der große Philosoph Thomas Hobbes, der Verfasser des „Leviathan", der Vertreter der Theorie von der absoluten Herrschaft des Staates, bei ihm allerdings nicht im notwendig monarchistischen Sinne. Er gab zu: Die Souveränität des Staates kann auch ausgeübt werden von einem Parlament oder von einer ähnlichen Instanz; aber diese muss die absolute Macht haben, und am besten würde diese durch die Monarchie vertreten. Auch in Italien hatte diese Idee ihre Vertreter.

Nun gibt es – wenn wir von diesen konservativen, romantisch-rückläufig gerichteten Theorien absehen wollen – auch eine demokratische Theorie, die dem Staate politische Allmacht zuerkennen will. In Frankreich hatte sie ihren klassischen Philosophen in Jean Jacques Rousseau. Die Demokratie ist nicht immer identisch mit dem Liberalismus. Lange Zeit ist ihre dominierende Idee Unterdrückung, allerdings Unterdrückung der Oberschichten, während der Liberalismus nur befreiend wirken will. Die demokratische Staatstheorie, die in Rousseau ihren Theoretiker hatte, fand in Robespierre ihren Praktiker – Robespierre war ein großer Verehrer Rousseaus und die Schreckensherrschaft ist beherrscht von Gedankengängen aus den Schriften Rousseaus –, kommt zur Freiheit durch terroristische Maßnahmen. Dass die Jakobiner Anhänger der Staatsomnipotenz waren, ward schon oben gezeigt, und von den Jakobinern führt eine direkte Linie zu Gracchus Babeuf, dem geistigen Urheber und Leiter der Verschwörung der Gleichen, der ebenfalls Anhänger des demokratischen Staates in seiner extremsten Auslegung war. In Deutschland haben wir vor allen unseren großen Philosophen Fichte als Prediger des starken Staates zu nennen, der überhaupt meines Erachtens noch viel stärker von der Französischen Revolution beeinflusst war, als man gemeinhin annimmt. Aus vielen seiner Schriften geht das hervor. In seiner 1800 erschienenen vielgenannten Schrift vom „Geschlossenen Handelsstaat" findet man viele Berührungspunkte mit Babeuf. Ich weiß nicht, ob Fichte Näheres über diesen gelesen hatte oder sonst Sätze aus ihm kannte; aber er hat sich jedenfalls eingehend mit der Literatur der Französischen Revolution beschäftigt. Dann haben wir die mehr metaphysischen Theorien der deutschen Philosophen Hegel und Schelling vom Staat, die ganz konservativ-romantischen Staatstheorien der Bonald, Gentz usw.

Kommen wir nun zu den sozialistischen Verehrern des Staates, so ist ihr klassischer Vertreter in Deutschland Ferdinand Lassalle. Er ist ein unbedingter Anhänger des Staates, und zwar ist er es als Schüler von Hegel und in diesem Punkte auch stark von Fichte beeinflusst, wie man ja manchmal im Zweifel darüber ist, ob es mehr Hegel oder Fichte ist, der aus Lassalle spricht. Man weiß ja, welche hohe Verehrung Lassalle für Fichte empfand, und in vielen seiner Schriften hat er dessen Staatsidee außerordentlich energisch verfochten. Sehr bedeutungsvoll schon im „Arbeiterprogramm", jenem Vortrage, den er im Jahre 1862 im Norden von Berlin in einer Arbeiterversammlung gehalten hat über „den Zusammenhang der Idee des Arbeiterstandes mit unserer gegenwärtigen Zeitperiode". In diesem, von mir schon zitierten Vortrag verherrlicht er in begeisterten Worten eine Staatsauffassung, die er die „Staatsidee des vierten Standes" nennt, beiläufig eine falsche Ausdrucksweise, denn er meint tatsächlich die Staatsidee der modernen Arbeiterklasse. Trotz dieses und einiger ähnlicher, in Lassalles juristischer Denkweise wurzelnder Fehlgriffe ist die Schrift den klassischen Denkmälern der Literatur des Sozialismus einzureihen, und zwar ist sie klassisch einmal wegen ihres Gedankenreichtums und der außerordentlich klaren Durchführung dieser Gedanken, klassisch aber auch wegen des großen Einflusses, den sie in der Geschichte des Sozialismus gehabt hat. In dieser Schrift nun kommt Lassalle, wo er vom Staat handelt, zunächst auf die Idee des Staates der Bourgeoisie zu sprechen. Damals gab es in Deutschland einen sehr starken Liberalismus, der ja überhaupt in den sechziger Jahren des neunzehnten Jahrhunderts eine außerordentliche Neubelebung feierte, noch mit einer gewissen naiven Frische behaftet war und auch von seinen damaligen Wortführern ziemlich radikal geltend gemacht wurde. Ein Liberalismus, der noch mit Resten des alten absolutistischen Polizeistaates zu kämpfen hatte und – wie es immer bei solchen Kämpfen geht – dabei auch über die Schnur hieb. Literarische Vertreter der liberalen Bourgeoisie erklärten, dass der Staat wesentlich nur dazu da sei, Eigentum und Person zu schützen, alles andere aber dem freien Spiel der wirtschaftlichen Kräfte zu überlassen habe, was bei den damaligen sozialen Machtverhältnissen und der Verteilung des Eigentums praktisch einfach die Sanktionierung der Herrschaft der Bourgeoisie bedeutete. Diese Idee nun, dass der Staat nur da sei, das Eigentum und die Person zu schützen, wird von Lassalle als eine „Nachtwächteridee" verspottet, weil sie den Staat auf die Funktion des Nachtwächters herabdrücke, statt ihm die Funktionen zuzuerkennen, die ihm nach seiner Rolle in der Geschichte zukommen. Ganz anders sei die Auffassung oder die Idee der Arbeiterklasse vom Staate, das heißt, die Staatsidee, die nach Lassalle die Arbeiterklasse infolge ihrer gesellschaftlichen Lage ausbilden werde. Hören wir seine bemerkenswertesten Sätze hierüber. Zuerst heißt es:

„Ganz anders, meine Herren, fasst der vierte Stand den Staatszweck auf, und zwar fasst er ihn so auf, wie er in Wahrheit beschaffen ist."

Was Lassalle hier vom „vierten Stand" sagt, werden wahrscheinlich nur wenige von seinen Hörern aus der Arbeiterklasse schon wirklich empfunden haben. Er unterstellt eben der Arbeiterklasse die Auffassung, die nach seiner Ansicht die Idee der Arbeiterklasse werden musste und es im weiten Umfange auch wirklich geworden ist. Er fährt fort:

„Die Geschichte, meine Herren, ist ein Kampf mit der Natur, mit dem Elende, der Unwissenheit, der Armut, der Machtlosigkeit und somit der Unfreiheit aller Art, in der wir uns befanden, als das Menschengeschlecht im Anfang der Geschichte auftrat. Die fortschreitende Besiegung dieser Machtlosigkeit – das ist die Entwicklung der Freiheit, welche die Geschichte darstellt.

In diesem Kampfe würden wir niemals einen Schritt vorwärts gemacht haben, oder jemals weiter machen, wenn wir ihn als Einzelne jeder für sich, jeder allein, geführt hätten oder führen wollten.

Der Staat ist es, welcher die Funktion hat, diese Entwicklung der Freiheit, diese Entwicklung des Menschengeschlechts zur Freiheit zu vollbringen.

Der Staat ist diese Einheit der Individuen in einem sittlichen Ganzen, eine Einheit, welche die Kräfte aller Einzelnen, welche in diese Vereinigung eingeschlossen sind, millionenfach vermehrt, die Kräfte, welche ihnen allen als Einzelnen zu Gebot stehen würden, millionenfach vervielfältigt.

Der Zweck des Staates ist also nicht der, dem Einzelnen nur die persönliche Freiheit und das Eigentum zu schützen, mit welchen er nach der Idee der Bourgeoisie angeblich schon in den Staat eintritt; der Zweck des Staates ist gerade der, durch diese Vereinigung die einzelnen in den Stand zu setzen, solche Zwecke, eine solche Stufe des Daseins zu erreichen, die sie als Einzelne nie erreichen könnten, sie zu befähigen, eine Summe von Bildung, Macht und Freiheit zu erlangen, die ihnen sämtlich als Einzelnen schlechthin unersteiglich wäre.

Der Zweck des Staates ist somit der, das menschliche Wesen zur positiven Entfaltung und fortschreitenden Entwicklung zu bringen, mit anderen Worten, die menschliche Bestimmung, d. h. die Kultur, deren das Menschengeschlecht fähig ist, zum wirklichen Dasein zu gestalten; er ist die Erziehung und Entwicklung des Menschengeschlechts zur Freiheit."

Das ist ganz im Sinne Fichtes gedacht, und ist in dieser sich so flüssig lesenden Darstellung, dieser klassisch gedrungenen Anreihung der Gedanken fast in der sozialistischen Literatur einzigartig. Lassalle geht dann weiter und zeigt, was der Staat unter der Herrschaft, er sagt nicht: Des Arbeiterstandes, er sagt: Unter der Herrschaft der I d e e des Arbeiterstandes sein und tun würde:

„Dies," sagt er dann, „ist die eigentlich sittliche Natur des

Staates, meine Herren, seine wahre und höhere Aufgabe. Sie ist es so sehr, dass sie deshalb seit allen Zeiten durch den Zwang der Dinge selbst von dem Staat, auch ohne seinen Willen, auch unbewusst, auch gegen den Willen seiner Leiter, mehr oder weniger ausgeführt wurde."

Und weiter heißt es:

„Ein Staat also, welcher unter die Herrschaft der Idee des Arbeiterstandes gesetzt wird, würde nicht mehr, wie freilich auch alle Staaten bisher schon getan, durch die Natur der Dinge und den Zwang der Umstände unbewusst und oft sogar widerwillig getrieben, sondern er würde mit höchster Klarheit und völligem Bewusstsein diese sittliche Natur des Staates zu seiner Aufgabe machen. Er würde mit freier Lust und vollkommenster Konsequenz vollbringen, was bisher nur stückweise in den dürftigsten Umrissen dem widerstrebenden Willen abgerungen worden ist, und er würde somit eben hierdurch notwendig – wenn mir die Zeit auch nicht mehr erlaubt, Ihnen die detaillierte Natur dieses notwendigen Zusammenhanges auseinanderzusetzen – einen Aufschwung des Geistes, die Entwicklung einer Summe von Glück, Bildung, Wohlsein und Freiheit herbeiführen, wie sie ohne Beispiel dasteht in der Weltgeschichte und gegen welche selbst die gerühmtesten Zustände in früheren Zeiten in ein verblassendes Schattenbild zurücktreten.

Das ist es, meine Herren, was die Staatsidee des Arbeiterstandes genannt werden muss, seine Auffassung des Staatszweckes, die, wie Sie sehen, ebensosehr und genau entsprechend von der Auffassung des Staatszweckes bei der Bourgeoisie verschieden ist, wie das Prinzip des Arbeiterstandes von dem Anteil aller an der Bestimmung des Staatswillens oder das allgemeine Wahlrecht, von dem betreffenden Prinzip der Bourgeoisie, dem Zensus."

Der Staat als die Kraft, die, ob sie will oder nicht, dem Fortschritt dient, das ist die sozialistische Staatstheorie Lassalles. Er trägt sie den Arbeitern als die ihre vor, um sie für sie zu gewinnen. Und im Angesicht der großen Klarheit seiner Sprache erübrigt es sich, den Gedankengang hier erst noch zu kommentieren.

In späteren Reden kommt Lassalle wiederholt auf ihn zurück. So namentlich in den Prozessen, in die er im Anschluss an diesen Vortrag verwickelt wurde, der doch so außerordentlich gemäßigt gehalten war, in welchem er sich gehütet hatte, mit irgendeinem Wort zur Gewalt aufzufordern. Aber als er ihn als Schrift erscheinen ließ, ward diese auf Veranlassung des Staatsanwalts Schelling, einem Sohne des Philosophen Schelling, konfisziert und Lassalle vor Gericht gestellt, und zwar unter der Anklage, sich gegen den § 100 des alten preußischen Strafgesetzbuches, den sogenannten Hass- und Verachtungsparagraphen, vergangen zu haben. Das war ein richtiger Kautschukparagraph, unter den sich alles Mögliche bringen ließ. Er lautete:

„Wer Bevölkerungsklassen durch irgendwelche Schriften oder Reden zum Hass und zur Verachtung gegeneinander aufreizt, wird bestraft."

Die Verfolgung führte zu zwei sehr bedeutungsvollen Prozessen, in denen Lassalle die berühmten Reden hielt: „Die Wissenschaft und die Arbeiter" und „Die indirekte Steuer und die Lage der arbeitenden Klassen". In der letztgenannten dieser Verteidigungsreden, die im Sommer 1862 gehalten wurde, entwickelt Lassalle noch einmal seine Unterscheidung der Staatsidee der Arbeiterklasse von der Staatsidee der Bourgeoisie. Er nennt unter Hinweis auf einen Ausspruch des hochangesehenen Philosophen und Philologen August Boeckh die letztere Staatsidee eine „moderne Barbarei", und sagt dann:

„Das uralte Vestafeuer aller Zivilisation, den Staat, verteidige ich mit Ihnen (nämlich den Richtern) zusammen gegen jene (die liberalen) Barbaren."

Das ist der Staat nach der Lehre Ferdinand Lassalles. Ganz anders nach der sozialistischen Theorie, die begründet worden ist von Karl Marx und Friedrich Engels. Dort spielt der Staat eine wesentlich verschiedene Rolle. In den älteren Schriften und Aufsätzen von Marx, die zu Anfang der vierziger Jahre des vorigen Jahrhunderts geschrieben wurden, zeigt er sich meist noch als Anhänger des Staates, beeinflusst durch die Lehre Hegels, wenn er auch schon sehr über Hegel hinausgeht. Aber nachdem er sich der kommunistischen Bewegung zugewandt, sie in Frankreich studiert und ebenso über die englischen Verhältnisse sich orientiert hatte, kommt bei ihm und Engels, die wir immer zusammen nennen müssen, da sie von da ab gemeinsam gearbeitet, gegenseitig sich ihre Arbeiten gezeigt haben, sodass man bei vielen ihrer nun verfassten Arbeiten nicht sagen kann, dass der eine oder der andere von ihnen der Verfasser sei, kommt in der von ihnen ausgearbeiteten sozialistischen Theorie eine durchaus andere Auffassung vom Staate zum Ausdruck. Man kann sie eine k r i t i s c h e Staatsidee nennen, die nichts mit der Verehrung Lassalles für den Staat gemein hat. Schon in der Schrift, die Marx und Engels „Manifest der kommunistischen Partei" nannten und die im Winter 1847 geschrieben wurde, spielt der Staat eine Rolle. Am Schlusse heißt es dort:

„Das Proletariat wird seine politische Herrschaft dazu benutzen, der Bourgeoisie nach und nach alles Kapital zu entreißen, alle Produktionsinstrumente in den Händen des Staates, d. h. des als herrschende Klasse organisierten Proletariats zu zentralisieren und die Masse der Produktionskräfte möglichst rasch zu vermehren."

Im Anschluss daran werden die verschiedenen Maßnahmen kurz aufgeführt, die zu diesem Zweck getroffen werden würden, und dann heißt es abschließend:

„Sind im Laufe der Entwicklung die Klassenunterschiede verschwunden und ist alle Produktion in den Händen der assoziierten Individuen konzentriert, so verliert die öffentliche Gewalt den politischen Charakter. Die politische Gewalt im eigentlichen Sinne ist die organisierte Gewalt einer Klasse zur Unterdrückung einer anderen. Wenn das Proletariat im Kampfe gegen die Bourgeoisie sich notwendig zur Klasse vereint, durch eine Revolution sich zur herrschenden Klasse macht und als herrschende Klasse gewaltsam die alten Produktionsverhältnisse aufhebt, so hebt es mit diesen Produktionsverhältnissen die Existenzbedingungen des Klassengegensatzes, die Klassen überhaupt und damit seine eigene Herrschaft als Klasse auf.

An die Stelle der alten bürgerlichen Gesellschaft mit ihren

Klassen und Klassengegensätzen tritt eine Assoziation, worin die freie Entwicklung eines jeden die Bedingung für die freie Entwicklung aller ist."

Hier wird das Wort „Staat" vollständig, und man darf annehmen absichtlich vermieden. Das Proletariat übernimmt die Staatsgewalt, entreißt der Bourgeoisie alle wirtschaftlichen und politischen Machtmittel, verwendet sie in seinem Sinne, und nachdem dies geschehen, entsteht eine große allgemeine Assoziation. Vom Staat ist keine Rede mehr.

In späteren Schriften von Marx und Engels kommt diese Haltung zum Staat noch schärfer zum Ausdruck. Nach der Niederwerfung der Achtundvierziger Revolution lebten sie verbannt im Exil in London. Als in den sechziger Jahren die Arbeiterbewegung sich von Neuem bildete, nahmen sie direkten Anteil an der Deutschen Bewegung nicht. Sie hatten aber in dieser politische Freunde, mit denen sie brieflichen Verkehr unterhielten, auch suchten sie durch Aufsätze und Schriften erzieherisch auf die Bewegung einzuwirken. Einer dieser Freunde war Wilhelm Liebknecht und die Fraktion, an deren Spitze er und August Bebel standen, galt lange Zeit in Deutschland als die eigentliche Partei von Marx. In den Organen, die Wilhelm Liebknecht damals redigierte, kamen aber naturgemäß vorwiegend Ideen von Liebknecht zum Ausdruck, von denen schon erwähnt wurde, dass sie stark vom französischen Sozialismus beeinflusst waren, dass Liebknecht ganz irrigerweise für das theoretische Mundstück von Marx genommen ward. Liebknecht gab dem 1869 von der damals unter seiner geistigen Führung geschaffenen sozialdemokratischen Arbeiterpartei gegründeten und von ihm redigierten Blatt den Titel „Der Volksstaat" und er wie andere sprachen darin auch immer wieder von einem solchen Staat. Das war aber ganz und gar nicht nach dem Geschmack von Marx und Engels, und in der 1876/77 von ihm unter teilweiser Mitwirkung von Marx verfassten Schrift „Herrn Eugen Dührings Umwälzung der Wissenschaft" nahm Engels Gelegenheit, gegen diese Idee vom Volksstaat, wie Liebknecht sie vertrat, zu polemisieren, ohne Letzteren zu nennen. Er legt dar, dass nach der Revolution des Proletariats die Entwicklung nicht zum Volksstaat, sondern zur Auflösung, zum Absterben des Staates führe. Die Kapitel der Schrift, die speziell den Sozialismus behandeln, sind von Engels später als Broschüre unter dem Titel: „Die Entwicklung des Sozialismus von der Utopie zur Wissenschaft" herausgegeben worden, und wer es nicht vorzieht, das ganze Buch zu lesen, das überaus wertvolle Darlegungen über grundlegende Fragen der Philosophie, Ethik, Geschichtswissenschaft, Nationalökonomie und Sozialwissenschaft enthält, der sollte sich zumindest diese Broschüre anschaffen. Man kann sich keine bessere Vorführung der Grundgedanken der Marx-Engelsschen Soziallehre wünschen. In dieser Schrift nun gibt Engels gegen den Schluss eine zusammengefasste Darlegung darüber, was nach der von Marx und ihm vertretenen Anschauung aus dem Staat wird, nachdem die Arbeiterklasse auf der zu ihrem Höhepunkt gelangten Entwicklung der kapitalistischen Gesellschaft die politische Gewalt erlangt hat. Er schreibt dort:

„Das Proletariat ergreift die Staatsgewalt und verwandelt die Produktionsmittel zunächst in Staatseigentum. Aber damit hebt es sich selbst als Proletariat, damit hebt es alle Klassenunterschiede und Klassengegensätze auf, und damit auch den Staat als Staat. Die bisherige, sich in Klassengegensätzen bewegende Gesellschaft hatte den Staat nötig, d. h. eine Organisation der jedesmaligen ausbeutenden Klasse zur Aufrechterhaltung ihrer äußeren Produktionsbedingungen, also namentlich zur gewaltsamen Niederhaltung der ausgebeuteten Klasse in den durch die bestehende Produktionsweise gegebenen Bedingungen der Unterdrückung (Sklaverei, Leibeigenschaft oder Hörigkeit, Lohnarbeit). Der Staat war der offizielle Repräsentant der ganzen Gesellschaft, ihre Zusammenfassung in einer sichtbaren Körperschaft; aber er war dies nur, insofern er der Staat derjenigen Klasse war, welche selbst für ihre Zeit die ganze Gesellschaft vertrat: im Altertum Staat der sklavenhaltenden Staatsbürger, im Mittelalter des Feudalismus, in unserer Zeit der Bourgeoisie. Indem er endlich tatsächlich Repräsentant der ganzen Gesellschaft wird, macht er sich selbst überflüssig. Sobald es keine Gesellschaftsklasse mehr in der Unterdrückung zu halten gibt, sobald mit der Klassenherrschaft und dem in der bisherigen Anarchie der Produktion begründeten Kampf ums Einzeldasein auch die daraus entspringenden Kollisionen und Exzesse beseitigt sind, gibt es nichts mehr zu reprimieren, das eine besondere Repressionsgewalt, einen Staat nötig machte. Der erste Akt, worin der Staat wirklich als Repräsentant der ganzen Gesellschaft auftritt – die Besitzergreifung der Produktionsmittel im Namen der Gesellschaft – ist zugleich sein letzter selbständiger Akt als Staat. Das Eingreifen einer Staatsgewalt in gesellschaftliche Verhältnisse wird auf einem Gebiete nach dem andern überflüssig und schläft dann von selbst ein. An die Stelle der Regierung über Personen tritt die Verwaltung von Sachen und die Leitung von Produktionsprozessen. Der Staat wird nicht „abgeschafft", er s t i r b t ab. Hieran ist die Phrase vom „freien Volksstaat" zu messen, also sowohl nach ihrer zeitweiligen agitatorischen Berechtigung, wie nach ihrer endgültigen wissenschaftlichen Unzulänglichkeit; hieran ebenfalls die Forderung der sogenannten Anarchisten, der Staat solle von heute auf morgen abgeschafft werden."

Man sieht, es wird dem Staat im Grunde eine nur transitorische, zeitweilige Rolle zuerkannt, die wesentlich die einer unterdrückenden oder niederhaltenden Gewalt ist – also das, was Lassalle gerade die Rolle eines Nachtwächters der jeweilig herrschenden Klasse nennt, und wenn mit dem Bestehen verschiedener Gesellschaftsklassen die Klassengegensätze und der Anlass zur Niederhaltung von Klassen aufhören, hört nach dieser Theorie auch der Staat auf. Sie zieht sich durch alle Schriften von Marx und Engels und ist von Letzterem später in der Schrift: „Der Ursprung der Familie, des Privateigentums und des Staates" näher begründet worden. Gelegentlich spricht Engels wohl auch vom Staat als Produkt der Arbeitsteilung in der Gesellschaft und leitendem Organ der durch jene notwendig gewordenen Verwaltungsaufgaben, aber er geht auf diese Funktionen und ihre Zukunft nicht näher ein, sondern lässt hinterher immer nur den Staat als Organ der Niederhaltung aufmarschieren. Inwieweit diese Auffassung aufrechterhalten werden kann, oder welche von beiden Auffassungen die Marx-Engelssche und die Lassallesche, die zeitweilig in den Diskussionen der Sozialisten eine große Rolle gespielt haben, den Anspruch auf größere Richtigkeit hat, wird sich vielleicht zeigen, wenn wir nun auch Marx selbst über den Staat gehört haben.

Vierzehn Jahre bevor die Schrift von Engels über den Ursprung der Familie, des Privateigentums und des Staates erschien, im Jahre 1871, hat Karl Marx sich genauer über den Staat geäußert in jener für den Generalrat der Internationalen Arbeiterassoziation verfassten Denkschrift oder Ansprache über die Pariser Kommune von 1871. Im dritten Abschnitt dieser Schrift legt er dar, was eigentlich die Kommune von Paris bedeutet habe, was ihr tieferer Sinn und ihre tieferen Absichten gewesen seien. Er hat dabei, was ich nicht verheimlichen will, etwas sehr frei gearbeitet. Er hat das, was den Leuten der Kommune unbestimmt vorschwebte, in eine sehr klare und bestimmte Sprache, in die logische Entwicklung eines leitenden Gedankens gekleidet. Nachdem er dargelegt hat, dass die Pariser Kommune eine Regierung der Arbeiterklasse war und mit den Einrichtungen der alten Klassenherrschaft, mit Militär, Polizei usw. gebrochen hatte, fährt er fort:

„Die Pariser Kommune sollte selbstverständlich allen großen gewerblichen Mittelpunkten Frankreichs zum Muster dienen. Sobald die kommunale Ordnung der Dinge einmal in Paris und den Mittelpunkten zweiten Ranges eingeführt war, hätte die alte zentralisierte Regierung auch in den Provinzen der Selbstregierung der Produzenten weichen müssen. In einer kurzen Skizze der nationalen Organisation, die die Kommune nicht die Zeit hatte weiter auszuarbeiten, heißt es ausdrücklich, dass die Kommune die politische Form selbst des kleinsten Dorfs sein, und dass das stehende Heer auf dem Lande durch eine Volksmiliz mit äußerst kurzer Dienstzeit ersetzt werden sollte. Die Landgemeinden eines jeden Bezirks sollten ihre gemeinsamen Angelegenheiten durch eine Versammlung von Abgeordneten in der Bezirkshauptstadt verwalten, und diese Bezirksversammlungen dann wieder Abgeordnete zur Nationaldelegation in Paris schicken; die Abgeordneten sollten jederzeit absetzbar und an die bestimmten Instruktionen ihrer Wähler gebunden sein. Die wenigen, aber wichtigen Funktionen, welche dann noch für eine Zentralregierung übrig blieben, sollten nicht, wie dies absichtlich gefälscht worden, abgeschafft, sondern an kommunale, d. h. streng verantwortliche Beamte übertragen werden. Die Einheit der Nation sollte nicht gebrochen, sondern im Gegenteil organisiert werden durch die Kommunalverfassung; sie sollte eine Wirklichkeit werden durch die Vernichtung jener Staatsmacht, welche sich für die Verkörperung dieser Einheit ausgab, aber unabhängig und überlegen sein wollte gegenüber der Nation, an deren Körper sie doch nur ein Schmarotzerauswuchs war. Während es galt, die bloß unterdrückenden Organe der alten Regierungsmacht abzuschneiden, sollten ihre berechtigten Funktionen einer Gewalt, die über der Gesellschaft zu stehen beanspruchte, entrissen und den verantwortlichen Dienern der Gesellschaft zurückgegeben werden. Statt einmal in drei oder sechs Jahren zu entscheiden, welches Mitglied der herrschenden Klasse das Volk im Parlament ver- und zertreten soll, sollte das allgemeine Stimmrecht dem in Kommunen konstituierten Volk dienen, wie das individuelle Stimmrecht jedem andern Arbeitgeber dazu dient, Arbeiter, Aufseher und Buchhalter in seinem Geschäft auszusuchen. Und es ist bekannt genug, dass Gesellschaften ebenso gut wie einzelne in wirklichen Geschäftssachen gewöhnlich den rechten Mann zu finden und, falls sie sich einmal täuschen, dies bald wieder gut zu machen wissen. Andererseits aber konnte nichts dem Geist der Kommune fremder sein, als das allgemeine Stimmrecht durch hierarchische Investitur zu ersetzen."

Diese Ausführungen stehen gedanklich in merkwürdiger Übereinstimmung mit dem Plan, den der von Marx so scharf kritisierte Proudhon in seiner Abhandlung über den Föderalismus und seiner Schrift über die politische Befähigung der arbeitenden Klassen entwickelt hat. Die letztgenannte Schrift, die man Proudhons politisches Testament nennen kann, ist nie ins Deutsche übersetzt worden. Sie ist gegen Ende 1864 geschrieben, als die Internationale Arbeiterassoziation im Entstehen begriffen war und in der Arbeiterschaft von Paris neues politisches Leben sich regte. Mit ihr wollte Proudhon, an dem der Tod schon nagte, der Bewegung eine Art politisches Geleitbuch geben. Er war, wie man weiß, Gegner des Staates, wenn er auch nicht Anarchist in dem Sinne war, wie man das Wort heute versteht, sondern dem Föderalismus und Kommunalismus huldigte. Der Staat sollte dadurch abgeschafft werden, dass die Nation sich in freien Kommunen und Verbänden von solchen von unten auf föderalistisch organisierte. Der Staat wird da – was unter dem kaiserlichen Regime Frankreichs verständlich genug war – nur als unterdrückende Macht aufgefasst. Ganz wie sieben Jahre später bei Marx, der ihn Schmarotzergewächs, Auswuchs der Gesellschaft und unterdrückende Gewalt nennt. Von einer höheren Aufgabe oder Funktion des Staates ist bei Marx so wenig wie bei Proudhon die Rede, während nach Lassalle der Staat sogar eine hohe kulturelle Aufgabe selbst dann noch erfüllte, wenn er es gar nicht einmal wollte. Wo ist da die Wahrheit? Nach meiner Ansicht verkennt der von Marx entwickelte Plan vollständig die Rückwirkung der großen ökonomischen Zusammenhänge, was bei einem Manne wie Marx, der so großen Sinn für das Wesen und die Bedeutung der großen Produktion hatte, ganz besonders verwundern muss. Die hier entwickelte Auffassung ist vollständig kleinbürgerlich. Ein Gemeinwesen mit kleinbürgerlicher Wirtschaft und kleinbürgerlichem Verkehr lässt sich allenfalls nach Art des Kommunalismus auffassen. Ein Land aber mit modernen Industrieunternehmungen und den durch sie geschaffenen wirtschaftlich sozialen Zusammenhängen, die weit über die Gemeinde hinausgreifen, ist als bloßer Bund unabhängiger Kommunen undenkbar.

Man vergegenwärtige sich zum Beispiel nur das moderne vielverzweigte Verkehrswesen und die vielen anderen Wirtschaftsorganismen, deren Wirkungssphäre und Bedürfnisse eine Zwangsgesetzgebung notwendig machen, die an der Selbstbestimmung der Gemeinden keinen Hemmschuh finden darf. Der durch die große Industrie erzeugte Wirtschaftsverkehr stellt die Gesetzgebung der Nation vor ganz andere Aufgaben, als sie in einer kommunistischen Organisation ausreichend erfüllt werden könnten. Die Letztere würde schon einfach an den Erfordernissen rationeller Flusswirtschaft versagen, bei der die örtlichen Interessen so verschieden liegen. Die Bewohner im Tale und an der Mündung haben ganz andere Interessen als die Bewohner der Berggegenden, von denen der Fluss herkommt. Vielfach sind Flüsse versandet, weil die Bevölkerung in den betreffenden Bergdistrikten die Wälder abgeholzt hatte. Die von den Quellen an in ihrem Lauf ungehemmten Flüsse nahmen so viel Erdreich mit, dass weiter unten Bett und Mündungen versandeten. Eine Flusswirtschaft, die den Fluss schiffbar erhält, braucht Gesetze und eine Überwachung, die vor keinen Sonderinteressen oder gar Launen der Gemeinden Halt machen. Haben wir doch selbst internationale Überwachungskommissionen für die Flussläufe von Donau, Rhein usw. Man verweist nun gern auf diese Letzteren als Beweise dafür, dass sich solche Dinge auch auf dem Wege der freien Vereinbarung regeln lassen. Aber man vergisst dabei, dass diesen Kommissionen Verträge von Staaten zugrunde liegen, bei denen schon die Sonderinteressen von Gemeinden und Bezirken einem großen Allgemeininteresse weichen mussten. Wären nicht schon Staaten gewesen, so wären jene Vereinbarungen nie zustande gekommen.

Der Plan des Kommunalismus ignoriert viele der bedeutenden Gesetzgebungs- und Verwaltungsaufgaben des modernen Staates, übrigens können auch die Gemeinden heute sich nicht mehr auf die kleinbürgerlichen Aufgaben beschränken, die Proudhon im Auge hatte. Die Bodenpolitik, Verkehrspolitik und Sozialpolitik sind bei vielen schon über diesen Rahmen hinausgewachsen. Ich darf daran erinnern, was meine Wenigkeit vor jetzt beinahe 25 Jahren geschrieben hatte in einem Artikel, der betitelt ist: „Die sozialpolitische Bedeutung von Raum und Zahl." [1] Es wird dort aufgezeigt, wie sehr die räumliche Ausdehnung des Gebiets und die Vermehrung der Bevölkerung allein schon ganz neue Bedürfnisse schaffen und das Zustandekommen der Gesetzgebung, wie ihre Aufgaben komplizieren.

Man wird das in Deutschland praktisch erfahren, wenn hier Versuche gemacht werden, die in die Reichsverfassung der Republik grundsätzlich übernommene direkte Gesetzgebung in die Wirklichkeit umzusetzen. Das in der Schweiz heimische Referendum hat auch dort seine Nücken. Aber es ist ganz etwas anderes, wenn die Bürger der kleinen, von jeher republikanischen Eidgenossenschaft über eine Frage ihres weltpolitisch gesicherten Landes abstimmen, als wenn eine solche Volksabstimmung in einem Lande mit über 60 Millionen Einwohnern und in so schwieriger Lage wie Deutschland vorgenommen wird. Man kann mit der direkten Abstimmung wohl ganz einfache Fragen regeln, aber unmöglich kann man alle Angelegenheiten eines großen Landes durch solche Abstimmungen zur Entscheidung bringen, es müsste sonst jeder Bürger ein Ausbund enzyklopädischen Wissens sein.

Der Staat ist nicht nur Organ der Unterdrückung und Besorger der Geschäfte der Besitzenden. Ihn nur als solches erscheinen zu lassen, ist die Zuflucht aller anarchistischen Systemmacher. Proudhon, Bakunin, Stirner, Krapotkin, sie alle haben den Staat immer nur als Organ der Unterdrückung und Aussaugung hingestellt, das er freilich lange genug gewesen ist, aber durchaus nicht notwendig sein muss. Er ist eine Form des Zusammenlebens und ein Organ der Regierung, das seinen sozialpolitischen Charakter mit seinem sozialen Inhalt ändert. Wer nach der Art eines abstrahierenden Nominalismus seinen Begriff mit dem Begriff der Herrschaftszustände, unter denen er einst entstanden ist, unabänderlich verknüpft, ignoriert die Entwicklungsmöglichkeiten und tatsächlichen Metamorphosen, wie sie sich in der Geschichte mit ihm vollzogen haben.

In der Praxis hat sich unter dem Einfluss der Kämpfe der Arbeiterbewegung in den sozialdemokratischen Parteien eine andere Wertung des Staates eingestellt. Da hat in der Tat die Idee eines Volksstaates Boden gewonnen, der nicht das Werkzeug der oberen Klassen und Schichten ist, sondern seinen Charakter kraft des allgemeinen und gleichen Wahlrechts von der großen Volksmehrheit erhält. Insofern hat Lassalle trotz mancher Übertreibungen in seinen oben wiedergegebenen Sätzen vor der Geschichte, soweit wir sie übersehen können, recht behalten. Allerdings muss man auch ihn cum grano salis verstehen. In seinem offenen Antwortschreiben ruft er den Arbeitern zu: „Aber was ist denn der Staat?" Und nach Vorführung von statistischen Zahlen über die damalige Einkommensverteilung fährt er fort: „Ihnen also, den notleidenden Klassen, nicht uns, den höheren Ständen, gehört der Staat, denn aus Ihnen besteht er, Ihre, der ärmeren Klassen große Assoziation, das ist der Staat!" Ein Ausspruch, der viel Ähnlichkeit hat mit dem Satz eines französischen Sozialisten, von dem seinerzeit geschrieben wurde, dass Lassalle ihn kopiert habe, was aber nicht richtig ist. Es ist dies Louis Blanc, der Verfasser der Schrift über die Organisation der Arbeit. In einer Abhandlung, die polemisch gegen Proudhon gerichtet war, schrieb dieser:

„In einem demokratischen Regierungssystem ist der Staat

die Macht des ganzen, durch seine Abgeordneten vertretenen Volkes, er ist die Herrschaft der Freiheit. Der Staat ist nichts anderes als die Gesellschaft selbst, die als Gesellschaft handelt, um die Unterdrückung zu verhindern und die Freiheit aufrechtzuerhalten. „Mann aus dem Volke, der Staat bist du!" – „Homme du peuple, l'état c'est vous!""

Der Aufruf am Schluss ist in der Tat beinahe derselbe, den Lassalle ausstößt. Und ähnlich wird argumentiert: Der Staat ist aus dem Volk zusammengesetzt, folglich i s t das Volk der Staat. In dieser Hinsicht kann man freilich etwas weniger simplizistisch argumentieren. Mit der Feststellung, aus welchen Menschen die Bevölkerung des Staates besteht, ist der Staat noch nicht erklärt. Nur unter bestimmten Umständen hat das Wort einen wahren Inhalt. Hören wir darüber einen anderen Sozialisten. Der englische Sozialist James Ramsey Macdonald hat im Jahre 1909 eine sehr interessante Abhandlung veröffentlicht über Sozialismus und Regierung. Darin führt er gegen Engels aus:

„Der Staat ist nicht die Regierung und nicht die Gesellschaft, er ist die organisierte politische Persönlichkeit eines unabhängigen Volkes, die Organisation einer Gemeinschaft, um ihren gemeinsamen Willen geltend zu machen durch politische Mittel. Es ist ein Irrtum, anzunehmen, dass der Staat nur das ist, was die Individuen aus ihm gemacht haben. Auch die Vergangenheit hat ihn gemacht. ... Daher muss der Staat als ein Organisches betrachtet werden." [2]

Das ist, glaube ich, die vor der unbefangenen geschichtlichen Prüfung auch wohl dauernden Bestand behaltende Definition des Begriffes „Staat". Man kann Macdonald nicht vorwerfen, dass er irgendein wesentliches Moment auslässt, das beim Staat in Betracht kommt. Es hat nun eine ganze Literatur über den Staat gegeben, ob der Staat auf einem Vertrag beruht, sei es auf einem bewussten oder einem stillschweigenden Vertrag, den ein Teil der Bevölkerung einfach durch Duldung eingeht, oder ob der Staat nur von der Gewalt herkam. Und, hat man weiter gefragt, was ist der Gemeinschaftswille? Ist es der Wille aller, die eine Gemeinschaft bilden, addiert, oder ist eine stärkere Potenz bei seiner Bildung tätig? Letzteres ist, soweit man überhaupt berechtigt ist, von einem Gemeinschaftswillen zu sprechen, in der Tat der Fall. Und zwar ist es keine mystische, übersinnliche Macht, sondern ganz einfach die Geschichte, die Vergangenheit, die bei seiner Bildung mitwirkt, und nicht bloß die jeweilige Abstimmung einer Anzahl Menschen. Der Staat ist ein Produkt der Entwicklung, in dessen jeweilige Gestaltung die Vergangenheit mit hineinspielt. Aus dem Staat herausspringen ist Unmöglichkeit. Man kann ihn nur ändern. Und so führt die Frage nach dem Staat den Sozialisten hinüber zur Frage der Demokratie und der Regierung überhaupt.

Siebentes Kapitel.

Der Sozialismus als Demokratie und der Parlamentarismus.

Halten wir daran fest, dass der Sozialismus unserer Zeit als Klassenbewegung Bewegung der Arbeiterklasse ist. Allerdings ist er nicht nur Klassenbewegung, sondern auch Bewegung sozialistischer Ideologie. Aber der Angehörige einer anderen Gesellschaftsklasse muss je nachdem sein Klasseninteresse v e r g e s s e n, oder sich über es h i n w e g s e t z e n, um Sozialist zu werden. Der Arbeiter aber, das ist wenigstens die Auffassung der Sozialisten, braucht nur sein Klasseninteresse zu e r k e n n e n – nicht sein persönliches Interesse, das kann ein anderes sein –, um Sozialist zu werden. Da somit die sozialistische Bewegung die Bewegung der Arbeiterklasse ist, der breiten sozialen Unterschicht der Gesellschaft, ist sie darum schon notwendigerweise eine demokratische Bewegung. Darüber kann grundsätzlich gar keine Meinungsverschiedenheit bestehen, sondern nur darüber, wie diese Demokratie sich auswirkt, auf welchem Wege und zu welchem Ziele hin. Streit herrscht zunächst über ihre Form, und da berührt die Frage der Demokratie die Frage des Parlamentarismus. Wiederholt ist schon von Sozialisten wie auch von radikalen bürgerlichen Demokraten ein grundsätzlicher Gegensatz zwischen Demokratie und Parlamentarismus behauptet worden. Und heute kann man in Organen derjenigen sozialistischen Richtung, die sich kommunistisch nennt, den von der bolschewistischen Regierung Sowjetrusslands als Axiom aufgestellten Satz lesen: „Der Parlamentarismus ist die Regierungsform der Bourgeoisie." Dagegen wissen wir, dass sowohl Marx-Engels wie auch Lassalle für den Parlamentarismus eingetreten sind, wenn es sich um den Kampf für das Budgetrecht, das Geldbewilligungsrecht des Parlaments gegen halbabsolutistische monarchistische Regierungen gehandelt hat. Und heute tritt die große Mehrheit der Sozialisten, die nicht bolschewistische Kommunisten sind, für die parlamentarische Regierung ein. Es ist daher nötig, sich klar zu machen, was wir unter Parlamentarismus und parlamentarischer Regierung zu verstehen haben.

Beginnen wir mit der Begriffsbestimmung. Was ist überhaupt ein Parlament? Die Frage ist genau dahin zu beantworten: Ein Parlament ist ein beratender und jeweilig auch beschließender Vertretungskörper, anders ausgedrückt, eine vertretende bzw. repräsentative Versammlung, die berät und je nachdem auch beschließt. Vertretung und Beratung sind vom Begriff des Parlamentarismus nicht zu trennen, das Beschließen eher. Es hat Parlamente gegeben, die das Recht der Beschlussfassung nicht hatten. In der Frühzeit der parlamentarischen Entwicklung Englands gab es dort solche parlamentarische Körper. Die Konsulatsverfassung Frankreichs, die von Sieyès ausgearbeitet war, und später die Verfassung des Kaiserreichs wurde, sah verschiedene parlamentarische Körper vor: Senat, Tribunal usw. Das Tribunal hatte dabei nur eine beratende Funktion, nicht die Beschlussfähigkeit. Es hatte Gesetze zu beraten und sie je nachdem dem gesetzgebenden Körper vorzulegen; aber beschließende Kraft hatte es nicht. Diesen Gedanken hatte Sieyès entnommen der oligarchischen venezianischen Republik, und Ähnliches findet man in der bürgerlichen Utopie Oceana des James Harrington niedergelegt, die in mancher Hinsicht für die Ideengeschichte des Parlamentarismus interessant ist. Harrington schlug zwei Körper vor, einen beratenden und einen beschließenden. Da sollte aber der demokratisch gewählte Körper der beschließende sein, und der nach beschränktem Wahlrecht gebildete Körper nur beratende Funktion haben. Dieser wesentlich die besitzenden Klassen vertretende Beratungskörper sollte die Gesetze vorberaten, und dann sollte das Volk durch seine Vertreter über sie entscheiden. Man kann sagen, das sei ein verfälschter Parlamentarismus. Aber darauf kommt es hier nicht an. In der Geschichte des Parlamentarismus hat es viele Halbheiten und Mischformen gegeben. Auch der englische Parlamentarismus war zunächst eine Mischform, ist es in gewisser Hinsicht selbst heute noch. Erstens ist er nicht die unbeschränkte Herrschaft des Parlaments. Denn neben dem Parlament besteht in England noch die Krone, die nach dem Buchstaben des Gesetzes noch sehr viele Rechte hat, wenn sie auch in der Praxis von den meisten keinen Gebrauch macht. Immerhin hat sie mehr Rechte, als man gemeinhin annimmt. Dann besteht das Parlament in England noch immer aus zwei Häusern, dem überwiegend aus erblichen Mitgliedern zusammengesetzten Haus der Lords und dem Haus der Gemeinen, englisch: House of Commons, was man in Deutschland merkwürdigerweise noch immer mit „Unterhaus" übersetzt, während in Wirklichkeit das „Haus der Gemeinen" viel weitergehende Rechte hat als das Haus der Lords. Im englischen Volke wird denn auch allgemein nur die gewählte Vertretung als das Parlament betrachtet. Ebenso in Deutschland. Schon vor der Revolution betrachtete das preußische Volk das Abgeordnetenhaus als das eigentliche Parlament; das Herrenhaus galt ihm nur als eine Art Hemmschuh der parlamentarischen Arbeit, und viel mehr war es ja auch nicht. In England nennt man auch nicht das Haus der Lords die erste Kammer, sondern bezeichnet es ganz logisch als die zweite Kammer.

Diese zweiten Kammern beruhen auch anderwärts vielfach auf dem erblichen Recht oder sind zusammengesetzt aus ernannten Vertretern und ständischen Vertretern. So war das preußische Herrenhaus zusammengesetzt aus Vertretern des Adels, des Grundbesitzes, bestimmter erbberechtigter Familien, der hohen Geistlichkeit, der Universitäten, der Städte; es war also eine ständische Vertretung. In England sind, wie bemerkt, Mitglieder des Hauses der Lords auch heute noch größtenteils Personen aus ererbtem Recht, aber dieses erbliche Anrecht auf den Sitz im Hause der Lords hat eine unangenehme Nebenwirkung. Ein Mann, der erblicher Peer von England ist, darf nicht Abgeordneter im Haus der Gemeinen sein. Der bekannte liberale Politiker Lord Rosebery war Mitglied des Hauses der Gemeinen, solange sein Vater Mitglied des Hauses der Lords war. Aber dieser Vater starb sehr früh, und da musste der Sohn ins Haus der Lords, ob er wollte oder nicht, sodass es mit seiner Abgeordnetenlaufbahn vorbei war. Er hat das sehr übel empfunden und das Haus der Lords für einen vergoldeten Käfig erklärt. Dass er nicht ins Haus der Gemeinen durfte, hatte ihn als Führer der liberalen Partei unmöglich gemacht, so sehr ist dieses im heutigen England die erste Kammer. [3]

Geschichtlich waren die erblichen oder ständischen Kammern allerdings zunächst die ersten. In England entsteht zunächst im Anfang des dreizehnten Jahrhunderts das Haus der Lords. Aber sehr bald ziehen die Lords Vertreter der Grafschaften und Städte hinzu, weil sie sie brauchen, die dann aber als Haus der Gemeinen gesondert tagen, und allmählich gewinnt dieses Haus der Gemeinen immer mehr Bedeutung gegenüber dem Hause der Lords, bis das Schwergewicht völlig bei der breiten, direkt gewählten Volksvertretung liegt. Das ist heute auch dort der Fall, wo beide Kammern gewählt werden, wie jetzt in Frankreich. Dort werden der Senat und die Deputiertenkammer gewählt, aber die Deputiertenkammer wird gewählt aufgrund des allgemeinen, gleichen, geheimen und direkten Wahlrechts, der Senat aber indirekt von Vertretern der Gemeinden, der Generalräte und Arrondissementsräte. In der Schweiz wiederum hat man den Nationalrat und den Ständerat. Der Nationalrat wird in Wahlkreisen aufgrund des gleichen, direkten Wahlrechts gewählt; der Ständerat wird zwar auch direkt gewählt, aber von den ganzen Kantonen. Jeder Vollkanton entsendet zwei, jeder Halbkanton einen Vertreter, während die Nationalratswahlkreise nach der Bevölkerung eingeteilt sind. Infolgedessen ist der Nationalrat viel stärker an Mitgliedern als der Ständerat und übt auch weitreichendere Funktionen aus. Ähnlich ist es in den Vereinigten Staaten, wo Senat und Repräsentantenhaus die Volksvertretung, hier „Kongress" genannt, bilden. Der Senat wird direkt oder indirekt von den Staaten gewählt, das Repräsentantenhaus von den Wahlkreisen. Aber hier wie in allen übrigen modernen Ländern wird das allgemeine und mehr direkt gewählte Haus als das eigentliche Parlament betrachtet.

Was nun die Rechte und Aufgaben der Parlamente betrifft, so ist das Fundamentalrecht des Parlaments das Budgetrecht, das Recht der Annahme oder Verweigerung der Haushalte bzw. der Steuern. Ursprünglich wurde in England das Parlament überhaupt vom König nur einberufen, wenn dieser neue Steuern brauchte, und das Recht, diese Steuern zu verweigern, war das Mittel, mit dem es sich alle übrigen Rechte erwirkt hat. Schon unter Heinrich IV., 1407, erkämpft das Haus der Gemeinen das Recht, dass alle Geldbewilligungsgesetze ihm vorgelegt werden müssen, und dann erobert es sich das Recht der alleinigen Geldbewilligung. Bei wechselnden Machtverhältnissen im Staate, in immer wieder aufgenommenen Kämpfen gegen die Krone, macht es sich die Verlegenheiten dieser zunutze. Es weiß zu gut, dass ohne Geld das Regieren nicht möglich ist. Hängt die Geldbewilligung vom Parlament ab, so kann die Krone nichts ohne dieses machen; sie kann ohne Geld keine Soldaten beschaffen und daher auch ohne das Parlament keine Kriege führen. Darauf gestützt hat z. B., als 1628 ein Krieg zwischen Frankreich und England bevorstand, das Parlament sich die Rechte der sogenannten Petition of Right („Rechtsforderung") ausbedungen. Zwölf Jahre später, im Jahre 1640, als Karl I., der gleichzeitig König von Schottland war, gegen seine aufständischen Schotten kämpfen wollte, sagte das englische Parlament wiederum: „Ehe wir Dir Geld dazu bewilligen, wollen wir erst einmal mit Dir abrechnen." Karl, der zehn Jahre lang ohne Zustimmung des Parlaments Steuern hatte eintreiben lassen, musste die Gesetzwidrigkeit dieses Vorgehens anerkennen, eine ganze Reihe von Verfügungen zurücknehmen, neue Rechte bewilligen und das Todesurteil gegen seinen Kanzler Strafford unterschreiben, ehe er das Geld bewilligt erhielt. Dann kam die Revolution, die ihm selbst den Kopf kostete, aber mit Wiederherstellung des Königtums endete. Als aber 1688 die zweite Revolution ausbrach und Wilhelm von Oranien ins Land gerufen wurde, musste auch dieser erst dem Parlament neue Rechte zuerkennen, bis er den Thron besteigen durfte. 1689 schuf das Parlament das Meutereigesetz, mit dem Vorbehalt, dass es immer nur für ein Jahr gilt, sodass, wenn es einmal nicht erneuert wird, in England die Soldaten beliebig meutern dürfen, ohne sich dadurch strafbar zu machen. Dadurch war der Krone das Ausspielen des Heeres gegen das Parlament unmöglich gemacht.

Man kann die Geschichte des englischen Parlaments, das ja das erste große Landesparlament gewesen ist, in zwei große Phasen einteilen; die eine Phase ist die Phase des Kampfes des Parlaments gegen das Königtum, d. h. der Kampf um immer größere Macht des Parlaments dem Königtum gegenüber. Die Thronfolge ist gebunden an eine protestantische Erbfolge. Bei alledem behielt die Krone doch immer noch die Möglichkeit eines großen Einflusses. 1714 kam das Welfenhaus auf den Thron. Der erste Vertreter der hannoverschen Dynastie, Georg I., konnte nicht einmal englisch und kümmerte sich wenig um die Regierung, sondern begnügte sich damit, von Zeit zu Zeit nach England zu kommen und seine Einkünfte einzustreichen. Georg II. bürgerte sich auch nur schwer in England ein. Anders der dritte Georg. Der wollte sein eigener Staatskanzler sein und hat es denn auch glücklich fertiggebracht, die Rebellion und den Abfall der Vereinigten Staaten von Amerika zu erleben. Seine Versuche, den Einfluss des Parlaments zurückzudrängen, haben aber nur kurze Zeit gedauert. 1780 nahm das Haus der Gemeinen einen Antrag an, dass die Macht der Krone im Wachsen sei und verkürzt werden müsse, und das ist auch durch eine ganze Reihe von Bestimmungen erzielt worden.

Im Laufe der Zeit war aber das Haus der Gemeinen ebenso eine Kammer von Privilegierten geworden, wie das Haus der Lords. Das Wahlrecht war außerordentlich beschränkt, die Stimmabgabe öffentlich, und wenn sie auch nicht durch ein Reaktionsgesetz eingeführt, sondern aus dem Mittelalter her überkommen war, wo kein Mensch an geheime Stimmabgabe dachte, so war sie doch das Mittel einer furchtbaren Wahlkorruption geworden, hatte sie dazu geführt, dass der Stimmenkauf und das Kommandieren von Wählern ganz ungescheut betrieben wurden [4]. Ebenso wuchs die Korruption im Parlament, das, je mehr England Kolonialreich wurde, immer mehr wohlbezahlte Posten zu vergeben hatte. Und nun beginnt die z w e i t e   P h a s e der Geschichte des englischen Parlamentarismus: der Kampf um die D e m o k r a t i s i e r u n g   d e r   V o l k s v e r t r e t u n g und damit in Verbindung der Kampf des Hauses der Gemeinen g e g e n   d a s   H a u s   d e r   L o r d s.

Bis weit ins neunzehnte und sogar noch ins zwanzigste Jahrhundert hinein ist das englische Wahlrecht im Allgemeinen erst faktisch und dann formal ein Privilegienwahlrecht des Grundbesitzes in Land und Stadt gewesen. Abgesehen von den nach und nach sehr eingeschrumpften Wahlberechtigungen städtischer Korporationen usw. ist es immer an eine Verfügung über Grund und Boden gebunden gewesen, und alle Reformen an ihm sind in der Weise vollzogen worden, dass der Begriff des Grundbesitzers schrittweise erweitert wurde. Erst waren es nur die Freisassen gewesen, die das Wahlrecht hatten, dann kamen die in Erbpacht sitzenden Pächter hinzu, später die mittleren und kleinen Pächter im Allgemeinen und die Mieter von Wohnhäusern – die Engländer haben ja vorwiegend das Einfamilienhaus –, und schließlich wurde es auch den Abmietern von Zimmern und von Teilen von solchen verliehen, sodass, wer 10 Mk. Miete wöchentlich zahlte, ein Wähler war, auch wenn er nur ein halbes Zimmer hatte. Ein staatsbürgerliches Recht schlechthin ist das englische Wahlrecht aber bis zum Weltkrieg nicht gewesen. Die Entwicklung ist formal da umgekehrt vor sich gegangen, als bei uns und anderwärts auf dem Festland. Hier wurde das Wahlrecht als ein staatsbürgerliches Recht eingeführt, aber vielfach gebunden an irgendwelche Steuerleistungen usw. In England dagegen war es ein Recht des Grundbesitzers oder irgendeines Korporationsvertreters und gebunden allerdings an die englische Staatsbürgerschaft [5].

Auf die überaus charakteristischen Kämpfe um die Wahlreform in England kann in diesem Zusammenhang nicht eingegangen werden. Für den hier behandelten Gegenstand ist es bemerkenswert, dass mit der ersten großen Wahlreform im 19. Jahrhundert auch der Kampf gegen die parlamentarische Machtstellung des Hauses der Lords erneut auf die Tagesordnung gesetzt wird. Diese Wahlreform, die im Jahre 1832 dem lange Zeit sich ihr widersetzenden Haus der Lords abgerungen wurde, brachte eine erdrückende liberale Mehrheit (486 Liberale gegen 172 Konservative) in das Haus der Gemeinen und bewirkte damit eine starke Veränderung in den Beziehungen der beiden Häuser des Parlaments zueinander. Vom Anfang des achtzehnten Jahrhunderts ab war nach Festlegung der Parlamentsherrschaft die politische Beherrschung Englands abwechselnd der Partei der Whigs und der Partei der Torys zugefallen. Beides waren aristokratische Parteien, Parteien der Besitzenden, im Grunde nur zwei große Bünde oder Koterien von Adligen und Angehörigen der Großbourgeoisie. Der politische Unterschied zwischen ihnen war nicht groß. Die Whigs waren traditionell die Partei eines gewissen Fortschritts, sie wollten die Partei des lebensfähigen Neuen sein und waren die besonderen Sachwalter der neu emporkommenden Bourgeoisie. Die Torys, ursprünglich Anhänger der Dynastie der Stuarts, bildeten sich aus zur sogenannten Partei der Institutionen, des Königtums überhaupt, der erblichen Aristokratie, der

Staatskirche, des befestigten Grundbesitzes und so weiter. Das waren die prinzipiellen Gegensätze. In der Praxis verwischten sie sich sehr, da eben in beiden Parteien Angehörige der Oberschicht der Besitzenden das entscheidende Wort sprachen, sodass eines Tages der Vers aufkam, der, glaube ich, den Dichter Byron zum Verfasser hat:

„Strange that such difference should be
Twixt Tweedledum and Tweedledee."

Was man auf Deutsch etwa so ausdrücken kann:

„Ein mächt'ger Unterschied, Potz Blitz!,
Von Prudelwitz und Strudelwitz."

In der zweiten Hälfte des achtzehnten Jahrhunderts und im ersten Drittel des neunzehnten Jahrhunderts hatten sich die beiden Parteien sowohl im Haus der Lords wie im Haus der Gemeinen einigermaßen die Waage gehalten, und wenn im Haus der Gemeinen die Whigs die große Mehrheit hatten und im Hause der Lords die Torys nicht nachgeben wollten, so wurde das Missverhältnis durch einen sogenannten Pairsschub geändert. Aber nach der großen Wahlreform hört das auf. Es findet im Haus der Lords eine so starke Abwanderung von Whigs ins Lager der Torys statt, dass diese schließlich dort eine Mehrheit erhalten, an der ein Pairsschub nichts Wesentliches mehr ändern konnte, er hätte denn mehrere Hundert Personen umfassen müssen, was auf gesetzlichem Wege nicht durchzuführen war. Gegen Ende des Jahrhunderts war es schon dahin gekommen, dass die Torys – jetzt Konservative genannt – im Hause der Lords von 500 Mitgliedern ungefähr 400 zählten, die Liberalen nur gegen 100. Diese Entwicklung vollzog sich, nachdem 1866 die zweite Wahlreform großen Teilen der städtischen Arbeiter das Wahlrecht gebracht hatte und die liberale Partei sich allmählich durch Koalition mit der Arbeiterschaft radikalisiert hatte. Nun lag für die Liberalen und Radikalen noch viel stärker das Bedürfnis vor, das Schwergewicht und die politische Entscheidung in das Haus der Gemeinen zu konzentrieren. Ein großer Schritt dazu war schon im Jahre 1861 gemacht worden, wo Gladstone den Beschluss durchsetzte, dass das Haus der Lords nicht über Einzelheiten des Staatshaushalts, sondern über diesen im Ganzen abzustimmen habe, womit praktisch jenem die Möglichkeit genommen war, überhaupt in das Budget hineinzureden, da für eine Partei der Staatserhaltung, als die sich die Konservativen betrachtet wissen wollen, das revolutionäre Mittel der Verwerfung des Staatshaushalts um Einzelheiten willen geradezu ausgeschlossen ist.

Nur einmal haben die Lords denn auch einen dahingehenden Versuch gemacht, und er ist ihnen schlecht genug bekommen. Im Jahre 1908 lehnten sie das Budget Lloyd Georges, der damals Schatzkanzler war, mit der Begründung ab, dass das in ihm eingeschlossene Steuergesetz keine einfache Steuermaßnahme sei, sondern eine soziale Umwälzung, was auch bis zu einem gewissen Grade zutraf. Das rief heftige politische Kämpfe hervor und machte mehrmalige Neuwahlen notwendig, die für die Liberalen infolge des gleichzeitig spielenden Kampfes um Home Rule für Irland unter erschwerenden Umständen stattfanden, aber ihnen schließlich doch eine, wenn auch nicht große, Mehrheit beließen. Im Jahre 1911 wurde ein Kompromiss dahin geschlossen, dass, wenn ein Parlament in derselben Gesetzgebungsperiode in Pausen von je einem Jahr dreimal dieselbe Vorlage beschließt, sie dann auch gegen das Haus der Lords Gesetz ist. Damit errang sich in England das Haus der Gemeinen endgültig die Oberhoheit. Das Haus der Lords hat heute nur eine sehr beschränkte Funktion als eine Art Revisionskammer und will auch kaum mehr sein. Es beansprucht nur die Möglichkeit, je nachdem eine direkte Volksabstimmung in der Form von Neuwahlen herbeiführen zu können, wenn es der Meinung ist, das Haus der Gemeinen sei weit über das Mandat hinausgegangen, das es bei den Wahlen bekommen habe. So ist das Haus der Gemeinen heute fast souverän. Der Einfluss der Krone ist nur noch der eines vermittelnden Ratgebers und kann selbst in der auswärtigen Politik nichts gegen einen ausgesprochenen Willen des Hauses der Gemeinen ausrichten.

Aus folgenden Gründen halten die Engländer noch an der Monarchie fest: Erstens hat seit Generationen kein Träger der Krone es auf einen Konflikt mit dem Parlament ankommen lassen. Sie entstammten ja fremden Fürstenhäusern und legten sich in diesem Bewusstsein um so größere Zurückhaltung auf. Es ist ausgerechnet worden, dass Eduard VII. nur etwa ein Siebentausendstel englischen Blutes in seinen Adern habe. Die Dynastie stammt aus Deutschland, und ihre Prinzen heirateten fast immer wieder Deutsche. Deutschland lieferte ja Prinzessinnen in beliebiger Auswahl. Man lese die Namen der englischen Prinzen und ihre Titel, und man wird finden, dass sie fast alle deutsch sind. Es sind Hannoveraner, Braunschweiger, Schleswiger, Koburger usw. Das macht sie in der inneren Politik ungefährlich. Dagegen bildet der Träger der Krone eine Gegenkraft gegen die Gefahren von Auswüchsen der Parteiherrschaft. Er vertritt ein Interesse, das über den Sonderinteressen der Parteien steht. Parteien sind stets der Gefahr ausgesetzt, über dem natürlichen Interesse der Selbsterhaltung Allgemeininteressen zu vergessen oder geradezu zu verletzen. Ihnen gegenüber ist der Träger der Krone durch die Kontinuität seines Amtes vor solchen Anwandlungen geschützt. Die Kontinuität gibt ihm, sofern er mit Takt auftritt, ein großes moralisches Übergewicht. Er steht im Mittelpunkt namentlich der auswärtigen Politik. An ihn kommen die Berichte der Gesandten, und er ist es, der die Gesandten ernennt. Allerdings auf den Vorschlag des zuständigen Ministers, und gegen das Ministerium kann er nichts; er kann die Minister nicht einmal sich auswählen. Als Gladstone im Jahre 1880 die konservative Partei besiegte und die Liberalen ans Ruder kamen, wollte die Königin Viktoria ihn von allen Führern der Liberalen am letzten zum Ministerpräsidenten, denn sie hasste in ihm den siegreichen Rivalen des von ihr hochgeschätzten Disraeli-Beaconsfield. Sie bot daher alles auf, einen anderen liberalen Ministerpräsidenten zu erhalten. Aber das erwies sich als unmöglich. Alle in Betracht kommenden Liberalen, an die sie sich wandte, erklärten ihr nach vorgenommener Umfrage, es sei ihnen unmöglich, ein Ministerium zu bilden, sie müsse Gladstone nehmen, denn ihn wolle die nunmehrige Mehrheit des Parlaments. Und Viktoria unterwarf sich.

Im Allgemeinen aber laufen die Ernennungen durch die Hände des Monarchen, der dadurch eine außerordentliche Personenkenntnis erhält. Und noch eines kam ihm bisher zugute. Solange die meisten Regierungen auf dem Festlande noch Monarchien waren, hatte er die persönlichen Verbindungen mit den betreffenden Monarchen und deren Umgebung und dadurch besondere Möglichkeiten der Information. War er dann ein Mensch von Verstand und Klugheit, wie z. B. Eduard VII., den man vor seiner Thronbesteigung in Deutschland sehr unterschätzt hat, dann kann er seinem Lande große Dienste leisten und den Ministern in der Tat ein geschätzter Ratgeber sein. Ob Eduard VII. wirklich, wie man seinerzeit hier gemeint hat, der Treiber war bei der Einkreisung Deutschlands vor dem Kriege, will ich dahingestellt sein lassen, zumal ich der Ansicht bin, dass eine Einkreisung in dem Sinne, wie sie hier angenommen ward, überhaupt nicht stattgefunden hat. Es ist Deutschland in der Zeit dieser sogenannten Einkreisung ganz gut gegangen, und man könnte eher sagen, dass Deutschland, d. h. dessen damalige Regierung, eigentlich sich selbst eingekreist hatte; aber das ist eine Nebenfrage. Vom englischen Standpunkt aus gesehen war Eduard VII. ein sehr erfolgreicher Helfer in der friedfertigen Beilegung auswärtiger Verwicklungen seines Landes, und Verehrer haben ihm nach seinem Tode den Beinamen „der Friedensstifter" zugesprochen.

Ein sicheres Gegenmittel gegen Auswüchse des Parlaments ist die Krone aber nicht. Die Engländer halten an ihr fest, weil sie sich in ihrer neueren Geschichte erprobt hat und die Kronenträger der letzten Generationen klug genug waren, sich nicht vorzudrängen und nur in solchen Fällen sich hören zu lassen, wo sie die Nation wirklich hinter sich wussten.

Mit der Parlamentsherrschaft sind unzweifelhaft eine Reihe Gefahren verbunden, wie sich das in England schon im achtzehnten Jahrhundert gezeigt hat. Die sprichwörtlich gewordene Korruption der damaligen Parlamente war eingeführt worden von dem Whig-Minister Robert Walpole (1676–1745), der persönlich vollständig rein war, aber das Kaufen und Bestechen aus politischen Gründen für notwendig hielt. Unter seinen Nachfolgern fraß das Übel immer weiter um sich. Je mehr Stellen die Regierung zu vergeben hatte – und im Kolonialland England wurden es deren immer mehr –, um so allgemeiner die Korruption. Eine einseitige Parteiherrschaft bestand lange Zeit, die das Gemeininteresse vernachlässigte; auch wurden viele schlecht beratene Gesetze gemacht. Dabei soll jedoch nicht verschwiegen werden, dass das persönliche Regiment sich verschiedentlich um kein Haar besser bewährt hat. Auch bei ihm und der mit ihm verbundenen Beamtenwirtschaft ist man allerlei Zufällen ausgesetzt. Wie man auch grundsätzlich zum monarchistischen Regierungssystem stehen mag, so wird doch niemand bestreiten, dass in einem sehr wichtigen, für das deutsche Volk verhängnisvollen Augenblicke – aus welchen Beweggründen, darüber will ich hier nicht sprechen – in unserer Zeit der Kronenträger versagt hat. Und ebensowenig ist eine erbliche oder ständige Kammer ein Gegenmittel.

Es ist nun jedoch Tatsache, dass die schlimmsten Auswüchse der Parlamentsherrschaft einer Zeit angehören, wo das Parlament eine aufgrund beschränkten Wahlrechts gewählte Kammer von Privilegierten war. Das englische Parlament hat eigentlich erst im letzten Drittel des neunzehnten Jahrhunderts aufgehört, ein Privilegienparlament zu sein. Bis zum Jahre 1858 musste noch der Abgeordnete in der Stadt oder auf dem Lande Grundbesitzer sein, und zwar musste er ein ganz gehöriges Einkommen aus Grundbesitz haben. In Frankreich war es bis 1848 ähnlich. In der großen Revolution wird nach dem Sturz Robespierres das Wahlrecht Schritt für Schritt eingeengt, von Napoleon I. scheinbar wiederhergestellt, tatsächlich aber gröblich verfälscht und die Kammer zum Mameluckenparlament erniedrigt. Im restaurierten Frankreich der Bourbonen haben nur 12 0000 Staatsbürger das Stimmrecht, und das 1830 durch die Julirevolution ans Ruder gelangte Bourgeoiskönigtum erhöht die Zahl auf ganze 200 000 bei einer Bevölkerung von über 30 Millionen. Es war also immer nur das Parlament der herrschenden Klassen. Damit soll nicht gesagt sein, dass in dem Augenblicke, wo das Parlament demokratisiert ward, alle diese Schäden sofort beseitigt wurden. Nein, auch das Parlament des allgemeinen Stimmrechts ist zunächst vielen Mängeln unterworfen. In der Monarchie stehen der Regierung allerhand Wege zur Verfügung, die Wahlen zu machen. Solange es in der Macht der Regierung liegt, das Parlament aufzulösen, wenn es ihr passend erscheint, also etwa an einem Zeitpunkt, wo die Volksstimmung über ein bestimmtes Ereignis besonders erregt ist, solange kann sie auch bis zu einem gewissen Grade künstliche Wahlergebnisse herbeiführen. In England löste Minister Chamberlain während des Burenkrieges im Jahre 1900 das Parlament auf und bekam eine glänzende Mehrheit. Es waren das die sogenannten Khaki-Wahlen – so genannt nach der Khakiuniform der englischen Soldaten. In Deutschland haben wir verschiedene Male solche Khaki-Wahlen gehabt. So die Wahlen von 1887, wo ein künstlich erzeugter Franzosenschreck eine große Rolle spielte, und so die Wahlen von 1907, bei denen der Herero-Aufstand ausgespielt wurde und die danach den Namen „Hottentottenwahlen" erhielten. Auch die Wahlen von 1878, wo Bismarck nach dem Attentat des Karl Nobiling auf Wilhelm I. den Reichstag auflöste, um ein Ausnahmegesetz gegen die Sozialdemokratie zu erzielen, gehörten dazu. Da bildete der Sozialistenschreck das Mittel, das es der Regierung ermöglichte, eine Mehrheit zu bekommen, wie sie sie brauchte. Auch das allgemeine Wahlrecht ist also nicht schlechthin das Mittel, die Unabhängigkeit des Parlaments sicherzustellen. Nun trifft aber die Kritik, die man bisher am Parlamentarismus geübt hat, soweit Europa in Betracht kommt, immer nur erst einen Parlamentarismus, der noch nicht vollberechtigtes Organ eines zur demokratischen Selbstregierung gelangten Landes war, sondern entweder bloß Scheinparlamentarismus oder noch mit Resten eines solchen behaftet war. Den Scheinparlamentarismus schildert ausgezeichnet Ferdinand Lassalle im zweiten Teil seiner in einem früheren Kapitel von mir gewürdigten Abhandlung über Verfassungswesen. Lassalle war durchaus kein Gegner des echten Parlamentarismus. Er predigte im Gegenteil den Arbeitern die Notwendigkeit, behufs seiner Herstellung das allgemeine Stimmrecht zu erringen. In jener Abhandlung finden wir bei ihm u. a. den Satz: „Als ob nicht in der Tat im parlamentarischen Regime und nur in ihm das Wesen einer wahrhaft konstitutionellen Regierung bestände." Er erklärt den Kampf um das Parlament für außerordentlich wichtig und prägt den Arbeitern die Notwendigkeit ein, das allgemeine Wahlrecht zu erlangen, von dem er ihnen im „Offenen Antwortschreiben" zuruft, es sei nicht nur ihr p o l i t i s c h e s, sondern auch ihr „s o z i a l e s G r u n d p r i n z i p", die „G r u n d b e d i n g u n g a l l e r s o z i a l e n H i l f e". Und an einer anderen Stelle erklärt er ihnen hinsichtlich des Wahlrechts: „Es wird ein paarmal fehlschlagen – es ist keine Wünschelrute, aber es ist die Lanze, die die

Wunde heilt, die sie geschlagen hat."

Das war zur Zeit, als Lassalle auftrat, durchaus im Widerspruch mit der Anschauung vieler Sozialisten. In radikal-revolutionär gesinnten sozialistischen Kreisen war man Gegner des Parlamentarismus, weil das Wahlrecht – man führte das nicht schlüssige Beispiel Frankreichs an – konservativ gewirkt habe und man den Gedanken hegte, durch die Revolution auf der Straße die Macht zu erlangen, die man für nötig hielt, um die Politik und die soziale Verfassung des Landes mit diktatorischer Gewalt ändern zu können. Auffassungen dieser Art hegte unter anderen Wilhelm Liebknecht, dessen Andenken von der deutschen Sozialdemokratie nach meiner Ansicht mit Recht als das eines hochverdienten Vorkämpfers in Ehren gehalten wird. Liebknecht hat am 31. Mai 1869 in Berlin einen Vortrag gehalten über die politische Stellung der Sozialdemokratie, worin er nicht nur scharf gegen die von Lassalle den Arbeitern eingeprägte Wertung des allgemeinen Wahlrechts polemisierte, sondern auch die Teilnahme an den parlamentarischen Verhandlungen bekämpfte. Der Parlamentarismus sei Spiegelfechterei. Der Sozialismus, führte er aus, stehe in unversöhnlichem Gegensatz zum alten Staat. Der alte Staat müsse erst gestürzt werden, dann erst könne mit dem Bau der neuen sozialistischen Gesellschaft begonnen werden. Er wollte, man solle zwar, da das Wahlrecht nun einmal da sei, aus agitatorischen Gründen am Wahlkampf teilnehmen und ins Parlament eintreten, aber nur um Protestreden zu halten und sich sonst nicht weiter an den Debatten beteiligen. Für diese, einer Phase in der Entwicklung der sozialistischen Bewegung entsprechende Auffassung, die namentlich in Frankreich stark verbreitet war, ist folgende Stelle aus Liebknechts Schrift recht bezeichnend:

„Bei Beratung der Gewerbeordnung, welche den Hauptgegenstand der gegenwärtigen Session bildete, glaubten einige meiner Parteigenossen im Interesse der Arbeiter und zu propagandistischen Zwecken eine Ausnahme machen zu müssen. Ich war dagegen. Die Sozialdemokratie darf unter keinen Umständen und auf keinem Gebiet mit den Gegnern verhandeln. V e r h a n - d e l n   k a n n   m a n   n u r ,   w o   e i n e   g e m e i n s a m e   G r u n d - l a g e   b e s t e h t . Mit prinzipiellen Gegnern verhandeln heißt sein

Prinzip opfern. Prinzipien sind unteilbar, sie werden entweder ganz bewahrt oder ganz geopfert. Die geringste prinzipielle Konzession ist die Aufgabe des Prinzips. Wer mit Feinden verhandelt, parlamentiert; wer parlamentiert, paktiert."

Liebknecht, der, als er diesen Vortrag hielt, erst dreiundvierzig Jahre alt war, hat sich später eines anderen belehrt und ist auch damals mit dieser Argumentation, deren Trugschlüsse auf der Hand liegen, nicht durchgedrungen. Es siegte die Auffassung derjenigen seiner Parteigenossen, von denen er da spricht und deren bedeutendster August Bebel war. Nun galt er zu jener Zeit in Deutschland als der berufene Vertreter der Ideen von Karl Marx und Friedrich Engels, mit denen er bis dahin in England im Exil gelebt hatte. Aber weder Marx noch Engels waren mit dieser Behandlung der Frage einverstanden. Marx schrieb, nachdem er den Vortrag gelesen hatte, am 10. August 1869 an Engels:

„Wilhelms in der Beilage abgedruckter Redeteil (in Berlin gehalten) [„Die politische Stellung der Sozialdemokratie"] zeugt innerhalb des Falschen von nicht zu leugnender Schlauheit, sich die Sache zurechtzumachen. Übrigens ist das sehr schön! W e i l man den Reichstag n u r als Agitationsmittel benutzen darf, darf man n i e m a l s dort für etwas Vernünftiges und direkt die Arbeiterinteressen Betreffendes a g i t i e r e n !"

Engels aber hatte schon am 9. Juli mit Bezug auf denselben Vortrag an Marx geschrieben:

„Auch ein Standpunkt von Wilhelm, dass man vom jetzigen Staat Konzessionen an die Arbeiter weder nehmen noch e r - z w i n g e n darf. Damit wird er verdammt viel bei den Arbeitern ausrichten."

Die beiden Väter des wissenschaftlichen Sozialismus teilten also den doktrinären Standpunkt Liebknechts nicht. Indes standen sie ihm doch in vielen Punkten immer noch nahe. Auch sie dachten noch nicht an eine wirkliche parlamentarische Betätigung der Sozialisten. Im Laufe der Entwicklung haben sie jedoch ein wachsendes Interesse auch an den parlamentarischen Kämpfen der deutschen Sozialdemokratie genommen. Es ist interessant, zu verfolgen, wie diese großen Denker und geistigen Führer sich schrittweise zu einer anderen Würdigung der Tätigkeit der Arbeiterklasse im Parlament bekehrten, was später dann zum Teil unter ihrem Einfluss auch im Lager der französischen Sozialisten geschehen ist, bei denen die alte revolutionaristische Tradition noch sehr viel stärker in den Köpfen sich erhalten hatte.

Wenn aber Friedrich Engels, der Karl Marx überlebte, im Jahre 1895, am Abschluss seines Lebens, in einem Vorwort zu der Schrift von Marx „Die Klassenkämpfe in Frankreich 1848 bis 1850" mit größerer Bestimmtheit als zu irgendeiner früheren Zeit sich anerkennend darüber aussprach, dass die Sozialdemokratie in Deutschland das allgemeine Wahlrecht nicht nur für die Erwirkung sozialdemokratischer Wahlen, sondern auch zur Tätigkeit in den Parlamenten, sowohl im Reichsparlament wie in den Landtagen und Gemeindevertretungen ausnutzte, so muss doch dazu bemerkt werden, dass diese rückhaltlose Zustimmung immerhin noch – wenn ich mich so ausdrücken darf – beim Quantitativen stehen blieb. D. h. dass Engels dabei die äußeren agitatorischen Erfolge, die Tatsache, im Auge hatte, dass immer mehr Sozialdemokraten in jene Körper eindrangen und dort einen immer stärkeren Druck auf die Regierungen und die bürgerlichen Parteien ausüben konnten, dass er aber das Hegelsche Wort „Quantität wird Qualität", das heißt die Rückwirkung der größeren Z a h l der Vertreter auf das W e s e n ihrer Betätigung unberücksichtigt lässt. Diese Seite zu würdigen, war ja auch schwer für ihn, weil er vom Ausland her unmöglich einen genauen Einblick in die Arbeit der sozialdemokratischen Vertretungen erlangen konnte, die sich obendrein in den verschiedenen Vertretungskörpern verschieden gestaltete. Allgemein aber lag die Tatsache vor, dass, wo die parlamentarische Tätigkeit von einer stark angewachsenen sozialistischen Fraktion ausgeübt wurde, sie damit auch qualitativ, der Beschaffenheit nach, sich änderte. Bei zehn oder ein paar mehr Abgeordneten legt man in einem Parlament wie der deutsche Reichstag mit seinen 397 Mitgliedern nicht allzu viel Wert darauf, was sie sagen. Man hört ihre Reden an, zollt ihnen je nachdem Achtung, aber es liegt kein Zwang vor, ihren Anforderungen Rechnung zu tragen. Wenn aber 100 Abgeordnete – die letzte Zahl, die Engels erlebt hatte, war noch nicht halb so groß – oder 112 (die letzte Zahl vor dem Kriege), wenn

112 Abgeordnete, also mehr als ein Viertel der Gesamtzahl, in einem solchen Parlament die gleiche Partei vertreten, kommt unter Umständen schon außerordentlich viel auf ihre Stimmen an; sie gewinnen einen größeren materiellen und auch moralischen Einfluss. Damit erwächst aber zugleich für sie durch d a s r e i n e G e w i c h t s v e r h ä l t n i s d e r M a c h t a u s ü b u n g die Notwendigkeit einer viel intensiveren Tätigkeit, einer mehr und mehr p o s i t i v e n M i t a r b e i t an der Gesetzgebung und in den Gemeinden und anderen Selbstverwaltungskörpern an der Verwaltung. Das war nicht nach dem Geschmack aller Mitglieder der Sozialdemokratie. Viele der älteren und nicht wenige gerade der jungen Generation glaubten an der alten Taktik festhalten zu müssen, und so wurde die parlamentarische Tätigkeit unter den Sozialdemokraten nun auch n a c h d e r q u a l i t a t i v e n S e i t e h i n S t r e i t g e g e n s t a n d .

In Deutschland kam es darüber bei verschiedenen Gelegenheiten zu heftigen Diskussionen in der Partei. Das erste Mal nach dem Fall des Sozialistengesetzes als im bayerischen Landtag die Sozialdemokraten – damals noch unter der Führung von Georg v. Vollmar – eine Art Zünglein an der Waage bildeten und, um ihre Macht zu vergrößern, bei den Wahlen und auch sonst dazu übergingen, bestimmten nichtproletarischen sozialen Gruppen größere Zugeständnisse zu machen, als es bisher nach der sozialistischen Theorie, wie man sie gelernt hatte, gerechtfertigt geschienen hatte. Dies namentlich den Bauern gegenüber, die in Bayern eine besonders große Rolle spielen. Das gab zu großen Streitigkeiten in der Sozialdemokratie Anlass und wurde im Jahre 1894 auf dem Parteitag zu Frankfurt a. M. zum Gegenstand sehr lebhafter Debatten, die sich ein Jahr darauf, auf dem Parteitag zu Breslau, in gesteigerter Intensität fortsetzten, dort mehrere Tage in Anspruch nahmen. Es handelt sich nun um den ganzen Fragenkomplex der Agrarfrage und in der praktischen Zuspitzung, wie man sich insbesondere zu den Bauern zu stellen, ob man ihnen überhaupt noch eine Zukunft in Aussicht zu stellen habe, und ob man für besitzende Kleinbauern eintreten könne, ohne dadurch unter Umständen die Landarbeiter zu benachteiligen. Es hatte sich gezeigt, dass die Sozialdemokratie mit mehr oder weniger allgemeinen, beziehungsweise ins allgemeine gehenden

Schlagworten nicht mehr auskam, sondern gezwungen war, tiefer in die Natur und Probleme der wirtschaftlichen Entwicklung einzudringen.

Dazu lag um so mehr Veranlassung vor, als nunmehr in einem Parlamentskörper nach dem anderen von ihren Stimmen soviel abhing, dass unter Umständen sie dafür verantwortlich wurden, wenn eine Gesetzesvorlage der Regierung, ein Entwurf oder Antrag irgendeiner Partei nicht angenommen wurde. Lange Zeit hatten die Vertreter der Sozialdemokratie, wenn ihnen irgendetwas in einer Vorlage oder einem Antrag nicht genehm war, ruhig sie ablehnen können. Es hing nicht von ihren Stimmen ab, ob die Vorlage oder der Antrag Gesetz wurden oder nicht. Aber mit ihrer wachsenden Stärke hörte diese angenehme Verantwortungslosigkeit auf. Jetzt hatte man sich zu überlegen, ob man für ein etwaiges Scheitern solcher Gesetzesarbeit die Verantwortung auf sich nehmen könne und dürfe.

Mehr noch: In einem Lande, das parlamentarische Republik war, geschah es, dass in einer großen politischen Krisis ein Sozialist, der bis dahin einer der Führer der sozialistischen Kammerfraktion war, eine Stelle als Regierungsmitglied annahm, d. h. Minister wurde. Das Land war Frankreich und die Persönlichkeit der Abgeordnete Alexandre Millerand; er ließ sich im Jahre 1900, als der Kampf zwischen der Republik und den antirepublikanischen Parteien zu einer starken Höhe gediehen war, dazu bewegen, eine Stellung in dem Ministerium Combes anzunehmen. Das gab zu einem außerordentlich heftigen Streit Anlass, der in allen Ländern, wo es sozialistische Parteien gab, ein Echo fand, und in Frankreich selber zu einer Spaltung der Partei führte. Die Frage wurde dann auf dem Kongress der wiederbelebten sozialistischen Internationale, der in Paris zur Zeit der Weltausstellung von 1900 stattfand, eingehend erörtert. Ein Flügel der französischen Sozialisten, dessen Führer der große Jean Jaurès war, war zwar mit der Art, wie der Eintritt Millerands ins Ministerium zustande gekommen war – er war nicht nach einem sorgfältig beratenen Beschluß der Partei erfolgt, sondern der Partei geradezu aufoktroyiert worden –, nicht einverstanden, hielt ihn aber unter den gegebenen Umständen sachlich für gerechtfertigt, während ein anderer, Marxisten oder, nach seinem Führer Jules Guesde, Guesdisten genannter Flügel, in ihm eine Verletzung der Grundsätze des proletarischen Klassenkampfes erblickte und bekämpfte. Eine leidenschaftliche, auch sehr interessante Debatte fand statt, am Schluss aber ward mit 29 gegen 9 Stimmen (unter Letzteren die der Fraktion der Guesdisten) eine Kompromissresolution angenommen, an deren Ausarbeitung der hervorragende Theoretiker Karl Kautsky mitgewirkt hatte und der Berichterstatter der betreffenden Kommission wurde, weshalb die Resolution dann auch den Namen Resolution Kautsky erhielt. Sie ist bedeutungsvoll für die damalige Stellung der Sozialisten nicht nur zum parlamentarischen Kampf, sondern auch zur Regierungsbildung und hat daher auf wörtliche Wiedergabe Anspruch. Sie lautet:

„Die Eroberung der politischen Macht durch das Proletariat kann in einem modernen demokratischen Staate nicht das Werk eines bloßen Handstreiches sein, sondern kann nur den Abschluss einer langen und mühevollen Arbeit der politischen und ökonomischen Organisation des Proletariats, seiner physischen und moralischen Regenerierung und der schrittweisen Eroberung von Wahlsitzen in Gemeindevertretungen und gesetzgebenden Körperschaften bilden.

Aber die Eroberung der Regierungsgewalt kann dort, wo diese zentralisiert ist, nicht stückweise erfolgen. Der Eintritt eines einzelnen Sozialisten in ein bürgerliches Ministerium ist nicht als der normale Beginn der Eroberung der politischen Macht zu betrachten, sondern kann stets nur ein vorübergehender und ausnahmsweiser Notbehelf in einer Zwangslage sein.

Ob in einem gegebenen Falle eine solche Zwangslage vorhanden ist, das ist eine Frage der Taktik und nicht des Prinzips. Darüber hat der Kongress nicht zu entscheiden. Aber auf jeden Fall kann dieses gefährliche Experiment nur dann von Vorteil sein, wenn es von einer geschlossenen Parteiorganisation gebilligt wird und der sozialistische Minister der Mandatar seiner Partei ist und bleibt.

Wo der sozialistische Minister unabhängig von einer Partei wird, wo er aufhört, der Mandatar seiner Partei zu sein, da wird sein Eintritt in das Ministerium aus einem Mittel, das Proletariat zu stärken, ein Mittel, es zu schwächen, aus einem Mittel, die Eroberung der politischen Macht zu fördern, ein Mittel, sie zu verzögern.

Der Kongress erklärt, dass ein Sozialist ein bürgerliches Ministerium verlassen muss, wenn die organisierte Partei erklärt, dass es Parteilichkeit im ökonomischen Kampf zwischen Kapital und Arbeit bewiesen hat."

Das war im Jahre 1900. In den Jahren 1902 und 1903 spielten lebhafte Debatten über eine ähnliche Frage in Deutschland, von denen die des letzteren Jahres wieder eine internationale Rückwirkung hatte.

Nach dem großen Wahlerfolg der deutschen Sozialdemokratie im Jahre 1903, der die Welt in Erstaunen setzte, weil die Stimmenzahl der Partei mit einem Ruck von nicht ganz zwei auf drei Millionen gewachsen war (bei einem damals noch etwas beschränkten Wahlrecht!) und 81 sozialdemokratische Abgeordnete in den Reichstag gekommen waren, war von einer Seite – ich kann es ruhig sagen: Es war meine Persönlichkeit – der Gedanke ausgesprochen worden, die Sozialdemokratie solle, da sie nun das Recht habe, im Präsidium des Reichstags vertreten zu sein, die Stelle eines Vizepräsidenten annehmen, auch auf die Gefahr hin, dass der betreffende Vizepräsident gemäß dem damaligen Gebrauch des Reichstags verpflichtet werden würde, an dem formalen Besuch, den das Präsidium des Reichstags alle Jahre dem Monarchen machte, teilzunehmen. Das erregte einen wahren Sturm in der Partei und hatte im Verein mit anderen, mehr oder weniger verwandten Vorkommnissen zur Wirkung, dass im gleichen Jahre 1903 auf dem Parteitage der deutschen Sozialdemokratie in Dresden die ganzen Streitfragen der Bewegung zur Verhandlung kamen, die eine – ich kann nicht sagen „Wandlung" in der Taktik der Partei anzeigten, denn die Partei war tatsächlich schon auf dem Wege, sich immer mehr parlamentarisch zu entwickeln –, deren Beantwortung im Sinne einer reformistischen Politik aber dieser Entwicklung vielleicht etwas zu vorzeitig den Stempel aufdrücken musste. Die Auseinandersetzung mit Vertretern dieser Richtung, die man damals R e v i s i o n i s m u s nannte, beschäftigte den Parteitag in mehrtägiger Debatte, in deren Mittelpunkt die Frage der parlamentarischen Politik stand. Am Schluss wurde eine Resolution, die den Revisionismus verwarf, mit großer Mehrheit angenommen – nur wenige Personen stimmten dagegen, während die Mehrheit der als Revisionisten geltenden Parteimitglieder es für gut fanden, selbst für sie zu stimmen und dadurch zu zeigen, dass sie sich durch sie nicht getroffen fühlten. Der Wortlaut der Resolution braucht an dieser Stelle nicht wiedergegeben zu werden, da sie schon ein Jahr später – im Jahre 1904 – auf dem Internationalen Sozialistenkongress zur Sprache kam, der in Amsterdam stattfand.

Auf diesem Internationalen Sozialistenkongress wollte der Flügel, der sich „Marxisten" nannte, die Dresdener Resolution für die ganze Internationale verallgemeinern und stellte einen dementsprechenden Antrag. Seine Gegner waren die jaurèsistische Fraktion der französischen Sozialisten und verschiedene sozialistische Parteien und Parteiminderheiten anderer Länder. Es gab über sie einen außerordentlich intensiven und – ich darf sagen – fachlich bedeutsamen Streit, dessen Krönung ein Rededuell im Plenum des Kongresses zwischen Jean Jaurès und August Bebel über die Fragen der sozialistischen Politik war. Jaurès sträubte sich mit allen Kräften dagegen, dass man eine Taktik, die nach seiner Ansicht vielleicht für Deutschland passte, nun internationalisieren wollte. Er hielt den Deutschen vor: Ihr habt große Erfolge erzielt durch eure Wahltätigkeit, habt einen gewaltigen Parteiorganismus aufgebaut, aber ihr habt doch keine wirkliche Macht in den großen Fragen eures Landes, weil ihr weder die eigentlich revolutionäre, noch die parlamentarische Politik habt. Er stellte dem entgegen, welchen bedeutsamen Einfluss in Frankreich die sozialistische Partei durch ihre parlamentarische Tätigkeit ausgeübt habe, wie sehr sie auf die Geschicke des Landes, auf die Regierungsbildung und auf die Regierungspolitik eingewirkt habe. Mit Leidenschaft rief er aus, was zwar nicht direkt zu der hier behandelten Frage gehört, aber seine damalige Beurteilung der großen europäischen Fragen erkennen lässt und daher in gedrängter Zusammenfassung hier wiedergegeben sei:

„Woran die Welt leidet, was alle Völker Europas mit Besorgnis erfüllt, das ist die politische Ohnmacht der deutschen Sozial-demokratie. Ihr seid eine große, bewunderungswürdige Partei, aber ihr habt auf die Politik eures Landes keinen direkten Einfluss."

Die Politik des kaiserlichen Deutschland wurde danach schon damals als äußerst beunruhigend in Europa empfunden. In seiner rednerisch nicht minder wirksamen Antwort ging Bebel auf diese Frage nicht ein, sondern wies nur auf die Erfolge in der Reformgesetzgebung hin, welche die Sozialdemokratie in Deutschland indirekt durch den Druck von unten erzielt habe. Er trug den Sieg davon. Trotz Jaurès' Widerspruch wurde mit 19 gegen 5 Stimmen bei 12 Stimmenthaltungen der Antrag angenommen, der die Dresdener Resolution internationalisierte. Ihre grundlegenden Sätze lauten:

„Der Kongress verurteilt aufs Entschiedenste die revisionistischen Bestrebungen, unsere bisherige bewährte und sieggekrönte, auf dem Klassenkampf beruhende Taktik in dem Sinne zu ändern, dass anstelle der Eroberung der politischen Macht durch Überwindung unserer Gegner eine Politik des Entgegenkommens an die bestehende Ordnung der Dinge tritt. Die Folge einer derartigen revisionistischen Taktik wäre, dass aus einer Partei, die auf die möglichst rasche Umwandlung der bestehenden bürgerlichen in die sozialistische Gesellschaftsordnung hinarbeitet, also im besten Sinne des Wortes revolutionär ist, eine Partei wird, die sich mit der Reformierung der bürgerlichen Gesellschaft begnügt. Daher ist der Kongress im Gegensatz zu den vorhandenen revisionistischen Bestrebungen der Überzeugung, dass die Klassengegensätze sich nicht abschwächen, sondern stetig verschärfen."

Das „daher" ist hier etwas seltsam, da eine Beweisführung für das Behauptete gar nicht vorausgeschickt ist. Die Resolution fährt fort und erklärt:

1. „dass die Partei die Verantwortlichkeit ablehnt für die auf der kapitalistischen Produktionsweise beruhenden politischen und wirtschaftlichen Zustände, und dass sie deshalb jede Bewilligung von Mitteln verweigert, welche geeignet sind, die herrschende Klasse an der Regierung zu erhalten;

2. dass die Sozialdemokratie gemäß der Resolution Kautsky des Internationalen Sozialistenkongresses zu Paris im Jahre 1900 einen Anteil an der Regierungsgewalt innerhalb der bürgerlichen Gesellschaft nicht e r s t r e b e n kann."

Das wäre der Hauptteil dieser Resolution. Ich enthalte mich jeder weiteren Kritik – ein kritisches Wort habe ich bereits einflechtend angedeutet. Auch hier kann man sich, wie immer man zu den behaupteten Sätzen steht, der einen Bemerkung nicht verschließen: Der logische Zusammenhang zwischen Behauptung und Folgerung ist schwer zu finden. Die Revisionisten, die für die Dresdener Resolution gestimmt hatten, erklärten: Ihr unterstellt der revisionistischen Bewegung etwas, was gar nicht in ihr liegt, ihr bekämpft etwas, was die Revisionisten gar nicht wollen! Das traf für die zwei ersten Sätze der Resolution zu. Aber auf der anderen Seite war doch behauptet worden, die Klassenkämpfe verschärften sich, die Partei könne keinen Anteil an der Regierung nehmen, ehe nicht die Sozialdemokratie die politische Macht erlangt habe. Die Sozialdemokratie müsse also überall festhalten an der intransigenten Haltung.

Jedoch die Geschichte ging weiter ihren Gang. Je mehr die Sozialdemokratie anwuchs und in den verschiedenen Ländern sich die politischen Einrichtungen demokratisierten, stellte sich die Folgewirkung heraus – sie war gar nicht zu umgehen –, dass die Teilnahme der Sozialisten an der Arbeit der Parlamente eine zunehmend positivere wurde. Ihr Einfluss wuchs, und es drängte sich die Frage, die schon früher einmal aufgetaucht war, mit neuer Intensität auf: Wie soll sich die Sozialdemokratie in den Parlamenten verhalten, wenn die L a n d e s h a u s h a l t e z u r A b s t i m m u n g kommen? Wenn in der Tagung des Parlaments unter Mitwirkung der Sozialisten eine Reihe von Reformen und Verbesserungen durchgesetzt sind, soll dann die Sozialdemokratie den Landeshaushalt ablehnen und damit unter Umständen bekunden, dass ihre Stimmen im Grunde wertlos sind, dass sie nicht die Konsequenzen ihrer Haltung zieht, und damit etwa den Parteien, die jene Fortschritte bekämpft hatten, in die Hände spielen? So stellte sich verschiedentlich in Süddeutschland die Frage. In einigen süddeutschen Staaten waren die Sozialdemokraten zu ziemlichem Einfluss gelangt und beanspruchten nun für sich das Recht, den Landeshaushalt zu bewilligen. In einem Staat – Hessen – lagen obendrein die Dinge so, dass, wenn das neue Budget nicht bewilligt wurde, das alte Budget in Kraft blieb. In einem Jahr war mithilfe der sozialdemokratischen Abgeordneten eine Steuerreform beschlossen worden, und wenn nun die Sozialdemokraten das aufgrund ihrer Stellungnahme aufgestellte Budget ablehnten, wäre die Folge gewesen, dass mit ihren Stimmen und denen der Konservativen (die mit der Steuerreform nicht einverstanden waren), da sie zusammen die Mehrheit bildeten, das neue Budget verworfen wurde, die ganze Reformarbeit der Session umsonst gemacht war und die alten Steuern bestehen blieben. Unter diesen Umständen glaubte die sozialdemokratische Fraktion des Landtages das Budget bewilligen zu müssen. Aber nicht überall lag die Sache so klar, dass sich die Bewilligung jedem als eine von grundsätzlichen Fragen der Politik unabhängige Notwendigkeit darstellte, und so gab die Frage der Budgetbewilligungen zu lebhaften Kämpfen auf verschiedenen Kongressen der deutschen Sozialdemokratie Anlass. Da nun in Deutschland Preußen allein über drei Fünftel der Bevölkerung umfasst, in Preußen aber die Sozialdemokratie durch das dortige Klassenwahlrecht davon ausgeschlossen war, auf die Beschlüsse des Landtags einen unmittelbaren Einfluss auszuüben, erhielt die dadurch sich den Sozialdemokraten Preußens aufdrängende Stellung zur Budgetfrage auf den Parteitagen ein so starkes Übergewicht, dass schließlich im Jahre 1910 auf dem Parteitag in Magdeburg eine Resolution angenommen wurde, die es den Abgeordneten der Partei geradezu v e r b o t , Budgets zu bewilligen, ein Beschluss, dem sich nun verschiedene einzelstaatliche Organisationen der Partei auch zu fügen versprachen.

Aber die Tätigkeit in den Parlamenten blieb, und es stellte sich doch wiederum in der Praxis durch die Natur der Dinge heraus, dass die Sozialdemokratie nicht bei ihm werde verharren können. Bei den Reichstagswahlen des Jahres 1912 wuchs die Zahl ihrer Vertreter im Reichstag auf 112 und gestaltete sich die Gruppierung der Parteien so, dass bei Abstimmungen über wichtige Fragen es immer mehr auf die Stimmen der Sozialdemokraten ankam und dadurch deren Verantwortung wuchs. Es kam doch wiederholt vor, dass bei Abstimmungen über neue Gesetze oder Novellen zu bestehenden Gesetzen, auch wenn sie nicht alles brachten, was die Sozialdemokratie gefordert hatte, ja, wenn neben den Verbesserungen einige von der Sozialdemokratie bekämpfte Bestimmungen hineingebracht waren, die Verbesserungen aber wesentlich überwogen, die Fraktion sich veranlasst sah, ihnen doch zuzustimmen. [6]

Dann brach Anfang August 1914 der Krieg aus, und die Entscheidung, welche die Mehrheit der Fraktion in der Frage der Bewilligung der Kriegskredite traf, trug einen neuen Streitfall in die Sozialdemokratie hinein, schlug aber zugleich auf ihre Stellung zum Parlament und zur Regierung zurück. Die bewilligende Mehrheit der Partei kam damit eine Zeitlang in eine Beziehung zur Regierung, die sich ganz wesentlich von dem Verhältnis unterschied, das bis dahin in Deutschland zwischen Regierung und Sozialdemokratie obwaltet hatte. Sie hielt indes nicht bis zum Schluss vor. Die Unfähigkeit der kaiserlichen Regierung, der erschöpften Nation den Frieden zu verschaffen, führte zur Revolution, und die Sozialdemokratie wurde nun selbst Regierung, beziehungsweise im eigentlichen Sinne des Wortes Regierungspartei. Dies führte eine neue Streitfrage herbei: die Frage der Regierungskoalition.

Auf sie wird in anderem Zusammenhange einzugehen sein. Das hier Vorgeführte, dem Gleichartiges aus anderen Ländern zur Seite gestellt werden kann, veranschaulicht auf das Deutlichste den Satz, dass das stärkere Eindringen der Sozialdemokratie in die Parlamente unvermeidlich ihre parlamentarische Tätigkeit auch qualitativ ändert. Es vollzieht sich das nicht ohne innere Kämpfe, nicht ohne zeitweilige Rückschläge. Aber die Dynamik der Dinge, so möchte ich es ausdrücken, treibt doch immer wieder zu der notwendigen Konsequenz. Es geht hiermit, wie es ein von mir auch sonst zitierter Spruch des berühmten Kirchenhistorikers Karl Hase anzeigt: „Der Sieg einer Idee ist die Korruption der Idee", d. h., wenn eine Idee siegt (das bezieht sich bei Hase auf das Christentum), dann paßt sie sich an die geschichtlich gegebenen Verhältnisse an, das heißt, macht sie diesen Verhältnissen Zugeständnisse – und das ist in wissenschaftlichem Sinne

Korruption. So könnte man auch sagen, je nachdem man zu den Fragen Stellung nimmt, dass in der Tat die parlamentarische Tätigkeit der Sozialdemokratie, die ja eine auf Siegen gestützte Tätigkeit war, wenn sie ihr auch noch nicht den vollen Sieg brachte, dass diese parlamentarische Tätigkeit zu Anpassungen an die realen Verhältnisse führte, die eine sich der parlamentarischen Tätigkeit enthaltende Bewegung nicht zu machen braucht. Nur ist es mehr als fraglich, ob eine politische Bewegung, die dem Parlamente fernbleibt, in einem parlamentarisch regierten Lande jemals mehr als eine Sekte bilden wird, jemals die Bedeutung erlangen wird, zu der die Sozialdemokratie es gebracht hat.

Bei alledem soll indes durchaus nicht verschwiegen werden, dass der Parlamentarismus auch seine Kehrseiten hat! Mit der parlamentarischen Betätigung ist nicht nur eine Korruption der Idee im vorentwickelten Sinne verbunden – eine solche Korruption kann für die Bewegung einen Fortschritt gegenüber der abstrahierenden Theorie, einen Gewinn an realistischer Erkenntnis bedeuten –, unter Umständen ist mit ihr auch die Gefahr einer Korruption der politischen Moral verbunden. Je mehr Parteien Macht erlangen, namentlich in parlamentarisch regierten Ländern, desto mehr haben sie Einfluss auf die Vergebung von Stellungen. Man erinnere sich, was darüber eingangs mit Bezug auf England im 18. Jahrhundert ausgeführt wurde, man halte sich vor Augen, was in Bezug auf politische Korruption in den Vereinigten Staaten offenes Geheimnis ist, und es wäre Verblendung, wollte man sich verhehlen, dass auch bei uns mit dem parlamentarischen Regierungssystem Möglichkeiten der Korruption gegeben sind. Man muss schon deshalb sich dies vergegenwärtigen, um den Sinn für die Schaffung von Korrektiven gegen die Gefahr nicht erschlaffen zu lassen. Denn die Sozialdemokratie kann nicht um der mit ihr verbundenen Gefahr auf die Sache selbst verzichten. Ist doch das Leben überhaupt ein großer Korruptor.

Welches sind aber die Korrektive gegen die Kehrseiten des Parlamentarismus? Es gab eine Zeit, wo in der sozialistischen Internationale die Ansicht verbreitet war, die sogenannte reine Demokratie, wie sie in der Schweiz weite Verwirklichung gefunden hat, nämlich die direkte Gesetzgebung durch das Volk, sei dieses Gegenmittel! In Deutschland hatte schon früh der deutsche Sozialist Emil Rittinghausen, der zeitweilig dem Reichstag als Abgeordneter der Sozialdemokratie angehört hat, diese Idee in einer Reihe von Broschüren verfochten, die auch in andere Sprachen übersetzt worden sind, und in den neunziger Jahren des vorigen Jahrhunderts hat der französische Sozialist Jean Allemane den Gedanken agitatorisch aufgegriffen und es erzielt, dass sie dem Züricher Kongress der sozialistischen Internationale von 1893 in Gestalt eines Vorschlags vorgelegt wurde, der darauf hinauslief, die Parlamente ganz abzuschaffen und durch die direkte Gesetzgebung zu ersetzen. Er fand wenig Gegenliebe, denn was er wollte, war eine einfache Unmöglichkeit! So etwas konnte in kleinen schweizerischen Kantonen mit noch nicht hunderttausend Einwohnern, die keine auswärtige Politik, keine großen Probleme zu lösen haben, durchführbar sein. Aber in einem großen Staatswesen mit Millionen von Einwohnern, mit einer Ausdehnung wie Frankreich oder Deutschland oder Preußen, alle Aufgaben der Gesetzgebung und Staatsleitung durch direkte Volksabstimmung regeln zu lassen, stößt sich schon an den Gesetzen – wie ich es vorher ausgeführt habe – von Raum und Zahl. Um die Menge der damit verbundenen Arbeit zu bewältigen, würden die Staatsbürger eines solchen Landes an jedem Abstimmungstag über ganze Bögen von Vorlagen abzustimmen haben, von denen sie die meisten gar nicht überdenken könnten, weil unmöglich jeder von ihnen das nötige Verständnis von der Tragweite jeder Einzelnen haben kann. Hier liegt schon deshalb nicht der Ersatz für den Parlamentarismus, auch spricht gegen den direkten Volksentscheid in großen Staatswesen die Erwägung, dass, wo Millionen abstimmen, bei dem einzelnen der Abstimmenden das Gefühl für die Verantwortung, die in der Abgabe der Stimme liegt, naturgemäß nur gering sein kann. Über alle diese Fragen hat damals Karl Kautsky, ein nach meiner Ansicht sehr lesenswertes Buch geschrieben, das den Titel trägt: „Parlamentarismus, direkte Gesetzgebung und Sozialdemokratie". Ferner hat meine Wenigkeit außer in dem Aufsatz „Die sozialpolitische Bedeutung von Raum und Zahl" die Fragen in der Broschüre „Parlamentarismus und Sozialdemokratie" behandelt, wo ich ähnliche Gedanken entwickelt habe, wie sie hier dargestellt wurden und einige Folgerungen hinsichtlich der Zukunft des Parlamentarismus gezogen habe, der ja schwerlich das letzte Wort der Entwicklung sein wird.

Von den vielen gegen seine Auswüchse vorgeschlagenen Korrektiven kommt unzweifelhaft an hervorragender Stelle in Betracht das Mittel der Beschränkung der Übergriffsmöglichkeiten der Zentralgewalt durch Stärkung der örtlichen und bezirklichen Selbstverwaltung und Demokratisierung dieser Verwaltungskörper. Ein Gedanke, dem, wie früher bemerkt, mit starken Übertreibungen Proudhon in seiner Schrift über den „Föderalismus" Form gegeben, aber auch Karl Marx in seiner Schrift „Der Bürgerkrieg in Frankreich" weitgehend Rechnung getragen hat. Aus dieser letzteren Schrift sei hier ein Satz noch einmal zitiert:

„In einer kurzen Skizze der nationalen Organisation, die die Kommune nicht die Zeit hatte weiter auszuarbeiten, heißt es ausdrücklich, dass die Kommune die politische Form selbst des kleinsten Dorfes sein und dass das stehende Heer auf dem Lande durch eine Volksmiliz mit äußerst kurzer Dienstzeit ersetzt werden sollte. Die Landgemeinden eines jeden Bezirks sollten ihre gemeinsamen Angelegenheiten durch eine Versammlung von Abgeordneten in der Bezirkshauptstadt verwalten, und diese Abgeordneten dann wieder Abgeordnete zur Nationaldelegation nach Paris schicken; die Abgeordneten sollten jederzeit absetzbar und an die Instruktionen ihrer Wähler gebunden sein."

Und Marx selbst sagt dazu: „Die Kommunalverwaltung würde dem gesellschaftlichen Körper alle die Kräfte zurückgegeben haben, die bisher der Schmarotzerauswuchs „Staat" ... aufgezehrt hat."

Also auch er will eine starke Entwicklung der örtlichen und der bezirklichen Selbstverwaltung, die leichter zu übersehen sind, und dann von unten auf einen föderativen Bau, dessen letzte Instanz – der aber dann die erstgenannten Instanzen die Aufgaben zuweisen und nicht etwa dieser jenen – die Zentralbehörde bilden sollte. Ob solcher nationale Aufbau auf der gegenwärtigen Stufe der sozialen Entwicklung sich als möglich erweisen und die erwarteten Ergebnisse haben würde, scheint mir zweifelhaft, aber der Hinweis auf die Notwendigkeit einer weitgehenden Ausbildung der demokratischen Selbstverwaltung ist sicher ein sehr beachtenswerter Gedanke, der ja auch bis zu einem gewissen Grade bereits Verwirklichung gefunden und manche guten Früchte gezeitigt hat. Diese örtlichen Selbstverwaltungskörper sind Zwangsgenossenschaften genannt worden, weil jeder Orts- bzw. Bezirksbewohner von Gesetzes wegen ihnen angehört, ob er will oder nicht. Zu ihnen treten als Verwaltungsorgane hinzu die freien Genossenschaften, die heute auf verschiedenen Gebieten bedeutsame Funktionen erfüllen und Teile der öffentlichen Verwaltung werden. Als solche haben sich Anerkennung erzwungen die Organisationen der Arbeiter, so sehr sie im Anfang verhasst waren, an erster Stelle die Gewerkschaften der Arbeiter, dann aber auch die Konsumgenossenschaften der Arbeiter und die freien Verbindungen für Zwecke der körperlichen und kulturellen Entwicklung. Indes auch Genossenschaften anderer Klassen – man denke an die ländlichen Genossenschaften – erfüllen gesellschaftliche Funktionen und sind damit ein Stück der großen Selbstverwaltung der Gesellschaft. Das macht sich nicht nach einem einzigen Schema, das gestaltet sich auf verschiedenen Wegen, aber die administrative Selbständigkeit der Bevölkerung nimmt zu, die Regierung von oben nimmt an Bedeutung ab, wenngleich – das muss denen gesagt werden, die glaubten, den Staat abschaffen zu können – sie nicht verschwindet. Zentrale Gesetzgebungs- und Verwaltungsfunktionen werden noch auf ziemliche Zeit bestehen bleiben. Nur schrittweise übernimmt die Selbstverwaltung von ihr Funktionen aufgrund der gemeinsam geschaffenen Gesetze. Das Parlament wird nicht in Bausch und Bogen abgetan. Aber man kommt zu einer Entwicklung, von der man hoffen darf, dass sie zu einem großen Teil die Gefahren, die mit dem alten Parlamentarismus organisch verbunden scheinen, immer mehr einengen und schließlich überwinden wird. Man muss also verstehen, diese Fragen nicht dogmatisch, sondern als Fragen der Entwicklung zu begreifen.

Will man erkennen, wie sich die Verwaltung mit dem Wachsen des Organismus verändert, so kann man das beim Studium der Verfassungsgeschichte – einfacher ausgedrückt der Geschichte der Statuten – der Arbeiterorganisationen verfolgen. Die Arbei-

terorganisationen fangen gewöhnlich an mit der extremsten Demokratie, meist mit der direkten Gesetzgebung und Auswahl der
Beamten durch die Mitgliederversammlung. Je mehr sie aber
wachsen, sind sie gezwungen, Vertretungskörper zu bilden und
den Vertretungen bestimmte Macht- und Leitungsbefugnisse zu
übertragen. Die Masse hat dann nur noch vermittelst ihrer Ver-
trauensmänner eine Art ständiger Kontrolle auszuüben. Die Organisation selbst aber gestaltet sich zu einem Organismus, der
eine Art demokratischen Staat darstellt. An der freien Arbeiterbewegung zeigt sich, wie das ziffernmäßige Wachstum, die größere Quantität die gleichberechtigten Genossen selbst zur qualita-
tiven Änderung der Verfassung ihrer Organisation zwingt. Wer
das nicht begreift und nicht die sich daraus ergebenden Folgerungen anerkennt, der wird auch nie begreifen, was in dem Wort
wissenschaftlicher Sozialismus liegt. Dieser ist, wie im ersten
Kapitel gezeigt wurde, soziologische Entwicklungslehre, das
heißt die Auffassung der sozialistischen Bewegung als eine Bewegung, die in ihrem Fortgang sich selbst gestaltet und dabei eng
abhängt von den organischen Gesetzen sozialer Entwicklung.
Eine Erkenntnis, die heute wiederum Streitgegenstand geworden
ist im Sozialismus der Gegenwart, und zwar auf die Tagesordnung gesetzt durch das Erscheinen des sogenannten Bolschewismus; und mit dieser Frage wollen wir uns nunmehr befassen.

Achtes Kapitel.

Die bolschewistische Abart des Sozialismus.

Was sind die Grundgedanken der Doktrin, die wir als Bolschewismus kennengelernt haben? Worauf fußt sie?

Im ersten Band seines großen Werkes „Das Kapital" schildert Karl Marx im 25. Kapitel, sechster Abschnitt, der sich mit der Genesis der industriellen Kapitalisten befasst, die verschiedenen Methoden der sogenannten „ursprünglichen Akkumulation" des Kapitals, d. h. der ursprünglichen Bildung von Kapital. Gegenüber den Darstellungen der bürgerlichen Ökonomen, welche die Bildung von Kapital auf „Ersparnis", beziehungsweise Sparen zurückführen, weist Marx nach, dass das Kapital auf ganz andere Weise entstanden ist, und schreibt hinsichtlich der Methoden dieser wirklichen ursprünglichen Akkumulation des Kapitals:

„In England werden sie am Ende des 17. Jahrhunderts systematisch zusammengefasst in Kolonialsystem, Staatsschuldensystem, modernem Steuersystem und Protektionssystem. Diese Methoden beruhen zum Teil auf brutalster Gewalt, wie das Kolonialsystem. Alle aber benutzten die Staatsmacht, die konzentrierte und organisierte Gewalt der Gesellschaft, um den Verwandlungsprozess der feudalen in die kapitalistische Produktionsweise treibhausmäßig zu fördern und die Übergänge abzukürzen. Die Gewalt ist der Geburtshelfer jeder alten Gesellschaft, die mit einer neuen schwanger geht. Sie ist selbst eine ökonomische Potenz."

Der hier gesperrte Schluss dieses Satzstücks hat in der sozialistischen Bewegung unserer Zeit bei Parteien, die ihre theoretische Erkenntnis direkt von Marx ableiteten, eine eigenartige Rolle gespielt. Von französischen Sozialisten, die sich Marxisten nannten, und deren einer Führer Paul Lafargue, der Schwiegersohn von Karl Marx, der andere, Jules Guesde, mit Marx befreundet war, ward er in dogmatischer Auslegung als Beweis dafür propagiert, dass alle sozialistische Tätigkeit auf die Eroberung der politischen Macht durch Revolutionsgewalt abzielen müsse. Es ist aber zu bemerken, dass Marx in dem Satz einfach eine geschichtliche Tatsache konstatiert, aber keine Formel für die unmittelbare Anwendung aufstellt. [7]

Aus dieser Feststellung einer geschichtlichen Tatsache macht indes die Fraktion der russischen Sozialisten, die sich Bolschewiki nennen, einen Imperativ der ganzen sozialistischen Politik: Wir müssen die Gewalt haben, um die neue Gesellschaft zu errichten, anders geht es nicht, unser ganzes Sinnen und Trachten muss auf die Eroberung der politischen Macht gerichtet sein. Eine Auffassung, die sich freilich auf bestimmte Stellen im Kommunistischen Manifest stützen konnte. Dort heißt es z. B. am Schluss, wo von der Erringung der politischen Macht durch das Proletariat die Rede ist:

„Wir sahen schon oben, dass der erste Schritt in der Arbeiterrevolution die Erhebung des Proletariats zur herrschenden Klasse, die Erkämpfung der Demokratie ist.

Das Proletariat wird seine politische Herrschaft dazu benutzen, der Bourgeoisie nach und nach alles Kapital zu entreißen, alle Produktionsinstrumente in den Händen des Staats, d. h. des als herrschende Klasse organisierten Proletariats zu zentralisieren und die Masse der Produktionskräfte möglichst rasch zu vermehren.

Es kann dies natürlich zunächst nur geschehen vermittels despotischer Eingriffe in das Eigentumsrecht und in die bürgerlichen Produktionsverhältnisse, durch Maßregeln also, die ökonomisch unzureichend und unhaltbar erscheinen, die aber im Laufe der Bewegung über sich selbst hinaustreiben und als Mittel zur Umwälzung der ganzen Produktionsweise unvermeidlich sind."

Dann werden eine Reihe von Maßnahmen aufgezählt, die gewissen Maßnahmen des Bürgertums in früheren Revolutionen entsprechen. Im weiteren berufen die Verfechter der geschilderten Denkweise sich auf eine Stelle in dem Brief von Karl Marx über den Entwurf zum Einigungsprogramm der deutschen Sozialdemokratie von 1875, dem Entwurf des Gothaer Programms. Dort sagt nämlich Marx:

„Zwischen der kapitalistischen und der kommunistischen

Gesellschaft liegt die Periode der revolutionären Umwandlung der einen in die andere. Ihr entspricht auch eine politische Übergangsperiode, deren Staat nichts anderes sein kann als die revolutionäre Diktatur des Proletariats."

Auch dieser Satz wird von den Bolschewisten, wie man das Wort Bolschewiki ins Deutsche übernommen hat, dogmatisch ausgelegt. Diese Partei, die heute als Partei der russischen Kommunisten an der Spitze der dritten oder kommunistischen Internationale steht, hat sich früher auch Partei der Maximalisten genannt. Im Streit der russischen Marxisten untereinander hatten sich zwei Richtungen ausgebildet: Die eine wollte den Kampf der Sozialdemokratie Russlands mit einem Programm sozialistischer Mindestforderungen („Minimumprogramm") führen, ähnlich wie es seinerzeit die französischen Marxisten mit einer für sie von Marx verfassten Einleitung ausgearbeitet hatten, die anderen vertraten den Standpunkt, man müsse ein Maximum von Forderungen aufstellen und es der Bewegung als eine Art Fanal ständig vorhalten. Von diesen zwei Richtungen ist die Letztere eben die der Bolschewisten, während die erstere Fraktion oder Partei der Menschewisten genannt wird – Benennungen, die den Begriffen mehr und minder entsprechen, die man teils auf die Höhe der Forderungen, teils auf das Zahlenverhältnis der Anhänger bezieht. Der Streit lief zum großen Teil in ein scholastisches Ausspielen von Aussprüchen von Marx aus, wobei die eine Seite die Tatsache ignorierte, dass die ganze Marxsche Lehre vornehmlich Entwicklungslehre ist und Marx selbst im Laufe der Jahre eine Entwicklung durchgemacht hat. Engels hat wiederholt anerkannt, dass ihm und Marx in der ersten Epoche ihres Schaffens bedeutungsvolle Irrtümer über Schnelligkeit und den Gang der Entwicklung unterlaufen sind. Ist dadurch aber die Marxsche Lehre selbst abgetan? Sicherlich nicht. Das Große, Bleibende am Marxismus, was über allen Einzelanwendungen steht, ist eben die Tatsache, dass der Marxismus der sozialen Entwicklungslehre eine neue, in ihrem Hauptgedanken, der Theorie vom bestimmenden Einfluss der Produktionsweise, unerschütterte Grundlage gegeben hat. Marx hat den organischen Entwicklungsgedanken seiner Lehre wiederholt sehr bestimmt zum Ausdruck gebracht. So im Vorwort zu seiner 1859 erschienenen Schrift „Zur

Kritik der politischen Ökonomie", so aber auch 1866 im Vorwort zum „Das Kapital". Im Letzteren sagt Marx, was sehr bemerkenswert für seine Anschauungsweise ist, selbst den herrschenden Klassen der Gegenwart dämmere die Erkenntnis auf, dass die jetzige Gesellschaft „kein fester Kristall", sondern „ein umwandlungsfähiger und ständig in der Umwandlung begriffener Organismus" sei.

Hier ist der Gegensatz der Grundanschauungen angezeigt, der die große Mehrzahl der sozialdemokratischen Parteien unserer Tage von der Partei der Bolschewisten und ihren westeuropäischen Nacheiferern unterscheidet.

Die bolschewistische Partei ist hervorgegangen aus der marxistischen Schule des russischen Sozialismus, wobei es bemerkenswert ist, dass gerade die drei Persönlichkeiten, die man als die eigentlichen Stifter dieser Schule bezeichnen kann, der verstorbene Georg Plechanow, die soeben verstorbene Vera Sassulitsch und der noch lebende Paul Axelrod, Gegner der Bolschewisten waren beziehungsweise Axelrod ein solcher ist. Wenn ich oben bemerkte, dass die Bolschewisten bei ihrer Berufung auf Marx vielfach scholastisch vorgehen, so will ich hinzufügen, dass ich als Scholastik diejenige Geistesrichtung oder Geistestätigkeit betrachte, die darauf gerichtet ist, für schon feststehende Lehrsätze oder Gedanken die Beweise oft mit erzwungenen Deutungskünsten deduktiv zu erbringen, wobei das induktive Moment, die Prüfung an den Tatsachen, außerordentlich zu kurz kommt, wenn es nicht ganz unerörtert bleibt. Nun ist gerade die wesentliche Eigenschaft der sozialen Entwicklungslehre von Marx und Engels, dass sie den Ton legt auf den engen, man kann hier mit größtem Recht sagen, auf den organischen Zusammenhang des Politisch-Sozialen mit den Tatsachen der ökonomischen Entwicklung, das heißt, der Produktionsverhältnisse. Von diesem Standpunkt aus haben die Verfasser des Kommunistischen Manifests, so revolutionär sie für ihre Zeit dachten und wie rückhaltlos sie für die kommunistischen Ideen des vorgeschrittenen Flügels der Arbeiterbewegung ihrer Tage Partei ergriffen hatten, doch schon, als sie ihre Theorie ausarbeiteten, Stellung genommen gegen radikale Sozialisten ihrer Tage, die für revolutionäre Kommunisten galten, tatsächlich aber nur Anspruch hatten auf die Bezeichnung als Utopisten der sozialistischen Revolution. Zu ihnen gehörte der unzweifelhaft begabte, aber wissenschaftlich ungeschulte deutsche Kommunist Wilhelm Weitling, der Verfasser der Schrift „Garantien der Harmonie und Freiheit", die 1842 erschien und von Marx als sehr beachtenswert begrüßt wurde, was aber nicht hinderte, dass Marx später sich scharf gegen Weitling wandte, als dieser in seiner Agitation den Arbeitern mit übertriebenem Radikalismus den Kopf verdrehte. Es ist das deshalb von Interesse, weil Weitlings Ideen mit vielen Schlagworten Ähnlichkeit haben, die heute von Anhängern des Bolschewismus den Arbeitern gepredigt werden.

Im Winter 1846/47 kam Weitling nach Brüssel, wo Marx und Engels damals lebten und ihre große Theorie ausarbeiteten und polemisch verfochten. Bei einem Besuch, den Weitling Marx machte, war der russische Schriftsteller Annienkoff zugegen, und er schildert in seinen Erinnerungen einen heftigen Zusammenstoß zwischen Marx und Weitling. Weitling, der aus der Arbeiterklasse hervorgegangen war, berief sich Marx gegenüber wesentlich darauf, wie überhaupt auf die Gefühlsseite seiner Theorie, und es ist bemerkenswert, wie energisch Marx nach Annienkoff Weitling gegenüber die Unerläßlichkeit konkreten wissenschaftlichen Denkens betonte und einmal mit der Faust auf den Tisch schlagend wütend ausrief: „Noch niemals hat Unwissenheit jemandem genützt!"

Vier Jahre darauf, nach der Revolution, kam Marx in Konflikt mit seinen früheren Kampfgenossen, die in ähnlicher Weise wie Weitling sich auf das Gefühl und den Willen beriefen. Es war das die von Karl Schapper und A. Willich geführte Fraktion des Kommunistenbundes. Der Gegensatz wiederholte sich in den Jahren 1870 bis 1872 in der Internationalen Arbeiterassoziation in dem Kampf von Marx gegen den russischen sozialistischen Revolutionär Michael Bakunin, den, und noch mehr dessen – ich kann nicht sagen „Schüler" und nicht einmal „Genossen", obwohl er auf Bakunin großen Einfluss ausübte, aber – zeitweiligen Mitkämpfer Bakunins, den Studenten Netschajeff, der als ein Vorläufer des Bolschewismus bezeichnet werden muss. Seine Ideen sind dargelegt und kritisiert in der wesentlich von Friedrich Engels in Übereinstimmung mit Marx verfassten Schrift: „Ein Komplott gegen die Internationale". Mit äußerster Schärfe wendet diese sich namentlich gegen den Revolutionsromantismus von Bakunin, den Netschajeff noch ins Extrem übertrieben hatte, sodass eine Art Sozialismus im Sinne von Rinaldo Rinaldini herauskam. Bakunin hatte speziell die russischen Räuber verherrlicht und war soweit gegangen, zu erklären, man müsse die Zuchthäuser öffnen, wenn man Revolution mache. Eine Spekulation auf Elemente, die ohne Rücksicht auf Theorie und Moral usw. schlechthin sich in Gegensatz zur geordneten Gesellschaft stellten. Die Abweisung solcher Phantasien und die Betonung des Zusammenhanges der Entwicklung zum Sozialismus mit der Entwicklung der Wirtschaft im Allgemeinen, das heißt zuletzt der Produktionsweise, ist der maßgebende Gedanke der Marxschen Lehre. Hierfür ist der schon zitierte Satz aus dem Vorwort zu „Das Kapital", dass die jetzige Gesellschaft – die Gesellschaft der liberalen Ökonomie, „kein festes Kristall, sondern ein umwandlungsfähiger und einem ständigen Prozess der Umwandlung unterworfener Organismus" ist, viel wichtiger als mancher andere Satz, der oft zitiert wird. In „Das Kapital" sagt Marx an einer anderen Stelle, wo er von der Fabrikgesetzgebung spricht und die Wirkung des Zehnstundentages auf die Baumwollarbeiter von Lancashire schildert:

„Dennoch hatte das Prinzip [8] gesiegt mit seinem Sieg in den großen Industriezweigen, welche das eigenste Geschöpf der modernen Produktionsweise. Ihre wundervolle Entwicklung von 1853 bis 1860, Hand in Hand mit der physischen und moralischen Wiedergeburt der Fabrikarbeiter schlug das blödeste Auge."

Und im Zusammenhang mit dem vorher zitierten Satz im Vorwort sagt Marx:

„In England ist der Umwandlungsprozess (der soziale Umwandlungsprozess) mit Händen zu greifen. Auf einem gewissen Höhepunkt muss er auf den Kontinent rückschlagen. Dort wird er sich in brutaleren oder humaneren Formen bewegen, je nach dem Entwicklungsgrad der Arbeiterklasse selbst. Von höheren Motiven abgesehen, gebietet also den jetzt herrschenden Klassen ihr eigenstes Interesse die Wegräumung aller gesetzlich kontrollierbaren Hindernisse, welche die Entwicklung der Arbeiterklasse hemmen. Ich habe deswegen u. a. der Geschichte, dem Inhalt und den Resultaten der englischen Fabrikgesetzgebung einen so ausführlichen Platz in diesem Bande eingeräumt. Eine Nation soll und kann von der anderen lernen."

Auch das zeigt, darf ich sagen, einen stark reformistischen Einschlag in der dem Gedankengang nach revolutionären Lehre von Marx. Je weiter er in der geistigen Entwicklung fortschreitet, um so mehr findet bei ihm der Gedanke des Zusammenhanges zwischen der ökonomischen Entwicklungshöhe und den Möglichkeiten der politischen und rechtlichen Eingriffe genaueren Ausdruck. Im Jahre 1875 sagt er in seinem Brief über den Entwurf des Gothaer Programms der damaligen geeinten Sozialdemokratie:

„Das Recht kann nie höher sein als die ökonomische Gestaltung und die dadurch bedingte Kulturentwicklung der Gesellschaft."

Beim Bolschewismus nun – ich betone nochmals: in seiner Doktrin! – wird alles das ignoriert oder umgangen. Der Bolschewismus stützt sich entweder auf das Kommunistische Manifest mit seinen lapidar zugespitzten, aber der Frühperiode von Marx und Engels angehörigen Aussprüchen, wo diese sich darin gefielen „à épater le bourgeois" – dem Bürgersmann etwas Verblüffendes zu sagen. Oder er gibt späteren Aussprüchen von Marx unter Herausreißung aus dem Zusammenhang die ungeschlachteste und vergröberteste Auslegung. So sagt Marx im vorletzten Kapitel des ersten Bandes von „Das Kapital", der die geschichtliche Tendenz der kapitalistischen Akkumulation kennzeichnet:

„Die Konzentration der Produktionsmittel und die Vergesellschaftung der Arbeit erreichen einen Punkt [nämlich im Verlauf der kapitalistischen Entwicklung. Ed. B.], wo sie unerträglich werden mit ihrer kapitalistischen Hülle. Die Stunde des kapitalistischen Privateigentums schlägt. Die Expropiateurs werden expropriiert."

Also wenn die Entwicklung selber unverträglich wird mit

der kapitalistischen Hülle, dann werden die Expropriateurs – Marx nennt die Kapitalisten „Enteigner", weil in der Konkurrenz die großen Kapitalisten die kleinen enteignen –, enteignet, expropriiert. Aus diesem, eine geschichtliche Perspektive zeichnenden Satz haben Bolschewisten den Spruch gemacht: „Beraubt die Räuber!" und Arbeiter haben das buchstäblich genommen und vielfach in drastischer Anwendung befolgt. Die Unternehmer werden schlechthin, statt als ökonomische Enteigner, als moralische Stehler, als Diebe hingestellt. Dies in direktem Gegensatz zu Marx, der im Vorwort zu „Das Kapital", wo er ausführt, dass in dem Buch Kapitalist und Grundeigentümer nicht sehr gut davonkommen, nicht im rosigen Lichte erscheinen, ausdrücklich sagt:

„Es handelt sich aber da um eine Personifikation ökonomischer Kategorien. Weniger als der jedes anderen kann mein Standpunkt, der die Entwicklung der ökonomischen Gesellschaftsformation als einen naturgeschichtlichen Prozess auffasst, den einzelnen verantwortlich machen für Verhältnisse, deren Geschöpf er sozial bleibt, so sehr er sich auch subjektiv über sie erheben mag."

In jeder Hinsicht, sage ich, hat in diesen Punkten die bolschewistische Doktrin die Marxsche Lehre vergröbert, man könnte sagen: barbarisiert. Die geschichtliche, also bis zu einer bestimmten Höhe der wirtschaftlichen Entwicklung notwendige Funktion des Unternehmers als treibendes Agens der Produktion ist bei ihr ausgelöscht – auch dies wiederum im Widerspruch mit Marx, der im dritten Band seines Buches „Das Kapital", den allerdings die wenigsten gelesen haben, in einem der letzten – dem 24. – Kapitel, das von den Einkommensquellen handelt, auseinandersetzt, dass Mehrarbeit überhaupt als Arbeit des Arbeitenden über das Maß der gegebenen Bedürfnisse hinaus i m m e r b l e i b e n m ü s s e, und daran den schon zitierten Satz fügt:

„Es ist eine der zivilisatorischen Seiten des Kapitals, dass es diese Mehrarbeit in einer Weise und unter Bedingungen erzwingt, die der Entwicklung der Produktivkräfte der gesellschaftlichen Verhältnisse und der Schöpfung der Elemente für eine höhere Neubildung vorteilhafter sind als unter den früheren

Formen der Sklaverei und der Leibeigenschaft."

Marx zeigt also wiederum, dass das Kapital, so scharf er es sonst angreift, wichtige, den Fortschritt fördernde, er sagt ausdrücklich z i v i l i s a t o r i s c h e Funktionen erfüllt in der Entwicklung der menschlichen Gesellschaft.

Über all das und die sich daraus für die Wirtschaftspolitik ergebenden Folgerungen hat sich der Bolschewismus kühl hinweggesetzt und die Gewalt als Allschöpferin behandelt. Bei führenden Bolschewisten findet man in einer gewissen Steigerung – mehr noch als bei Lenin bei Bucharin, Sinowieff und anderen – Sätze, wo der Gewalt einfach die Zauberkräfte von Allheilmitteln zugeschrieben werden. Man brauche nur die Gewalt zu haben, dann könne man die Entwicklung nach seinem Willen lenken! Hier einige Beweise dafür:

Marx sagt – das ist auch wieder wichtig – 1859 im Vorwort zu dem Buch „Zur Kritik der politischen Ökonomie":

„Eine Gesellschaftsformation geht nie unter, bevor alle Produktivkräfte entwickelt sind, für die sie weit genug ist, und neue höhere Produktionsverhältnisse treten nie an die Stelle, bevor die materiellen Existenzbedingungen derselben im Schoss der alten Gesellschaft selbst ausgebrütet worden sind."

Im Vorwort zum ersten Band „Das Kapital" liest man:

„Auch wenn eine Gesellschaft dem Naturgesetz ihrer Bewegung auf die Spur gekommen ist – und es ist der letzte Endzweck dieses Werkes, das ökonomische Bewegungsgesetz der modernen Gesellschaft zu enthüllen –, kann sie naturgemäße Entwicklungsphasen w e d e r ü b e r s p r i n g e n noch w e g d e k r e d i t i e r e n. Aber sie kann die Geburtswehen abkürzen und mildern."

So Marx. Nun nehme man die Schrift von N. Bucharin: „Das Programm der Kommunisten" (Bolschewiki) zur Hand. Dort wird frischweg die sozialistische Revolution durch Diktatur der Arbeiterklasse in Russland, diesem im ganzen noch wenig entwickelten Lande, als eine Sache der unmittelbaren Gegenwart mit der Bemerkung verkündet: „Diktatur der Arbeiterklasse bedeutet die Staatsmacht der Arbeiterklasse, die die Bourgeoisie und die

Gutsbesitzer e r w ü r g t" und gleich darauf:

„Diese Macht der Arbeiter kann nur aus der sozialistischen Revolution der Arbeiterklasse erwachsen, die den bürgerlichen Staat und die bürgerliche Macht zerstört."

Und das ist geschrieben in einem Lande, das bekanntlich einen bürgerlichen Staat überhaupt noch nicht gehabt hat! Des weiteren heißt es, die Diktatur müsse „eisern" sein, ein Wort, das, wie in dieser Schrift, überhaupt unzählige Male in der Literatur des Bolschewismus wiederkehrt und in brutalstem Sinne gedeutet wird. Einige Seiten darauf liest man:

„Wir sehen nun, dass eine Verletzung jeglicher Freiheiten in Beziehung auf die Gegner der Revolution notwendig ist. Es kann in der Revolution keine Freiheiten für die Feinde des Volkes und der Revolution geben."

Als Feinde der Revolution werden aber nicht nur alle bürgerlichen Parteien unterschiedslos hingestellt, sondern auch diejenigen Sozialisten (Menschewisten und Sozialrevolutionäre), die auf einem anderen Standpunkt stehen als die Bolschewisten. Es ist der extremste Terrorismus, den man sich denken kann. In der Schrift von Leo Trotzki „Die Sowjetmacht und der Internationale Imperialismus" – ein Vortrag, den Trotzki vor ungeschulten russischen Arbeitern gehalten hat – liest man:

„In der Mitte aber würden die Politiker stehen, die sich bald nach links, bald nach rechts drehen. Das sind die Vertreter der Menschewiki und der rechtsstehenden Sozialrevolutionäre; sie würden sagen: „Die Macht muss zur Hälfte geteilt werden.""

Das erzählt er Arbeitern! Und er fährt fort:

„Aber, Genossen, die Macht ist doch kein Laib Brot, den man in zwei Hälften schneiden, in vier Teile neu zerteilen kann."

Welcher Vergleich und welche Verleugnung der Geschichte! Den Zweck zeigt der folgende Satz. Trotzki doziert:

„Die Macht ist das Instrument, mit dessen Hilfe eine bestimmte Klasse ihre Herrschaft befestigt. Entweder dient dieses Instrument der Arbeiterklasse oder es dient gegen die Arbeiterklasse."

Damit ist die Entwicklung im Leben der Völker ausgestrichen, von einem Gesellschaftszustand zum entgegengesetzten gibt es keinen Übergang, keine Entwicklung, sondern nur die Umstülpung durch die Macht. Es geht so weiter:

„Hier gibt es keine Wahl. Solange es zwei Feinde gibt – die Bourgeoisie und das Proletariat und mit ihm das ärmste Bauerntum –, und solange diese zwei Feinde gegeneinander kämpfen, können sie selbstverständlich nicht eine gemeinsame Waffe haben. Es ist doch nicht denkbar, dass eine Kanone zugleich wie der einen Armee so auch der anderen dienen kann."

Um die Natur dieser Argumentation richtig einzuschätzen, muss man dessen eingedenk bleiben, unter welchen Umständen sie vorgetragen wurde und welches die Entwicklungshöhe des Landes war, in dem sie Arbeitern eingeprägt wurde. Niemals haben Marx und Engels Arbeitern die politische Frage in so kindisch-einfältiger Gegenüberstellung dargestellt. Selbst als Deutschland schon wirtschaftlich auf wesentlich höherer Stufe stand als das Russland von 1918 – von der kulturellen Entwicklung ganz zu schweigen –, haben sie immer noch eine zeitweilige Unterstützung des vorgeschrittenen Bürgertums durch die sozialistische Arbeiterschaft für angezeigt erklärt.

Nach dem Muster der vorstehenden, dem Begriffsvermögen sehr naiver und unentwickelter Leute angepasster Deduktionen, die sich durch den ganzen als Propagandaschrift in alle Sprachen übersetzten Vortrag ziehen und mit ähnlich merkwürdigen Behauptungen über die Ursachen und wirkenden Kräfte des Weltkriegs abwechseln, kommt Trotzki auf die Ausübung der politischen Macht durch die Bolschewisten zu sprechen und erhebt mit folgenden Argumenten Anspruch auf Entschuldigung für deren Missgriffe:

„Einige sagen: Wozu habt ihr denn die Macht genommen, wenn ihr vorher nicht gelernt habt, sie anzuwenden? Wir aber antworten darauf: Wie konnten wir das Tischlerhandwerk erlernen, wenn wir kein Tischlerwerkzeug in den Händen hatten? Um zu lernen, ein Land zu verwalten, muss man das Richtscheit in die Hand nehmen, muss man die Staatsmacht in die Hände nehmen. Noch hat niemand im Zimmer sitzend das Reiten gelernt. Um es zu lernen, muss man ein Pferd satteln und sich aufs Pferd setzen. Möglicherweise wird das Pferd sich bäumen und mehr als einmal oder auch mehr als zweimal einen herunterfallen lassen. Wir werden aufstehen, es wieder satteln und wieder reiten, und so werden wir es lernen."

Wenn solches Probieren nur die Persönlichkeiten beträfe, die das Reiten – sprich Regieren – lernen wollen, so könnte man sagen: gut und schön. Aber mit einem ganzen Staatswesen in das Unbestimmte hinein gewalttätig tiefgreifende Wirtschaftsexperimente machen in dem Gedanken, es könne zwar auch falsch gehen, aber dann macht man es eben noch einmal, in solcher Weise mit einem großen Volke verfahren, wobei unter Umständen viele Hunderttausende dem Hunger, der Not, der Vernichtung ausgeliefert werden, ist ganz etwas anderes. Es gibt für den Sozialreformer, den Revolutionär, auch einen kategorischen Imperativ! Sich darum nicht gekümmert, die wissenschaftliche Lehre der großen Denker, auf die sie sich beriefen, dort, wo sie ihnen nicht passte, in den Wind geschlagen zu haben, ist bezeichnend für das fehlende Element in den Gedankengängen der Bolschewisten.

Es fällt mir, indem ich das feststelle, nicht ein, die Beweggründe der Bolschewisten irgendwie zu verdächtigen. Wie in jeder Revolutionsbewegung gibt es natürlich auch in dieser eine große Zahl Idealisten. Es gibt in ihr aber sicher auch andere Naturen. Indes lasse ich dies Moment dahingestellt. Es handelt sich hier um die Doktrin, um die Auffassungsweise und wie sie auf das Handeln der Bolschewisten zurückwirkt. Da aber gerade zeigt sich, wie sehr sie abweichen von der Auffassung des großen Meisters und Denkers Karl Marx! Sie geben fast gar keine soziale Bedingtheit für ihre Aktion zu. Ihnen genügt es, dass überhaupt mit etlicher Großindustrie auch ein Proletariat in dem Staate da ist, stark genug, um bei Ergreifung der Gewalt die aktive Rolle zu spielen. Aber sonst werden in den verschiedensten ihrer Schriften diejenigen Sozialisten, ob Marxisten oder nicht, die eine gewisse Reife des Proletariats und einen Reifegrad der ökonomischen Entwicklung als Bedingung der sozialistischen Umgestaltung betonen, verhöhnt, verspottet, oder aber beschimpft. Wie das Letztere z. B. einem so, man darf, sagen, echten Marxisten, wie Karl Kautsky geschehen ist, den Lenin und Genossen, weil er ihre Methoden kritisiert hat, frischweg als Renegaten hinstellen – von meiner Wenigkeit will ich da ganz schweigen.

Der Bolschewismus kennt nahezu keine Grenzen des Willens in der Geschichte. Es ist das Verhängnisvollste in der Politik der Bolschewisten, dass sie tun, als ob es nichts dergleichen für den Willen des revolutionären Reformers gäbe. In den Maximen ihrer Maßnahmen sind sie weit mehr das Ebenbild des ursprünglichen Zarismus als das Ebenbild des Marxismus; vom Letzteren sind sie nur ein Zerrbild. Denn das Bedeutungsvolle bei Marx ist ja gerade, dass seine und Engels Lehre eine wissenschaftlich begründete Lehre ist von den Grenzen des Willens in der Geschichte der menschlichen Gesellschaft. Man hat diese Lehre daraufhin oft fatalistisch genannt, das ist aber vollständig irrig. Der Marxismus ist weit entfernt, die Bedeutung des Willens in der Geschichte zu leugnen oder seine Notwendigkeit zu verkennen. Es hat einen demokratischen Dichter gegeben, der seit Langem vergessen ist, aber einst viel gelesen wurde und manchen begeistert hat, der frühverstorbene Friedrich von Sallet, der Verfasser des „Laienevangeliums". In einem seiner Gedichte „Geschichtliche Entwicklung" sang er in der Zeit politischen Stillstandes in Deutschland:

Man sagt uns: Jugend mit zu heißem Blute
Auf schwärmerischem Schöpfungsdrang verzichte,
Geschichtlich nur entwickelt sich das Gute, –
Doch sprecht, wo nichts geschieht, ist das Geschichte?

Diesen Standpunkt erkennt Marx vollständig an, er entspricht seiner Theorie ganz und gar. Aber was man tut, kann man nur durchsetzen im Verhältnis der gegebenen Kräfte und Entwicklungsbedingungen.

Diesem Gegenstand hat Friedrich Engels in der Streitschrift gegen Dühring einige bemerkenswerte Kapitel gewidmet, die gerade heute wieder sehr aktuell geworden sind. Eines davon trifft ganz besonders auch die Methode der Bolschewisten, sehr verschiedene Dinge auf äußerliche Merkmale hin gleichzusetzen und der geschichtlichen Bedingtheit sozialer Institutionen die nötige Beachtung zu versagen. Dühring hatte von der griechischen Sklaverei gesprochen, auf der die ganze griechische Kultur beruhte, und sie mit der Lohnarbeit gleichgesetzt. Darauf antwortet Engels:

„Wenn man sagt, die Lohnknechtschaft sei nur dasselbe wie die Sklaverei, dann könnte man auch sagen, die Menschenfresserei sei dasselbe wie die Lohnknechtschaft, denn das Ursprüngliche war nicht die Sklaverei, sondern dass man die Unterworfenen auffraß. Wie oft auch in der Geschichte die bloße Gewalt gegen die ökonomische Entwicklung war, – entweder geht sie mir der ökonomischen Entwicklung, dann erfüllt sie ihren Zweck, oder sie geht gegen die ökonomische Entwicklung, dann unter Umständen wird der Zwang (namentlich wenn rohe Völker über kultivierte Völker herfallen) zum Ruin der ganzen Kultur, oder aber dann setzt sich doch im Laufe der Zeit das ökonomische Moment durch gegen die Gewalt, die Gewalt unterliegt."

Nun, diese Erfahrung haben die Bolschewisten, wie sie selbst nicht mehr bestreiten können, machen müssen: Wo ihre Gewaltmaßnahmen die ökonomische Bedingtheit unberücksichtigt ließen, haben sie elend Schiffbruch gelitten. Die Kosten dieser Erfahrung aber hat leider das russische Volk mit unendlich vielen Opfern bezahlen müssen.

Gerade das Großartige bei Marx und Engels ist die Begrenzung, die der Wille in der Geschichte bei ihnen erfährt – er erfährt sie nämlich nach zwei Seiten hin, unter bestimmten Umständen gegen die Revolution, dann aber auch wieder für die Revolution. Auf einem Blatt, das mir Friedrich Engels aus dem Marxschen Nachlass geschenkt hat, ein Stück aus dem ersten Marxschen Entwurf (der nie gedruckt worden ist) zum Kommunistischen Manifest, steht unter anderem ein Wort, das Marx den Vertretern der alten Gesellschaft, die diese Gesellschaft für in ihrem Fundament unzerstörbar erklären, zuruft: „Ihr seid nach rückwärts gekehrte Utopisten." Das soll heißen: Ihr wollt die Entwicklung aufhalten, leugnet, dass es eine andere Gesellschaftsform geben könne über eure hinaus, wollt behaupten, eure sei die letzte; aber wenn ihr das erklärt, seid ihr nach rückwärts gekehrte Utopisten! Mit aller Schärfe betont der Marxismus die Kraft des Willens. Er hält zwar die Arbeiter von Unternehmen ab, je nachdem die dafür erforderlichen sachlichen Vorbedingungen noch fehlen. Aber er feuert sie auch an und schützt sie vor Entmutigung. Davon zeugt deutlich die vom Geist des Marxismus beeinflusste Arbeiterbewegung. „Mit uns der Sieg!" ist ihr Leitmotiv, ist das Gefühl: „Wir werden doch siegen! Wir vertreten die Sache der Zukunft!" Die Ignorierung der Grenzen für die Macht des Willens aber ist der verhängnisvolle Rechenfehler in der Politik des Bolschewismus. Er erklärt ihre vielen wirtschaftspolitischen Fehlgriffe, die sie ja einen nach dem anderen genötigt worden sind einzugestehen. Die bolschewistische Politik ist eine fortgesetzte stümpernde Experimentiererei. Eine ganze Literatur hat dafür erdrückende Beweise erbracht. Gewiss findet man in den Erlassen und Entwürfen der Bolschewisten vielerlei Bestechendes: großartige Pläne in Bezug auf das Erziehungswesen und die soziale Fürsorge, in Bezug auf die Organisierung der Produktion und Zirkulation, in Bezug auf die Hebung und Verwertung der Erdschätze und Ähnliches mehr. Aber dergleichen ist auch sonst in der Literatur des Sozialismus zu finden. Die Literatur der sozialistischen Utopisten aus dem 18. und dem Anfang des 19. Jahrhunderts ist voll von oft großartigen Gedanken und sinnreichen Entwürfen. Außerordentlich viel Geist und Intelligenz ist da verschleudert, vieles auf dem Papier ausgezeichnet ausgedacht! Manches hat auch im Laufe der Zeit Verwirklichung gefunden, wenn auch nicht in dem Umfange und in der Art und Weise, wie die spekulierenden Verfasser es sich gedacht hatten.

Für die Pläne der Bolschewisten fehlen aber in Russland heute so ziemlich alle Vorbedingungen, und zwar haben sie sie infolge ihrer Ignorierung der geistigen Notwendigkeiten zum Teil selbst zerstört. So haben sie, als sie zur Herrschaft kamen, die Arbeiter ermuntert, sich praktisch zu Herren der Fabriken aufzuwerfen, aber ohne dass diese die ökonomische Verantwortung übernahmen. Und das Resultat? Die Fabrikanten hielten es nicht aus und die Fabriken gingen zugrunde! Die Arbeiter waren einfach nicht imstande, sie selbständig zu leiten, sie waren nicht Unternehmer und wollten es auch nicht sein. Mehr noch. Ein Teil der Arbeiter – und merkwürdig: Gerade ein großer Teil der gelernten Arbeiter – gingen gleichfalls davon. In den eigenen Veröffentlichungen der Bolschewisten kann man es lesen, dass ein großer Prozentsatz der gelernten Arbeiter geradezu aus den Fabriken geflohen sind und auf das Land sich begeben haben, um als Kleinhandwerker ihr Leben zu fristen.

Im Laufe von vier Jahren bolschewistischer Herrschaft sind die Städte Russlands um über ein Viertel in der Bevölkerungszahl gesunken, und auf dem Lande gehen die Erträge des Bodens immer mehr zurück. Von der Diktatur des Proletariats, die kaum formal noch besteht, ist man gekommen zur faktischen Knechtung des Proletariats und von der „Erwürgung", um mit Bucharin zu reden, der kapitalistischen Unternehmer zur Züchtung einer Bureaukratie, wie sie kaum ein zweites Land in gleichem Verhältnis im Staat und in der Industrie aufzuweisen hat.

Ich will mich darüber nicht ins Einzelne verlieren. Es ist nicht meine Absicht, den Bolschewisten Übles nachzusagen, ich behandle nur die Fehler des Bolschewismus, weil seine Doktrin und Methoden heute wichtige Streitfragen des Sozialismus sind. Die Tatsachen aber, die ich summarisch hervorhebe, findet man in der bolschewistischen Literatur selbst hervorgehoben, sie bilden dort den Gegenstand lebhafter Diskussionen, weil man die Konsequenzen fürchtet. Bekannt ist ferner, dass die Bolschewisten neue Kapitalisten geschaffen haben und fremdländische ins Land ziehen. Sie sind einfach mit all ihrer politischen Macht nicht Herren der Dinge. Eines können sie freilich; gestützt auf ihre Garden können sie unterdrücken und knebeln, wo es ihnen gefällt. Der Terrorismus wird noch ungeschwächt geübt. Aber das verstanden auch die asiatischen Despoten und die afrikanischen Sultane. Das Elend in Russland wächst beständig, die Unterdrückung aller politischen Freiheit dauert fort. Es kann kein sozialistisches Blatt anderer Richtung erscheinen, die bürgerlichen Blätter gar nicht, nur bolschewistische Blätter werden geduldet. Es gibt auch für Andersdenkende keine Versammlungsfreiheit. Ertötet ist die freie wirtschaftliche Schaffenskraft, die für Russland einfach eine Notwendigkeit ist, wenn es sich einigermaßen erholen soll.

Ein merkwürdiges Stück Wiederholung der altzarischen Despotie. Von Nikolaus I., der in der Mitte des vorigen Jahrhunderts lebte und der Hort der europäischen Reaktion war, wird erzählt, dass er, als die Eisenbahnen aufkamen und er nun auch eine solche von Moskau nach Petersburg haben wollte, sich eine Karte kommen ließ und einen geraden Strich zog: So wird die Eisenbahn gebaut! Sie heißt noch jetzt die Nikolai-Eisenbahn. Natürlich hat sie furchtbar viel gekostet. Die Bodenverhältnisse, Sümpfe usw. waren von ihm ignoriert worden, und wie es der Zar gewollt hatte, so musste es gemacht werden. – Ein Stück von diesem Geist steckt auch in N. Uljanow Lenin. Die Folge ist zunehmende wirtschaftliche Zerrüttung.

Überall, wo kein geordnetes Rechtsverhältnis besteht, wo Unsicherheit in Bezug auf das Recht herrscht, wo man heute nicht weiß, welche Gesetze morgen in Geltung sind, da findet eine Verwüstung statt. Und was wir heute von Russland hören, von jener entsetzlichen Hungersnot ganzer Millionen, ist zum Teil gleichfalls eine Folge dieser Experimentiererei. Allerdings unmittelbar verursacht durch ein Naturereignis, über das die Menschheit bis jetzt noch keine Gewalt hat: die ungeheure Dürre. Aber man darf nicht vergessen, dass selbst gegen die Dürre der Mensch trotzdem nicht ganz wehrlos ist. Wo der Boden hinreichend gedüngt und intensiv bearbeitet ist, da ist er gegen die Dürre widerstandsfähiger als dort, wo es ihm an Dung fehlt und die Bearbeitung nur oberflächlich ist. Wo aber ein Volk, und besonders ein landbauendes Volk (Russland ist ja überwiegend Bauernland), wo Bauern die Gewissheit nicht haben, dass sie ihren Boden behalten, dass ihnen die Ernte verbleibt, bauen sie eben oberflächlich, legen sie nichts hinein in den Boden. Infolge dieser Tatsache ist z. B. Kleinasien, das früher einmal geradezu ein Paradies an Fruchtbarkeit gewesen ist, gerade an der westlichen Seite, unter der Willkürherrschaft der türkischen Paschas und unter dem willkürlichen türkischen Steuersystem, der Naturalsteuer, zu großen Teilen versandet. Und leider haben wir ein gleiches Bild in Russland. In fürchterlicher Weise offenbaren sich die Folgen der Verkennung wirtschaftlicher Gesetze, der materiellen und geistigen, beziehungsweise seelischen Bedingungen des Wirtschaftslebens und der Funktionen der Wirtschaftsträger auf einem gewissen Stande der Entwicklung. Man hat es geschehen lassen, dass die großen Güter, die zum Teil sehr rationell bewirtschaftet wurden und große Überschüsse an Produkten lieferten, unter die Bauern aufgeteilt wurden. Was war die Folge? Die Überschüsse haben aufgehört. Nun kann man nicht für alles das System, die Partei verantwortlich machen. In der Revolution geschehen auch viele Dinge gegen den Willen der Revolutionäre selbst. Aber um die unvermeidlichen Auswüchse auf das möglichst geringe Maß herabzusetzen und möglichst bald zu Zuständen zu gelangen, die dem Bedürfnis der Wiederherstellung des Wirtschaftslebens entsprachen, war das Zusammenwirken aller geboten, die sich auf den Boden des Rechtszustandes stellten, den die Revolution des Februar 1917 geschaffen hatte. Dass man das Gegenteil in dem Wahn herbeiführte, es komme nur darauf an, die Gewalt zu haben, um dann – wie Bucharin sagte –, wenn die ganze bürgerliche Volkswirtschaft „erwürgt" war, von Neuem anzufangen, das konnte nur solche Zerrüttungen zur Folge haben. So darf es ein Kind machen, das mit seinem Baukasten spielt. Aber die Idee, so mit den Daseinsbedingungen eines Volkes von Millionen und Abermillionen umgehen zu können, ist Zäsarenwahnsinn, gleichviel ob von einem gekrönten Machthaber oder von Revolutionären. Er konnte bei den Bolschewisten nur Boden fassen, weil der Grundgedanke ihrer Doktrin ein durchaus falsch ausgelegter, maßlos vergröberter Marxismus ist.

Hierzu ist noch Folgendes zu sagen:

Der Bolschewismus hat viele Kritiker gefunden, und es lag nahe, einige davon zu zitieren. Um indes mir nicht den Vorwurf der Parteilichkeit zuzuziehen, habe ich an dieser Stelle davon Abstand genommen. Nur einer Arbeit glaube ich gedenken zu sollen. Es ist das Schriftchen von N. Gefimoff „Zur Soziologie des Bolschewismus" (Berlin, Verlag Freiheit). Der Verfasser, ein Russe, der die ersten Jahre der Herrschaft der Bolschewisten im einstigen Zarenreich mit durchlebt hat, weist den inneren Zusammenhang des Bolschewismus mit der Bewegung der revolutionären Terroristen des zarischen Russland nach, die eine Bewegung nicht der Arbeiterklasse, sondern von klassenlosen Intellektuellen war und deren Tendenz, einander im Radikalismus zu überbieten, sich aus den politischen Zuständen Russlands begreift. Auf diese Weise konnte es geschehen, dass die nach Russland gelangte Marxsche Lehre eine so – man muss sagen, b r u t a l e Ausdeutung erfuhr.

In der Tat ist der Bolschewismus eine spezifisch russische Erscheinung, zu verstehen aus den Verhältnissen, die in Russland lange geherrscht haben, wo unter einem absolutistischen Regime die größten Zwangsmittel der Unterdrückung üblich gewesen sind. Zu verstehen ist sie, aber darum noch durchaus nicht nachahmenswert. Sie ist das Beispiel der verderblichen Wirkungen eines verhängnisvollen Fehlers im Denken, der sich äußert im Glauben an die Allmacht der rohen Gewalt, in der Verkennung der fundamentalen Gesetze des gesellschaftlichen Daseins und in der Missachtung des organischen Prinzips in der Entwicklung der aus der Wildheit herausgetretenen menschlichen Gesellschaften.

Neuntes Kapitel.

Die nächsten möglichen Verwirklichungen des Sozialismus.

Dem Schreiber dieses wird der Ausspruch nachgesagt: „Das Endziel ist nichts, die Bewegung alles!" Es ist mir jedoch nicht eingefallen, einen so begriffslosen Satz aufzustellen. In Wirklichkeit habe ich seinerzeit (im Frühjahr 1898) in einer Antwort auf den Vorwurf, dass in meinen Aufsätzen fast nie vom Endziel des Sozialismus die Rede sei, erwidert, ich habe für das, was man gemeinhin „Endziel des Sozialismus" nenne, außerordentlich wenig Sinn und Interesse. Dieses Ziel, was immer es sei, sei mir nichts, die Bewegung alles. Ich bekannte ein persönliches Uninteresse, war aber weit davon entfernt, einen Allgemeingültigkeit beanspruchenden objektiven Leitsatz aufzustellen.

Der Ausspruch wurde aber so aufgefasst und gab Anlass zu einem gewissen Lärm. Welche bestimmten Umstände dies bewirkt hatten, kann hier unerörtert bleiben. Soviel aber sei bemerkt, dass unter anderen Verhältnissen, als sie damals obwalteten, kaum jemand sich über ihn aufgehalten hätte. Denn in der Sache sagte er nichts wesentlich anderes, als was in den Sätzen ausgesprochen ist, die Marx im Jahre 1871 der von ihm verfassten Ansprache des Generalrats der Internationalen Arbeiterassoziation über den Bürgerkrieg in Frankreich einverleibte:

„Die Arbeiterklasse ... hat keine fix und fertigen Utopien durch Volksbeschluss einzuführen. Sie weiß, dass, um ihre eigene Befreiung und mit ihr jene höhere Lebensform hervorzuarbeiten, der die gegenwärtige Gesellschaft durch ihre eigene ökonomische Entwicklung unwiderstehlich entgegenstrebt, dass sie, die Arbeiterklasse, lange Kämpfe, eine ganze Reihe geschichtlicher Prozesse durchzumachen hat, durch welche die Menschen wie die Umstände gänzlich umgewandelt werden ... Sie hat nur die Elemente der neuen Gesellschaft in Freiheit zu setzen, die sich bereits im Schoße der zusammenbrechenden Bourgeoisiegesellschaft entwickelt haben."

Bei mir folgte dem zitierten Ausspruch der Zusatz: „Und unter Bewegung verstehe ich sowohl die allgemeine Bewegung der Gesellschaft, das heißt den sozialen Fortschritt, wie die politische und wirtschaftliche Agitation und Organisation zur Bewirkung dieses Fortschritts."

Es wäre nun abgeschmackt, den Eindruck erwecken zu wollen, dass zwischen dem Sinn des Marxschen Ausspruchs und meiner Bemerkung überhaupt kein Unterschied von Bedeutung sei. Ein solcher ist unbestreitbar vorhanden. Er besteht darin, dass Marx die angezeigte neue Gesellschaft schneller kommen, den Zusammenbruch der alten rascher sich vollziehen sah, als ich, und in dieser Annahme eine andere Sprache führte. Aber der Gedanke, dass die Bewegung und die sich aus ihr ergebenden Kämpfe das Entscheidende seien und auf sie alles ankomme, ist auch bei ihm das Leitmotiv.

Seit Marx die vorgenannte Schrift verfasst hat, ist ein gutes halbes Jahrhundert verflossen, und es kann die Frage aufgeworfen werden, ob er nicht doch geglaubt hat, dass es mit dem völligen Zusammenbruch der alten Gesellschaft nicht so lange dauern werde. Manches spricht dafür, und jedenfalls ist die Frage um der richtigen Beurteilung verschiedener Marxscher Aussprüche willen, die jener Periode seines Lebens angehören, der Untersuchung wert. Für unsere Betrachtung aber genügt die Feststellung der Tatsache, dass der Begründer des wissenschaftlichen Sozialismus hier unverblümt erklärt, die kommende neue Gesellschaft werde nur das Ergebnis „einer g a n z e n R e i h e geschichtlicher P r o z e s s e sein, durch welche die M e n s c h e n wie die U m - s t ä n d e gänzlich u m g e w a n d e l t werden".

Als Marx sein Hauptwerk, das „Kapital", schrieb, befand sich die europäische Welt politisch wie wirtschaftlich im Fahrwasser des demokratisch gerichteten Liberalismus. Die Verfassungen wurden in seinem Sinne reformiert, die Einengungen der Presse und des Vereinsrechts gemildert oder aufgehoben, die Wahlrechte zu den Parlamenten erweitert. In England hatte der Freihandel gesiegt und schien von da aus seinen Siegeslauf durch die ganze kapitalistische Welt antreten zu wollen. Zollsätze wurden herabgesetzt und Handelsverträge mit der Klausel der Meistbegünstigung geschlossen, die eine Vorstufe zum vollen Freihandel darstellten. Die erwartete Ära des Weltfriedens wurde freilich durch die drei deutschen Kriege arg beeinträchtigt, aber die von ihnen bewirkte Schädigung des Wirtschaftslebens nicht allzu tief empfunden. Die kapitalistische Produktion machte Zeiten der Krise durch, blieb aber in aufsteigender Entwicklung; der Reichtum der kapitalistischen Länder wuchs, der Weltverkehr in Gütern nahm steigend zu, die Städte und Industriezentren dehnten sich aus, die Industrie- und Handelsunternehmungen vergrößerten sich, und in Zusammenhang damit nahm auch die industrielle Arbeiterschaft, das Proletariat, bedeutend an Zahl zu. Die liberale Epoche kam aber mit Ende der siebziger Jahre, um die Zeit, da Marx durch Krankheit gezwungen wurde, die Feder aus der Hand zu legen, zum Stocken. Eine Welle schutzzöllnerischer Reaktion flutete über die Welt und zog kolonialpolitische Strebungen imperialistischer Natur nach sich; die Beziehungen zwischen den Großmächten erfuhren eine Wendung zum schlechteren, die Bildung von Mächtekoalitionen begann und mit ihr eine Ära des Wettrüstens zu Wasser und zu Lande. Zu gleicher Zeit aber nahm die Arbeiterbewegung einen neuen Aufschwung, die sozialistische Internationale ward wieder ins Leben gerufen und übertraf in verhältnismäßig kurzer Zeit die alte Internationale in Bezug auf Zahl der angeschlossenen Länder und innere Stärke ihrer Landessektionen.

Unter dem Einfluss all dieser Vorgänge erhielt die Welt der Länder moderner Entwicklung eine andere Physiognomie, als Marx sie gekannt hatte und voraussehen konnte. Eine geistige Reaktion in Bezug auf die Beurteilung der Völkerbeziehungen und die Sicherheit im Inneren bemächtigte sich der bürgerlichen Klassen. Sie wagten nicht den Krieg zu wollen und glaubten immer weniger an die dauernde Erhaltung des Friedens. Sie hatten nach dem Misserfolg des Bismarckschen Ausnahmegesetzes gegen die Sozialdemokratie den Glauben an die Möglichkeit der Niederhaltung dieser durch Gewaltmittel eingebüßt und sahen sich doch der wachsenden Arbeiterbewegung gegenüber in die Verteidigungslinie gedrängt. In Deutschland war die Wirkung eine zunehmend schwächere Haltung des Bürgertums der Regierung gegenüber, und immer neue Versuche dieser, durch gesetzgeberische Zugeständnisse an die Arbeiter diese der Sozialdemokratie abtrünnig zu machen, was aber nicht gelang. Das Hauptstück der Zugeständnisse, die von Bismarck eingeleitete Arbeiterversicherung, hatte vielmehr die entgegengesetzte Wirkung. Sie gab den Arbeitern materiell zu wenig, um sie zu befriedigen, trieb aber in ihren sozialen Konsequenzen weit über das von Bismarck Gewollte hinaus. Sie schuf in den Organen der Versicherung (Krankenkassen, Beiräte der Unfallversicherung und der Invalidenversicherung) eine Beamtenschaft der Arbeiterklasse, die dieser im Laufe der Zeit für Organisations- und Vertretungszwecke anderer Natur eine große Fülle sachkundiger Persönlichkeiten zur Verfügung stellten. In der gleichen Richtung wirkten die Gewerbegerichte durch das Institut der Beisitzer aus der Arbeiterschaft. Unterstützt durch diese Einrichtungen breiteten sich in Deutschland die Gewerkschaften der Arbeiter im letzten Jahrzehnt des neunzehnten und weiter im zwanzigsten Jahrhundert in ungeahnter Weise aus, sodass sie schließlich die englischen Gewerkschaften an Zahl der Mitglieder nahezu erreichten, an innerer Durchbildung und wirkungsvoller Zusammenfassung der Kräfte aber noch übertrafen. Parallel damit wuchs die politische Organisation der Arbeiterklasse und ihre Presse und mehrte sich die Zahl ihrer Vertreter in den staatlichen und örtlichen Parlamenten. Ein Netz von gesetzlichen und freien Vertretungen der Arbeiter überzog das Land, jede Stadt von irgendwelcher Bedeutung erhielt ein von der Arbeiterbewegung selbst geschaffenes und unterhaltenes Volks- oder Gewerkschaftshaus als Sammelpunkt und ein Arbeitersekretariat, wo der Arbeiter Auskunft über die ihn betreffenden Sozialgesetze erhielt, zugleich aber auch durch die Natur der Dinge auf die politischen und wirtschaftlichen Organisationen seiner Klasse aufmerksam gemacht wurde. Das neue Jahrhundert sah außerdem eine bedeutungsvolle Ausbreitung und Stärkung der Arbeiterkonsumgenossenschaften, deren Leiter und Angestellte das Heer der Beamten der Arbeiterschaft noch wesentlich vermehrten.

Auf der anderen Seite waren aber auch die Unternehmer nicht unorganisiert geblieben. Auf rein wirtschaftlichem Gebiete waren in allen Industrien Kartelle und Syndikate gegründet worden, um dem Druck der Konkurrenz auf die Preise Grenzen zu setzen, und in vielen Fällen auch dazu übergegangen, bei eingetretener oder drohender Überproduktion produktionsregulierend zu wirken, d. h. zeitweilig die Produktion systemgemäß einzuschränken. Ein noch engerer Zusammenschluss von kapitalistischen Unternehmungen fand in Gestalt von trustartigen Verbindungen und Fusionen oder Konzernen der großen Industrie statt. Zum Widerstand gegen die Gewerkschaften und sonstigen Koalitionen der Arbeiter wiederum waren Unternehmer- bzw. Arbeitgeberverbände geschaffen worden, deren Zahl schließlich so groß war, dass die von ihnen vertretenen Unternehmungen erheblich mehr Arbeiter beschäftigten, als gewerkschaftlich organisiert waren. Trotz ihrer Zahl und finanziellen Macht war ihre Widerstandskraft den Arbeitern gegenüber aber doch begrenzt. Es wuchs die Zahl der Fälle, wo sie es für klüger hielten, mit den organisierten Arbeitern Tarifverträge abzuschließen, statt ihnen einseitig die Löhne diktieren zu wollen, und in der Statistik der Gewerkschaften ist die Zahl der Fälle, wo Lohn- usw. Bewegungen ohne Zuhilfenahme von Streiks oder Aussperrungen zu Tarifabmachungen führen, erheblich größer als die Zahl der Fälle, wo es zum Messen der Kräfte im gewerblichen Kampf kommt.

So stellte sich in Deutschland am Vorabend des Krieges das soziale Bild der Industrie in verschiedenen Punkten wesentlich anders dar, als Marx es in „Das Kapital" vorausgezeichnet hatte. In dessen Kapitel „Geschichtliche Tendenz der kapitalistischen Akkumulation" hatte es bei ihm geheißen:

„Mit der beständig abnehmenden Zahl der Kapitalmagnaten, welche alle Vorteile dieses Umwandlungsprozesses [die Konzentration der Unternehmungen. Ed. B.] usurpieren und monopolisieren, wächst die Masse des Elends, des Druckes, der Degradation, der Ausbeutung, aber auch die Empörung der stets anschwellenden und durch den Mechanismus des kapitalistischen Produktionsprozesses selbst geschulten, vereinten und organisierten Arbeiterklasse."

In Wirklichkeit war die Zahl der Kapitalmagnaten trotz der starken Konzentrationsbewegung der Wirtschaftsunternehmungen noch beständig gestiegen. So hatte in Preußen – eine Reichsstatistik gibt es bis jetzt darüber nicht – die Zahl der Zensiten mit über einer halben Million Vermögen in der Zeit von 1895, dem Jahr der ersten Aufstellung einer Vermögensstatistik, bis 1914 um mehr als 50 Proz. zugenommen, und noch stärker hatte sich die Schicht der obersten Einkommensklassen vermehrt. Aber auch die Schicht der mittleren Einkommensklassen war stärker angewachsen als die Gesamtbevölkerung, und wenn die erreichte Lage der Arbeiterklasse auch noch viel zu wünschen übrig ließ, so war sie doch wirtschaftlich und sozialrechtlich eine bessere, als etwa zur Zeit, wo Marx jene Zeilen geschrieben hatte. Große Kategorien von Arbeitern hatten den neunstündigen Arbeitstag errungen und wenige arbeiteten mehr als zehn Stunden. Das Lohneinkommen war dem Nennwert nach erheblich, der Kaufkraft nach weniger, aber immerhin nicht unwesentlich über die vormalige Höhe gestiegen. Gewerbeordnung, Gewerbegerichte, Tarifverträge bzw. Tarifämter, die Versicherungsgesetze, öffentliche und freigewerkschaftliche Arbeitsvermittelung und verwandte Einrichtungen hatten in Verbindung mit dem Koalitionsrecht dahin gewirkt, dass, statt Degradation, eine Hebung der rechtlichen Stellung des Arbeiters dem Unternehmer und dessen Beamten gegenüber eingetreten war. Elend war in bestimmten Schichten der Arbeiterwelt noch da, aber es hatte nicht zugenommen. Zeichen sind dafür unter anderem die Zunahme des Verbrauchs an Brotfrüchten und verschiedenen Genussmitteln sowie Textilwaren auf den Kopf der Bevölkerung; ferner der Rückgang der Sterbeziffern und die erhebliche Zunahme der Eheschließungen. Mit dieser Letzteren ging freilich Hand in Hand eine kontinuierliche Abnahme der Geburten. Indes auch sie ist, wie jedem Sachkundigen der Bevölkerungswissenschaft bekannt, ein Zeichen abnehmender Massenarmut. Die Zunahme der Eheschließungen in der Epoche des vorgeschrittenen Kapitalismus widerlegte die gleichfalls von Sozialisten aus den Erscheinungen der Epoche der aufkommenden kapitalistischen Produktion abgeleitete Folgerung, dass der Kapitalismus zur völligen Auflösung der Familie im Proletariat führe.

Allerdings hatte der Mechanismus des kapitalistischen Produktionsprozesses diese Wirkungen nicht etwa selbsttätig herbeigeführt. Wohl war auch er nicht ganz unbeteiligt daran, in verschiedener Hinsicht hatte er ökonomische Vorbedingungen der sozialen Verbesserung geschaffen. Wie aber schon aus der obigen Aufzählung ersichtlich, war die Verbesserung selbst zum größten Teil Frucht s o z i a l e r Gegenaktion, einerseits der Gesetzgebung und Verwaltung, auf welche die Arbeiter in immer stärkerem Maße mittels politischen Drucks einwirkten, und andererseits der direkten Aktion der wirtschaftlichen Organisationen der Arbeiter selbst. Welches immer aber auch die Kräfte waren, die das Bild anders gestaltet hatten, es war in Bezug auf Klassengliederung und soziale Lage der Klassen nicht das, was Marx vorgezeichnet hatte. Und wenn, um Marx in kein falsches Licht zu stellen, bemerkt werden muss, dass dieser eben nur eine T e n d e n z gekennzeichnet hatte, was schon einschloss, dass die Wirklichkeit eine abweichende Entwicklung herbeiführen konnte, so war die Abweichung eben Tatsache und damit schon angezeigt, dass auch die weitere Entwicklung sich nicht nach jenem Schema gestalten werde.

Dazu kam noch, dass auf dem Lande die Entwicklung der Klassen sich überhaupt in anderer Richtung vollzogen hatte, als in Industrie, Handel und Verkehr. Hier war von einer Aufsaugung der mittleren und kleinen Unternehmungen durch die großen ganz und gar nichts zu verspüren. Sie legten im Gegenteil eine größere Zähigkeit als diese an den Tag. Auch dies wieder in hohem Grade durch Nutzbarmachung sozialer Gegenmittel, von denen in erster Reihe das sehr ausgebildete ländliche Genossenschaftswesen zu nennen ist, dessen volle Ausnutzung dem mittleren und kleinen Bauern fast alle technischen Vorteile zugängig macht, die dem mit beträchtlichem Kapital ausgerüsteten Großgrundbesitzer zur Verfügung stehen. Es sind aber noch andere, in der Produktion selber liegende Momente, welche für die Landwirtschaft eine andere Entwicklung der Betriebsgrößen zur Folge haben, als sie in der Industrie vor sich geht. Es sei davon nur der bedeutungsvolle Umstand erwähnt, dass die landwirtschaftliche Produktion wesentlich o r g a n i s c h e, auf die Zucht von Tier und Pflanze gerichtete und nicht m e c h a n i s c h e, totes Material bearbeitende Produktion ist.

Der Krieg hat an diesem sozialen Entwicklungsgang grundsätzlich nichts geändert. Er brachte zeitweilig ungeheure Verschiebungen in den Beschäftigungen der Klassen und Geschlechter mit sich. Für die Millionen männlicher Personen, die im Feld, in der Etappe und als Garnison in besetzten Gebieten gebraucht wurden, mussten weibliche Personen die in Industrie, Handel und Verkehr eingetretenen Lücken ausfüllen; die Berufstätigkeit der Frau erhielt eine bedeutende Erweiterung. Die Industrie wurde veranlasst, ihre Produktion dem Kriegsbedürfnis anzupassen. Für die Fabrikation von Geschützen, Munition und Sprengstoffen wurden die bestehenden Werke vergrößert, neue hinzugebaut und viele Fabriken, die vordem Fabrikate ganz anderer Natur hergestellt hatten, auf die Produktion von solchem Kriegsmaterial umgestellt. Ferner wurde der Handel in Nahrungsmitteln und anderen wichtigen Bedarfsgütern aus Gründen der durch die Abschneidung der Zufuhren notwendig gewordenen Einschränkung des Verbrauchs unter öffentliche Kontrolle gestellt, zu welchem Zweck Zentralstellen für die verschiedenen Bedarfsartikel geschaffen wurden, die deren Abgabe an die Verbraucher regelten. Sie ward je nachdem von einem Nachweis der Benötigung abhängig gemacht, Artikel des täglichen Bedarfs (Brot, Fleisch, Milch usw.) wurden rationiert und durften von den Händlern nur gegen Marken abgegeben werden; auch wurden für sie Höchstpreise festgesetzt, über die hinaus dem Käufer keine Bezahlung abverlangt werden sollte. Für die Zentralisierung der Beschaffung bestimmter Fabrikate wurden unter Förderung durch die Behörden Kriegsgesellschaften gegründet, die auf die Produktion im Sinne der Ersparung falscher Kosten zurückwirken sollten.

Alles das zuletzt Geschilderte ist zu seiner Zeit von manchen als sozialistisch oder Verwirklichung sozialistischer Gedanken gepriesen worden und hat ja auch Berührungspunkte mit dem sozialistischen Grundsatz der Regelung von Produktion und Vertrieb unter dem Gesichtspunkt des Gemeinschaftsinteresses und der höchsten Wirtschaftlichkeit. Aber solche Art Zusammenfassung der Mittel und Unterordnung von Produktion und Handel unter das augenblickliche Interesse des großen Ganzen hat es schon oft in Kriegszeiten gegeben, und wenn man sie Sozialismus nennen will, dann wäre diese Art Sozialismus ziemlich so alt wie überhaupt der Krieg. Man hat sie Kriegssozialismus getauft, und in einer Hinsicht nicht ohne Berechtigung, indem sie nämlich den Krieg nicht überdauert hat. Das hat sie früher nicht getan, und ist in Deutschland auch diesmal nicht der Fall gewesen. Und zwar ist hier gerade das am schnellsten in Wegfall gekommen, was am meisten des Erhaltens wert war: der Schutz der Verbraucher gegen Überwucherung. Allerdings hatte er schon in den letzten Kriegsjahren an Wirksamkeit stark eingebüßt. Für viele Artikel war die Festsetzung von Höchstpreisen jedesmal das Signal gewesen, dass sie aus der öffentlichen Auslage der Händler verschwanden und nur noch hinten herum – im „Schleichhandel" – zu Wucherpreisen zu erhalten waren. In der ersten Zeit sorgte der über die Gemüter gekommene patriotische Rausch dafür, dass die meisten sich den im Allgemeininteresse notwendig gewordenen Bestimmungen willig fügten. Als er aber nachließ, gewann Schritt für Schritt die Wucherei und ihre Unterstützung durch die Gedankenlosigkeit der einen und die Grundsatzlosigkeit der anderen so sehr die Oberhand, dass zuletzt es für Narretei galt, nicht Preise zu fordern, wie die zahlungsfähigen Käufer sie sich noch gefallen lassen würden, und nicht sich so zu ernähren, wie es einem die Mittel erlaubten. Die soziale Moral war schon stark erschüttert, als mit dem Zusammenbruch seiner Armee auch das Kaisertum selbst zusammenbrach.

Die Revolution konnte das weitere Umsichgreifen des eingerissenen Übels nur zeitweilig aufhalten. Noch hatten ihre natürlichen Widersacher, die Reaktionäre der verschiedenen Grade, sich von dem sie lähmenden Schrecken nicht erholt, da boten schon die von der bolschewistischen Regierung Russlands in größtem Umfange mit Geld und anderen Propagandamitteln ausgestatteten Agitatoren für die Rätediktatur alle Kräfte auf, das Ansehen der jungen Republik im Volk zu untergraben. Von der großen Mehrheit derjenigen, welche die im Jahre 1919 an den verschiedenen Orten Deutschlands in Szene gesetzte Aufstände als Kämpfer mitmachten, darf man wohl sagen: Sie wussten nicht, was sie taten. Dass die Unterwerfung Deutschlands unter die Gebote einer Rätediktatur eine platte Unmöglichkeit war, hätte sich jeder sagen können, der dessen ökonomische Lage und soziale Gliederung nur einigermaßen kannte. Woran das ganz überwiegend agrarische Russland zugrunde gerichtet wurde, das hätte das so hoch entwickelte industrielle Deutschland noch weniger ausgehalten. Der höher ausgebildete Organismus ist gegenüber Eingriffen der Gewalt in sein funktionelles Leben viel empfindlicher als der tieferstehende. Immerhin wird man als Sozialist es bedauern müssen, dass die Periode der Regierung durch den Rat der Volksbeauftragten, die ja doch der Sache nach gleichfalls eine Regierung der Diktatur war, wenn auch, zu ihrer Ehre sei es gesagt, einer freiheitlichen, durchaus human und weitherzig gehandhabten Diktatur, in wirtschaftspolitischer Hinsicht nicht wirksamer ausgenutzt worden ist. Man hätte z. B. ohne nennenswerten Widerspruch aus den bürgerlichen Klassen, die froh genug waren, dass es ihnen vonseiten der zur Herrschaft gelangten Arbeiterklasse nicht an den Kragen ging, und ohne Schaden für die Volkswirtschaft ein viel weitergehendes Anrecht des Staates am Boden und den Bodenschätzen durch Verfügung festlegen können, als es tatsächlich geschehen ist. Aber in die Notwendigkeit gedrängt, die Republik gegen die gewalttätigen Anstürme von links verteidigen zu müssen, mit den vielen, keinen Aufschub duldenden Aufgaben belastet, die ihr aus den Sorgen für die Unterbringung und Auflösung des zurückflutenden Millionenheeres, den unsicheren Zuständen im Osten und Nordosten, den Waffenstillstandsforderungen der Siegermächte und vielen inneren Verwaltungsangelegenheiten erwuchsen, kam sie innerhalb jener knapp drei Monate währenden Epoche um so weniger zur Beratung und Ausarbeitung der für eine solche, in Rechte verschiedenster Art eingreifenden Verordnung, als über die Abgrenzung der Rechte der Gesamtrepublik und der Republiken gewordenen Einzelstaaten noch weitgehende Meinungsverschiedenheiten herrschten und der Regelung durch die verfassunggebende Nationalversammlung harrten.

Außerdem war sie gerade in Bezug auf die Fragen der Umwandlung von privatem in öffentliches Eigentum in ihren Entschlüssen nicht frei. Nach dem ganzen Gebahren der Siegermächte dem besiegten Deutschland gegenüber musste mit der Möglichkeit gerechnet werden, dass diese sich im Friedensvertrag für bestimmte Fälle ein Recht der Beschlagnahme öffentlichen Eigentums vorbehalten würden, und in der Tat ist das im Versailler Friedensdiktat geschehen. Gleich der erste Artikel des Abschnitts, der die Finanzfragen behandelt – Artikel 248 –, setzt fest, dass die aus dem Diktat den Alliierten zugesprochenen Ansprüche an Deutschland als „erste Last auf allen Vermögenswerten und Einnahmequellen Deutschlands und der deutschen Bundesstaaten" haften.

Mit dem Zusammentritt der am 19. Januar 1919 gewählten Nationalversammlung nahm die Regierung des ausschließlich aus Sozialdemokraten bestehenden Rats der Volksbeauftragten ihr Ende. Nach Annahme eines Gesetzes über die vorläufige Reichsgewalt wählte die Nationalversammlung zwar am 10. Februar 1919 mit 277 von 379 Stimmen den Sozialdemokraten Fritz Ebert zum Präsidenten der deutschen Republik, das erste Kabinett aber war eine Koalitionsregierung aus 7 Sozialdemokraten, 3 Mitgliedern der Zentrumspartei, 3 Mitgliedern der Demokratischen Partei und einem der Demokratischen Partei nahestehenden parteilosen Minister. Von da ab hat Deutschland nur Koalitionsregierungen gehabt, die mit Ausnahme der Periode vom Juni 1920 bis Juni 1921, wo die Regierung ausschließlich aus Vertretern bürgerlicher Parteien bestand, aus sozialdemokratischen und bürgerlichen Ministern zusammengesetzt waren. Es ist nicht undenkbar, aber nicht sehr wahrscheinlich, dass die Wahlen der nächsten Jahre eine Mehrheit von Sozialdemokraten in den Reichstag bringen werden. Die Wahlen vom Juni 1920 zum ersten Reichstag der Deutschen Republik haben im Gegenteil eine relative Abnahme der sozialistischen im Verhältnis zu den bürgerlichen Stimmen ergeben. Während bei den Wahlen zur Nationalversammlung 13 827 000 sozialistische gegen 16 574 000 bürgerliche Stimmen abgegeben worden waren, war nun das Verhältnis 10 952 000 sozialistische gegen 15 065 000 bürgerliche Stimmen. Von nahezu 45,50 vom Hundert war der Anteil der sozialistischen Stimmen auf 42,1 vom Hundert zurückgegangen.

Da die stärkste der sozialistischen Parteien in Deutschland, die Sozialdemokratische Partei Deutschlands, kürzer Partei der Mehrheitssozialisten genannt, sich auf den Boden der Regierung durch die aufgrund allgemeinen, gleichen und direkten Wahlrechts der erwachsenen Bevölkerung gewählte Volksvertretung gestellt hat, wird, solange jenes Stimmenverhältnis obwaltet, auf dem Wege der Gesetzgebung nur soviel Sozialismus zu verwirklichen sein, für wieviel es den Sozialisten gelingt, auf dem Wege der Verständigung oder der Demonstration die Zustimmung der vorgeschritteneren Elemente der bürgerlichen Parteien zu erlangen.

Das braucht nicht notwendigerweise w e n i g zu sein. Wie immer man sich den vollendeten sozialistischen Zustand denkt, so kann doch niemand darüber im Zweifel sein, dass er nicht mit einem großen Sprung erreicht werden, sondern nur das Ergebnis einer ganzen Kette von Maßnahmen sein kann, die in mehr oder weniger Zeit in Anspruch nehmenden Zwischenräumen zur Durchführung gebracht werden. Das haben die großen Begründer des wissenschaftlichen Sozialismus bei verschiedenen Gelegenheiten anerkannt. Keine dieser Maßnahmen aber wird, keine d a r f unverträglich sein mit dem im betreffenden Zeitpunkt gegebenen Stand der wirtschaftlich-sozialen Entwicklung. Ist sie es, dann wird sie eben fehlschlagen und die Sozialisten, die sie forderten oder erzwangen, mehr schädigen als die bürgerlichen Parteien. Für diejenigen Maßnahmen aber, die mit dem erreichten Stand der wirtschaftlich-sozialen Entwicklung verträglich waren, haben sich, auch wenn sie noch so stark in die Rechte und in die Machtsphäre des Besitzes eingriffen, fast immer noch bestimmte Flügel der nichtsozialistischen Parteien gewinnen lassen.

Es ist also ein sehr genaues Eindringen in die voraussichtlichen Wirkungen wirtschaftlicher und sozialpolitischer Maßnahmen notwendig. Die Zusammenstellungen sozialistischer Maßnahmen, welche Marx und Engels bei verschiedenen Gelegenheiten – am Schluss des Kommunistischen Manifests, sowie als Programm der Forderungen der Kommunistischen Partei in Deutschland nach Ausbruch der Revolution von 1848 – für den Fall der Besitzergreifung der politischen Macht durch die Arbeiter ausgearbeitet haben, können heute nur mit diesem Vorbehalt in Betracht gezogen werden. Teile von diesen Forderungen sind durch bürgerliche Bewegungen und Parlamente zur Verwirklichung gebracht worden; andere setzen den Zustand einer auf die Spitze getriebenen politischen Revolution und eine längst nicht mehr bestehende Einfachheit der Verhältnisse voraus und wieder andere bergen Probleme, deren ihre Verfasser sich nicht bewusst waren und bei jener Einfachheit der Verhältnisse auch nicht sein konnten. Dahin gehört zum Beispiel die Forderung des Kommunistischen Manifests: „Zentralisation des Kredits in den Händen des Staats durch eine Nationalbank mit Staatskapital und ausschließlichem Monopol." Gegenüber dem hochentwickelten und weitverzweigten Kreditsystem unserer Zeit ist sie von einer geradezu kindlichen Simplizität. Ebenso die Forderung von 1848: „Die Hypotheken auf den Bauerngütern werden für Staatseigentum erklärt", wo heute die Masse dieser Hypotheken in den Händen öffentlicher und halböffentlicher Institute (Sparkassen, Versicherungsgesellschaft usw.) sind. Die Forderung des Kommunistischen Manifests „Abschaffung des Erbrechts" ist von dessen Verfassern im Programm aus der 1848er Revolution in „Beschränkung des Erbrechts" abgetönt, und später nennt Marx sie in der Polemik gegen die Bakunisten eine Saint-Simonistische Marotte. Mit dem Fortschritt der Gesellschaft erhalten bestimmte Forderungen ein anderes Gesicht, muss der ihnen zugrunde liegende Gedanke in anderer Form praktische Anwendung finden. Es wird in der Arbeit für sozialistische Verwirklichungen eine sehr viel ausgearbeitetere Spezialisierung notwendig. Sie lässt die Fortschritte, die jeweilig gemacht werden können, kleiner erscheinen, als manche früher vollzogenen, sie werden aber dafür auf bedeutend größerem Umfange gemacht, als jene.

Nachdem durch die politischen Umwälzungen, die der Krieg im Gefolge gehabt hat, die staatspolitischen Rechtsforderungen der Sozialdemokratie in Deutschland und in den meisten anderen Ländern im Wesentlichen zur Verwirklichung gelangt sind, handelt es sich darum, den sozialistischen Gedanken im Wirtschaftsleben zu immer stärkerer praktischer Anwendung zu bringen, Bestrebungen, für die heute der Sammelbegriff S o z i a - l i s i e r u n g gebraucht wird. Es liegt nahe, für ihn das deutsche Wort Vergesellschaftung zu setzen. Dieses sagt aber nicht ganz das Gleiche. Bei ihm denkt man fast nur an die Umwandlung von privaten Unternehmungen oder Gruppen von solchen in öffentliches und für die Allgemeinheit bewirtschaftetes Eigentum. Der Begriff Sozialisierung hat aber einen weiteren Rahmen. Er findet auch Anwendung auf die Umwandlung von Rechten auf die

Unternehmung und über ihren Betrieb. Und das ist für das vorliegende Problem von nicht geringer Bedeutung.

Für die Umwandlung von Unternehmungen oder Industrien in gesellschaftliches Eigentum war, von örtlichen Unternehmungszweigen abgesehen, bisher die Verstaatlichung die gebräuchlichste Form, bei der es gleichgültig ist, ob der Staat Staat heißt oder Reich. Welche außerökonomischen Bedenken heute in Deutschland der Verstaatlichung entgegenstehen, ward oben dargelegt; es nehmen aber auch aus anderen Gründen nicht nur Bourgeoisökonomen, sondern auch Sozialisten Anstand, der Verstaatlichung als allgemein anwendbar das Wort zu reden. Man trägt Bedenken, die Industrie der Bureaukratisierung auszuliefern und möchte auch nicht das Staatsbeamtentum ins Unbegrenzte vermehren.

Ganz unbegründet sind diese Bedenken nicht. Was immer man der kapitalistischen Produktion vorwerfen kann, eines bleibt unbestreitbar und ist auch von Marx rückhaltlos anerkannt worden: Sie war ein gewaltiger Faktor des technisch-ökonomischen Fortschritts, der Ökonomisierung von Material und Arbeit. Es wird nun bezweifelt, dass die bureaukratisierte Produktion das Gleiche leisten würde – nicht nur, weil bei ihr der Antrieb zu durchgreifenden Verbesserungen der Technik nicht der gleiche ist, sondern auch weil der Wagemut des Unternehmers in Wegfall kommt. Es ist nicht, wie man in sozialistischen Kreisen angenommen hat, die Größe der Unternehmung, bzw. des Betriebes, die über deren Reife zur Sozialisierung entscheidet. Marx spricht im zitierten Kapitel seines Hauptwerks von dem „Punkt, wo die Konzentration der Produktionsmittel und die Vergesellschaftung der Arbeit unverträglich werden mit ihrer kapitalistischen Hülle". Aber dieser Punkt ist keineswegs in allen Produktionszweigen der gleiche. Es kommt daher heute, wo wir diesen Dingen näher stehen, durchaus darauf an, objektive Merkmale für die Eignung von Wirtschaftsunternehmungen zur Sozialisierung und für die besten Formen dieser zu suchen. Manches ist in dieser Hinsicht schon geschehen. Der aus der Praxis gekommene Stadtbaurat Alphons Horten, der sechs Jahre Direktor im Thyssen-Konzern und dann Leiter der großen de-Wendel-Werke war, gibt

in seiner sehr lesenswerten Schrift „Sozialisierung und Wieder-
aufbau" an der Hand praktischer Erfahrung eine Klassifizierung
der Unternehmungen unter dem Gesichtspunkt der Eignung zur
Sozialisierung und zeigt auf, was geschehen kann, bei dieser die
Übel der Bureaukratisierung zu vermeiden. Maßgebend ist nach
ihm die Frage, ob der infrage kommende Produktionszweig
schon in das Stadium angelangt ist, wo die Leitung im Wesentlichen nur noch Routinewerk ist und bahnbrechende Neuerungen
unwahrscheinlich geworden sind oder nicht. Ein anderes Merkmal ist nach der Ansicht des Schreibers dieses in der Natur des
Erzeugnisses gegeben, ob es einem großen, in weiten Kreisen
gleichmäßig vorhandenen Bedürfnis dient bzw. einen von Geschmack und Mode unabhängigen Absatz hat oder nicht. Sodass
also die Industrien der ersten Bearbeitung der Rohstoffe und die
der Halbfabrikate zur Sozialisierung geeigneter erscheinen würden als die der Fertigfabrikate, wofür auch spricht, dass sie in viel
höherem Grade der Konzentration in Großunternehmungen ver-
fallen sind als die Letzteren. Ein Beispiel dafür liefert die Textilindustrie, wo die Spinnerei ungleich stärker zentralisiert ist als
die Weberei und Wirkerei.

Es ist also nicht unmöglich, die Vorbedingungen für eine
wissenschaftlich-systematische Stufenfolge der Sozialisierungen
zu ermitteln, die das Problem aus der Sphäre der kritiklosen Experimentiererei herausheben und Fehlgriffen vorbeugen würde.
Das Gleiche gilt hinsichtlich der Stufen der Sozialisierung. Es
kann auf vielen Gebieten sich als notwendig erweisen und ist
auch sehr wohl möglich, diese Letztere gradweise in die Wirklichkeit umzusetzen. Worum handelt es sich überhaupt bei ihr?
Ihr Zweck lässt sich zusammenfassend kennzeichnen als die Erzielung spezifisch wirtschaftlicher und allgemein sozialer Wirkungen sowie die Änderung des Rechtsverhältnisses der in der
Wirtschaft tätigen Menschen. In erster Hinsicht zielt sie ab auf die
größte Produktion von materiellen Gütern unter der größtmöglichen Ökonomie an Sachwerten und menschlicher Arbeit; in zwei-
ter auf die möglichst umfassende Durchführung des Grundsatzes
der Genossenschaftlichkeit im Arbeitsprozess und bei der Regelung des Entgelts der Arbeit sowie um die Hebung der Rechtsstellung der als Angestellte und Arbeiter in der Wirtschaft tätigen

Personen. Alle tiefgreifenden Maßnahmen der Gesetzgebung und Verwaltung, die auf die Verwirklichung dieser Ziele gerichtet sind, gehören zum Bereich der Sozialisierung. Die Sachkundigen stimmen nun darin überein, und die vom sozialistischen Rat der Volksbeauftragten zusammengesetzte Sozialisierungskommission erklärte in ihrem ersten Bericht ausdrücklich, sie sei

„... sich bewusst, dass die Vergesellschaftung der Produktionsmittel nur in einem länger währenden organischen Aufbau erfolgen kann, ..."

und nachdem sie festgestellt hatte, dass die erste Voraussetzung aller wirtschaftlichen Reorganisation die W i e d e r b e l e b u n g   d e r   P r o d u k t i o n sei und die wirtschaftliche Lage Deutschlands „gebieterisch die Wiederaufnahme der Exportindustrie und des auswärtigen Handels" erfordere, verkündete sie es des weiteren als ihre Ansicht,

„... dass für diese Wirtschaftszweige die bisherige Organisation gegenwärtig noch beibehalten werden muss. Ebenso erfordert die Ingangsetzung der Industrie die Aufrechterhaltung und Erweiterung des Zirkulationskredits und damit die ungestörte Funktion der Kreditbanken ..."

Auch werde im Interesse der Lebensmittelversorgung „nicht vorgeschlagen werden, in die bisherigen Besitz- und Betriebsverhältnisse der bäuerlichen Verhältnisse einzugreifen". Hier solle „durch der Landwirtschaft angepasste Maßnahmen und durch Unterstützung der Genossenschaften die P r o d u k t i v i t ä t   g e - h o b e n   und die I n t e n s i t ä t   g e s t e i g e r t werden".

Die gesperrt gesetzten Worte weisen auf das oben als spezifisch w i r t s c h a f t l i c h e n Zweck der Sozialisierung Gekennzeichnete hin.

Im gewöhnlichen Verlauf der Dinge wird in der kapitalistischen Wirtschaft die Intensivierung und die höhere Produktivität der Arbeit durch den Druck der Konkurrenz erwirkt, welche die Unternehmer einander im Kampf um den Markt bzw. den Absatz machen. Die Methoden, mittelst deren sie erzielt werden und die zuletzt nichts weiter sind als Ersparung von menschlicher Arbeit, sind von Marx im Kapital in den Kapiteln über den Kampf um den Mehrwert geschildert, denn der Kampf um den Markt ist ein Stück des Kampfes um den Mehrwert. Nicht unter allen Umständen aber tritt jenes Resultat ein. Wo sich Monopolverhältnisse entwickeln, und die sind überall vorhanden, wo die Nachfrage nach Waren das Angebot übersteigt, nimmt der Drang der Unternehmer nach Intensivierung der Arbeit entsprechend ab und kann unter Umständen einschlafen. Die Folgen sind Teuerung der Waren und Notstand in weiten Kreisen der Bevölkerung, sodass die Fragen der Steigerung der Produktivität beziehungsweise der Intensivierung der Produktion Gegenstände eines hohen sozialen Interesses werden. Zeichen davon sind in verschiedenen Gegenden als Nachwirkungen des Krieges zu verspüren.

In Deutschland haben die Pflichtleistungen an die Siegermächte ebenfalls die Ersparung von Arbeit zu einem sozialen Interesse gemacht. Nun sind jedoch hier infolge des Warenmangels Unternehmungen noch rentabel, die tatsächlich in Bezug auf Größe und Einrichtungen hinter der Durchschnittshöhe der Produktionsentwicklung zurückgeblieben sind. Ihr Fortbestand heißt also volkswirtschaftlich Vergeudung von Arbeit durch Produktion unter rückständigen Arbeitsmethoden und Vergeudung von Arbeit durch unnötige Zersplitterung der Produktionsstätten. Um ihr entgegenzuwirken, sind Vorschläge zu einer Umorganisierung der Volkswirtschaft ausgearbeitet worden, für die der Name Planwirtschaft gewählt worden ist und die ins Gebiet der Sozialisierung gehören.

Der Gedanke der Planwirtschaft knüpft an Maßnahmen an, die in der Kriegszeit im Angesicht der wirtschaftlichen Kriegsnotwendigkeit auf Anregung und nach ausgearbeiteten Plänen des ideenreichen Großindustriellen Walter Rathenau und des Sozialökonomen Wichard von Möllendorf behördlich angeordnet wurden und in der großen Industrie von kartellierten Produktionsgruppen unter Beibehaltung kapitalistischer Überschusswirtschaft mit dem amerikanischen Trust als Vorbild durchgeführt worden sind. Es sollen aufgrund reichsgesetzlicher Vorschrift Verbände von Unternehmern ganzer Produktionszweige ins Leben gerufen werden, die nach Orten und Bezirken organisch zu gliedern sind und in deren Leitung die Allgemeinheit, die Unternehmer und die Arbeiter und Angestellten durch ernannte oder gewählte Vertrauenspersonen vertreten sind. Diese Leitungen sollen auf Organisation, Gliederung und Gebahren der Industrie einen weitgehenden Einfluss im Sinne möglichster sozialer Ökonomie ausüben, und ihre Zentralen sollen die Einfuhr und Ausfuhr, unter dem Gesichtspunkt der Dringlichkeit des Bedarfs und der allgemeinen Wirtschaftslage Deutschlands, regelnden Vorschriften unterwerfen. Sie sollen das Recht haben, unnütze Zwischenglieder der Wirtschaft auszuschalten und auf alle Verbesserungen in der Organisation der Produktion und den Arbeitsmethoden hinzuwirken, die dem Zweck der möglichsten Senkung der Preise dienen. Sie sollen durch Feststellung von Tarifverträgen und ergänzende Verordnungen solche Arbeitsbedingungen herbeiführen, die das Arbeitsverhältnis möglichst zufriedenstellend gestalten.

Gegen diesen Plan, den Rudolf Wissell, der erste sozialdemokratische Wirtschaftsminister der Deutschen Republik, zu einem umfassenden System ausgearbeitet hat, sind außer von bürgerlichen Theoretikern und Interessenten auch von sozialistischer Seite scharfe Einwände erhoben worden. Vor allem wird ihm vorgeworfen, dass er den kapitalistischen Unternehmer beibehalte und möglicherweise in der Praxis sogar dessen Macht noch verstärken werde. Er stehe der so dringend notwendigen Vollsozialisierung von Industrien allgemein gebrauchter Rohstoffe, wie Kohle und Eisen, im Wege und könne sehr leicht das Wirtschaftsleben schädigende bureaukratische Verfügungen und Eingriffe züchten.

Die Möglichkeit solcher Missgriffe ist nicht ganz ausgeschlossen, aber bei der vielseitigen Zusammensetzung der Leitungen sind sie nicht allzu wahrscheinlich, auch würden Verfügungen, welche sich als nachteilig erweisen, unschwer abzuändern sein. Ebenso ist nicht abzusehen, warum und wie die Verbände bei demokratischer Zusammensetzung und der im Plane liegenden beständigen öffentlichen Kontrolle die Macht der kapitalistischen Unternehmer noch stärken sollen. Es kommt ganz auf ihre Zusammensetzung an, ob der dies behauptende Einwand sich als gerechtfertigt erweisen würde oder nicht, der dem Plan zugrunde liegende Gedanke wird durch ihn nicht widerlegt. Das Gleiche gilt von dem Einwand, dass die planwirtschaftliche Organisation und Regelung von Produktion die Vollsozialisierung von Kohle, Eisen usw. aufhalten oder gar verhindern würde. Die Widerstände, mit denen diese zu kämpfen hat, erweisen sich als nicht geringer, wo wir die planwirtschaftlichen Verbände oder etwas ihnen Nahekommendes nicht haben.

Und Deutschland wird etwas dieser Art haben müssen. Die weltwirtschaftlichen Bedingungen seiner Volkswirtschaft und die auf ihm lastenden finanziellen Verpflichtungen machen es ihm unmöglich, längere Zeit bei dem Zustand der wilden Konkurrenzanarchie zu verharren, der der Beseitigung der Zwangseinrichtungen der Kriegsjahre und der ersten Jahre der Nachkriegszeit gefolgt ist. Zur Zeit, wo dieses geschrieben wird, hält der niedrige Stand seiner Währung seine Ausfuhr und rückwirkend seine Produktion auf solcher Höhe, dass es im Gegensatz zu den Ländern mit hoher Valuta so gut wie keine Arbeitslosigkeit kennt. Jedoch geht eines nach dem anderen jener Länder dazu über, Zuschlagszölle und andere Schutzmaßnahmen gegen die Konkurrenz der Länder mit tiefer Valuta einzuführen, und je mehr sich diese Maßnahmen verallgemeinern, wie das zum Beispiel in den Vereinigten Staaten schon durch Gesetzgebungsakte eingeleitet ist, um so mehr wird der aus der niedrigen Valuta erwachsende Vorteil schwinden, während der Nachteil der erschwerten Beschaffung von vollwertigen Zahlungsmitteln für den Ankauf von Rohstoffen, die Deutschland nicht selbst erzeugt, und für die Zahlung seiner Auslandsverpflichtungen bleibt. Der Übergang zu durchgreifenden Maßnahmen für die stärkere Ökonomisierung seiner Volkswirtschaft wird dann Gebot der Selbsterhaltung, und wenn man sie nicht den Zufälligkeiten und Grausamkeiten des kapitalistischen Konkurrenzkriegs überlassen will, wird man zu Maßnahmen schreiten müssen, wie sie in den Entwürfen zur Planwirtschaft vorgezeichnet sind, wenn auch vielleicht nicht ganz so schematisch. Diese Maßnahmen nun werden, wenn sie im vorentwickelten Geist in die Hand genommen werden, zwar nicht den Sozialismus, wohl aber ein bedeutsames Stück Sozialismus verwirklichen. Denn sie bedeuten jedenfalls einen wichtigen Schritt vorwärts zur gesellschaftlichen Regelung der Produktion und Erhebung der Arbeiter zur Mitbestimmung im Wirtschaftsorganismus. Sie können so elastisch gestaltet werden, dass sie der Initiative der Persönlichkeit in der Wirtschaft dort, wo sie erhaltenswert ist, das heißt, wo sie schöpferisch wirkt, einen weiten Spielraum lassen und die Vollsozialisierung der zu dieser berufenen Produktionszweige nicht hindern, sondern im Gegenteil erleichtern.

Zu Reformen in der Richtung der Gemeinwirtschaft zwingt ferner der so gewaltig gestiegene und noch andauernd steigende Finanzbedarf von Reich, Staaten und Gemeinden. Man hat sich in sozialistischen Kreisen oft darin gefallen, die öffentliche Bewirtschaftung von Wirtschaftszweigen, sobald sie mit Erzielung von Überschüssen verbunden war, kurzerhand Staats- oder Gemeindekapitalismus zu nennen, und wo letztere der einzige oder der alles beherrschende Zweck der Sache war, war der Name auch gerechtfertigt. Aber er verliert diese Berechtigung in dem Maße, als bei solchen Unternehmungen der öffentliche Nutzen leitendes Motiv ist und in Bezug auf die in ihnen Beschäftigten das soziale Moment in den Vordergrund tritt, die Erzielung von Überschüssen dagegen nur noch durch größere Ökonomie auf technischem Gebiet erstrebt wird, wie das heute immer stärker der Fall ist. Dann ist die zunehmende Verwandlung von Privatunternehmungen in öffentliche Betriebe zwar auch wiederum nicht d e r Sozialismus, wohl aber jedesmal ein Schritt auf seinem Wege. Und diese müssen und werden sich mehren.

Der Finanzbedarf der Republik ist so groß geworden, dass er durch eine Mischung von direkten Steuern der alten Gattung mit Verbrauchssteuern und Verkehrsabgaben schwerlich noch länger wird gedeckt werden können. Aus diesem Grunde und weil die Besitzer von Sachwerten – von Grund und Boden, Fabriken, Geschäftsanlagen usw. – durch den Fall der Valuta ungeheure Gewinne auf Kosten der Allgemeinheit gemacht haben, ist der Ruf nach direkter Erfassung der Sachwerte durch das Reich laut geworden und wird ganz besonders von der Sozialdemokratie mit Energie vertreten. Die Republik soll Miteigentümerin an den Sachwerten in der Weise werden, dass ihr durch Verschreibungen ein bestimmter Anteil an deren Jahreserträgen sichergestellt wird. Eine Maßnahme, die sie unter gewissen Voraussetzungen in den Stand setzen würde, durch Hinterlegung dieser Verschreibungen in der Reichsbank als Deckung für ihre schwebende Schuld bzw. Notenausgabe eine bedeutende Hebung ihrer Valuta herbeizuführen, die aber zugleich auch ihr einen genaueren Einblick in die Finanzgebahrung der Unternehmungen verschaffen und auf diese Weise ihre Kontrollmöglichkeiten steigern würde. Es sind die Gründe, welche den großen, man könnte sagen, verzweifelten Widerstand erklärlich machen, den Grundbesitzer und Kapitalisten aller Gattungen der Forderung entgegensetzen, die aber ihre Verwirklichung den Sozialisten um so erstrebenswerter erscheinen lassen. Denn man kann es, weil sie Gebot der Notwendigkeit ist, offen sagen, auch sie birgt ein Stück Sozialismus, und zwar ein um so bedeutungsvolleres, weil sie auf dem ganzen Gebiet der Volkswirtschaft sich sozial vorteilhaft auswirken würde, ohne darum das legitime Geschäft irgendwie zu beengen.

Der Umkreis der Anwendung des sozialistischen Gedankens beschränkt sich selbstverständlich nicht auf die Wirtschaftsfragen im speziellen Begriff des Wortes und die mit ihnen verbundenen Eigentumsfragen. Er umfasst den ganzen Fragenkomplex, der für die Hebung der materiellen Wohlfahrt, der Erzielung der höchstmöglichen geistigen und sittlichen Kultur und der dieser entsprechenden Rechtsgestaltung von Bedeutung ist. Auch hier handelt es sich um Neuerungen, die, einzeln genommen, nicht schon Sozialismus sind, sondern es durch den Geist, der sie erfüllt, und ihren Zusammenhang mit vielen, vom gleichen Geist diktierten Reformen werden. Vom Schulwesen in allen seinen Abstufungen angefangen bis zu den weitverzweigten Gebieten der Sozialpolitik, der Rechtsgestaltung, der sozialen Hygiene und der Kulturpolitik ist es dem Sozialismus vorbehalten, Reformen zu verwirklichen, an welche die bürgerlichen Regierungen und Klassen bisher gar nicht oder nur in Ausnahmefällen herangetreten sind.

Um nur von der Sozialpolitik zu reden, so hat in Deutschland die Revolution vom November 1918 in der Epoche der politischen Herrschaft der Sozialdemokratie neben anderen bedeutsamen Erweiterungen des Arbeiterschutzes die Verkündung des gewerblichen Höchstarbeitstages von acht Stunden gebracht, und wieder können wir uns auf Karl Marx berufen, wenn wir diese Reform einen Fortschritt zum Sozialismus nennen. Noch höheren Anspruch hat auf diesen Namen das Betriebsrätegesetz vom 4. Februar 1920. Dieses von der gesetzgebenden Nationalversammlung, in der noch der belebende Hauch der Novemberrevolution nachwirkte, geschaffene Gesetz gibt den Arbeitern und Angestellten Rechte im Betriebe, die man zur Zeit, wo Karl Marx schrieb, für unmöglich gehalten hätte. Es ist allerdings nicht vollkommen, und seine Rückwirkungen auf die Erträge der Volkswirtschaft lassen sich noch nicht völlig übersehen. Aber eines ist sicher und wird in der Praxis auch von denjenigen Arbeitern anerkannt, die es unter dem Einfluss einer bestimmten Agitation bei seiner Schöpfung bitter bekämpft haben: Es ist ein Stück Sozialpolitik, das, wie kein zweites, den Arbeitern und Angestellten die Möglichkeit eröffnet, aus Hörigen des Gewerbes zu Teilhabern oder Genossen im sozialrechtlichen Begriff des Wortes zu werden. Zustandekommen konnte es indes eben nur durch die Erkämpfung der demokratischen Republik. Diese Republik ist gewiss nur erst der juristische Hebel zu ökonomisch-sozialer Befreiung und noch nicht diese selbst. Aber in einem industriell so vorgeschrittenen Lande wie Deutschland, mit einer so entwickelten, politisch und wirtschaftlich so stark organisierten Arbeiterschaft kann dieser Hebel nur in der Richtung zum Sozialismus wirken. Daran ändert der Umstand nichts, dass es nicht nach einer auf alles passenden Formel, dass es nicht auf dem ganzen Gebiet des sozialen Lebens mit einem Male sich durchsetzt.

Vor jetzt 36 Jahren, im Jahre 1885, schrieb der Verfasser dieses im Zusatzkapitel zu der von Jules Guesde und Paul Lafargue verfassten Erklärung der Marxschen Einleitungssätze des Mindestprogramms der im Jahre 1880 gegründeten Arbeiterpartei Frankreichs:

„Gewöhne man sich nur ab, von einem vollendeten Zukunftsstaat zu träumen, sondern halte man an der Erkenntnis fest, dass es einer geraumen Zeit der Entwicklung bedarf, bis das

Prinzip des Sozialismus sich auf allen Gebieten des sozialen Lebens Bahn gebrochen haben wird.

Spekulativ, in ihrem Kopf, haben zu allen Zeiten sich einzelne Menschen über gewisse Übergangsstadien hinweggesetzt. Aber noch stets hat die Praxis solchen Phantasten einen Strich durch die Rechnung gemacht.

Vages Träumen ist der Todfeind alles konkreten Denkens. Letzteres aber ist es, was der Arbeiterklasse nottut. Ohne konkretes Denken keine Erkenntnis der tatsächlichen Verhältnisse und ohne diese kein planmäßiges ZielBewusstsein, zielbewusstes Handeln, das Haupterfordernis der Befreiung der Arbeiterklasse."

In viel höherem Grade, als ich es damals ahnte, haben diese Sätze sich als berechtigte Mahnung erwiesen, und es wäre noch manches hinzuzusetzen. Ließ doch meine sozialökonomische Erkenntnis noch viel zu wünschen übrig. Aufgrund sehr überschätzter Erscheinungen im Wirtschaftsleben hielt ich West- und Mitteleuropa für der Verwirklichung des Sozialismus viel näher, als sie tatsächlich waren, und den Weg der Verwirklichung für viel einfacher, als er tatsächlich ist. Die Erfahrung hat uns belehrt, dass die Entfernung eine bedeutend größere war, der Weg aber ganz und gar nicht einfach, überhaupt nicht schlechthin ein Weg ist.

Aber wir haben keinen Grund, darum etwa kleinmütig zu sein. Ich darf es wohl sagen: Wenn ich zurückblicke, auf das, was damals war, und es mit dem vergleiche, was heute ist, dann sehe ich erst, welch großer, welch gewaltiger Fortschritt in der für das Leben von Völkern doch verhältnismäßig kurzen Spanne Zeit sich vollzogen hat. Der Weg ist nicht so einfach, wie er damals erschien, aber der Kräfte, die an seiner Überwindung arbeiten, sind in noch ganz anderem Grade mehr als damals.

Von den verschiedensten Seiten her, unter Anwendung sehr verschiedenartiger Mittel und Methoden arbeitet ein mehr als zwanzigmal größeres Heer von Arbeitern aller Art, als damals an der Verwirklichung des Sozialismus. Das, was jeder Einzelne zum Ganzen hinzufügt, erscheint klein im Verhältnis zur Größe des zu verrichtenden Werkes, und der Fortschritt des Tages geringfügig im Verhältnis zum Stand vom Tage vorher. Nur erst, wenn wir von einem gewissen Abstand her ihn messen, von dem aus wir das Ganze überschauen können, erkennen wir den vollzogenen Fortschritt. Mit dem Traum von dem großen Sprung geht uns aber nichts verloren, was des Bewahrens wert wäre. Junge, schwache Bewegungen mögen seiner bedürfen, um auf dem weiten Weg, der noch keine sozialen Erfolge verspüren lässt, den Mut nicht zu verlieren. Starke, gereifte, zu schöpferischem Wirken gelangte Bewegungen haben seiner nicht nötig. Er kann ihnen im Gegenteil nur schaden. Denn ihnen wird falsches Messen um so verhängnisvoller. Für sie behält im hohen Grade das oft missbrauchte Wort des Dichters volle Berechtigung:

Vergebens werden ungebund'ne Geister nach der Vollendung reiner Höhe streben; wer Großes will, muss sich zusammenraffen.

Erstarkte Bewegungen gewöhnen sich daran, von ihren Zielen jeweilig nur das auf gegebener Stufe der Entwicklung Mögliche für den unmittelbaren Kampf ins Auge zu fassen. In dieser Ökonomie des Wollens aber liegt die sicherste Gewähr der Erreichung des Gewollten.

Anmerkungen

[1] Wieder abgedruckt in Band II des Sammelwerks „Zur Theorie und Geschichte des Sozialismus". Berlin 1904, 4. Auflage.

[2] Im gleichen Sinne heißt es in dem obenerwähnten Aufsatz des Verfassers dieser Schrift:

„Wie in der Tierwelt mit der Differenzierung der Funktionen die Ausbildung eines Knochengerüsts unvermeidlich wird, so im gesellschaftlichen Leben mit der Differenzierung der Wirtschaften die Heranbildung eines das Gesellschaftsinteresse als solches vertretenden V e r w a l t u n g s k ö r p e r s. Ein solcher Körper war bisher und ist heute der S t a a t. Da nun die Weiterentwicklung der Produktion ganz ersichtlich n i c h t i n A u f h e b u n g der differenzierten Produktion bestehen kann, sondern nur i n n e u e r Z u s a m m e n f a s s u n g auf Grundlage der ausgebildeten Differenzierung – auf die Personen übertragen, nicht in Aufhebung, sondern in E r g ä n z u n g der beruflichen Arbeitsteilung (bzw. der Arbeitsteilung im Beruf. Ed. B.), so kann der Verwaltungskörper der Gesellschaft der absehbaren Zukunft sich vom g e g e n w ä r - t i g e n Staat n u r d e m G r a d e n a c h unterscheiden." (Ed. Bernstein, Zur Theorie und Geschichte des Sozialismus, Berlin 1904, Bd. II, S. 73.)

[3] Eine Reform des Hauses der Lords durch eine Verbreiterung seiner Basis erstreben in England die Konservativen. Dem setzen die Liberal-Radikalen hartnäckigen Widerstand entgegen, weil ein reformiertes Haus der Lords leichter ein der Demokratie gefährlicheres Haus werden könnte als das unveränderte, aus dem Adel zusammengesetzte Haus, das man durch immer neue Einschränkung seiner Rechte „reformiert" hat.

[4] Trotzdem haben die Engländer sich nur schwer von ihr getrennt. Als die geheime Stimmabgabe eingeführt werden sollte, haben nicht nur die Konservativen, sondern auch sehr liberale und sozialistisch gesinnte Männer sich entschieden dagegen erklärt, u. a. der ehrliche und bedeutende Reformsozialist John Stuart Mill. Er fand es eines freien Menschen unwürdig, seine Stimme nicht offen abzugeben. Erst im Jahre 1872 ist die geheime

Stimmabgabe und auch nur v e r s u c h s w e i s e eingeführt, aber nie wieder abgeschafft worden, weil man dahinter kam, welcher Vorzug ihr innewohnt.

[5] Aber selbst das Letztere nicht einmal unbedingt. Als ich in London lebte, kam eines Tages ein Agent der konservativen Partei zu mir und fragte, ob er mich auf seine Liste der konservativen Wähler setzen dürfe. Als ich ihm erklärte, ich sei Ausländer und daher nicht wahlberechtigt, erwiderte er, ich stehe aber in der Wählerliste, und da die Sache dadurch rechtlich erledigt sei, dass man meinen Namen nicht vor dem Wahlkommissar angefochten habe, sei ich nun von Rechts wegen Wähler und könne wählen, ich würde gar nichts dabei riskieren. Mein Einwand, dass ein Irrtum bei Feststellung der Liste mir kein Recht verleihen könne, das mir gesetzlich nicht zustehe, schien ihm nicht einzuleuchten, und erst, als ich ihm erklärte, dass ich ja auch nicht konservativ, sondern Sozialist sei, verabschiedete er sich.

[6] Es sei mir gestattet, hier einer auf diese Veränderung bezüglichen Bemerkung zu gedenken, die August Bebel nur wenige Wochen vor seinem Tode mir gegenüber äußerte. Bei einem Krankenbesuch, den ich ihm machte, ehe er die ihm verhängnisvoll werden sollende Reise nach Passugg antrat, kamen wir in der Unterhaltung auf einen damals den Reichstag beschäftigenden Gesetzentwurf zu sprechen, der im Ganzen eine Verbesserung der Arbeiterversicherung bedeutete, aber einige von der Partei bekämpfte Bestimmungen enthielt. Auf meine Frage, wie er sich unsere Schlussabstimmung denke, antwortete er sehr entschieden: „Annehmen! Die Zeiten sind vorbei, wo wir um solcher Mängel willen uns das Ablehnen gestatten durften".

[7] Wie wenig Marx mit der Auslegung einverstanden war, die Lafargue seinen Feststellungen gab, geht aus seinem Brief an Friedrich Engels vom 11. November 1882 hervor. Dort schreibt Marx dem Freunde, dass Lafargue in Wirklichkeit Schüler des Russen Bakunin sei, und ruft ärgerlich aus: „Longuet (der andere Schwiegersohn von Marx) als letzter Proudhonist und Lafargue als letzter Bakunist! Que le diable les emporte!"

[8] Der gesetzlichen Begrenzung der Arbeitszeit. Ed. B.

www.ingramcontent.com/pod-product-compliance
Lightning Source LLC
Chambersburg PA
CBHW032350280326
41935CB00008B/521